매일경제TV

경제 토크쇼 픽

경제전문가 40인의 경제난국 솔루션

매일경제TV

경제 토크쇼 픽

이선미, 장아람, 박은수 지음

매일경제신문사

이 책을 100% 활용하는 방법

"지금까지 우리는 비트코인, 관세 전쟁, 금리 인하, 기후 변화 등 복잡한 경제 이슈를 단순히 쏟아지는 뉴스 헤드라인을 통해 무작정 이해하려고 했을지 모릅니다."

'경제토크쇼 픽' 첫 회를 앞두고 내보냈던 예고편의 멘트 중 첫 일성입니다. 왜 트럼프 대통령은 비트코인을 띄우는지, 3%의 금리가 어떤 의미인지, 아버지 세대의 은퇴가 내 삶에 어떤 영향을 미치는지 가늠해 볼 시간도 마음의 여유도 없는 격변의 시대 속에 우리는 살고 있습니다. 그렇기에 쏟아지는 경제 뉴스를 "제대로 바라보고 있는가"라는 물음표에는 쉽사리 그렇다고 대답할 수가 없을 겁니다. 복잡하게 얽힌 경제 뉴스들은 때로는 이해하기 어렵고, 미래를 예측하기는 더욱 어렵기 때문입니다.

제작진은 최대한 우리의 삶과 밀접한 이슈를 선별하기 위해 되도록 많은 질문들을 던졌습니다. '많이 알고 있는' 전문가를 넘어 '체득하여 언어적 장벽을 부숴줄' 분들을 선별하여 모시는 것에 중점을 두었고 프로그램의 모티브이기도 한 '그래픽'이라는 포맷으로 한

눈에 확인할 수 있도록 노력해왔습니다. 그리고 1년 여가 지난 현재, 방송에서 미처 다루지 못했던 깊이 있는 분석과 통찰을 책으로 담았습니다.

이 책은 단순히 방송 내용을 활자화한 것이 아닙니다. '경제 토크쇼 픽'에서 논의되었던 핵심 주제들을 심층적으로 재조명하고, 전문가들의 의견을 더욱 풍부하게 담아냈습니다. 각 챕터들의 주제는 방영할 시점에만 국한된 이슈가 아닌 현 경제 상황을 조망할 수 있도록 글로벌 환경을 살펴보고 우리나라의 현 과제로 귀결되도록 재배치하였습니다. 그러나 궁금한 챕터들을 먼저 읽어 보아도 무방하도록 옴니버스 식으로 구성했습니다.

첫 번째 챕터는 'AI 혁명, 새로운 전장을 열다'입니다.

AI 도입으로 인해 3년 내에 연간 300조 원 이상의 경제적 효과를 기대하고 있으며, 이는 GDP 성장에 긍정적인 영향을 미칠 수 있습니다. 그래서일까요. 트럼프 정부가 출범하면서 가장 큰 정책 변화의 중심엔 AI가 있습니다. 그 실마리를 찾아 깊숙이 들어가보면 과거와는 달라진 실리콘 밸리 인사들의 행정부 장악, 그로 인해 바뀌는 방산 시장의 판도를 알 수 있는데요. 우크라이나와 러시아의 전쟁을 기점으로 전개되었던 새로운 무기 경쟁의 실태를 조명해봤습니다.

또 AI는 인간의 생명과 직결되는 신약 개발 분야에도 혁신적인 변화를 가져왔습니다. 노벨화학상으로 떠오른 '알파폴드'가 바로 그것인데요. 알파폴드는 구글 딥마인드에서 개발한 혁신적인 인공지능 시스템으로, 단백질의 3차원 구조를 예측하는 데 있어 획기적인 발전을 이루었습니다. 제작진은 이 신약 개발 과정의 효율성을 극대화하는 과정을 자세히 살펴 보았습니다. 과연 불치병을 치료할 수 있는 신약을 개발하고 인간의 생명을 연장하는데 AI가 한 몫해 낼 수 있을까요?

물론 AI 기술의 발전이 무한대로 이어질 수 없는 한계도 존재합니다. 그 이면에는 막대한 전력 소비 문제가 자리하고 있기 때문이죠. 빅테크 기업들이 데이터센터 운영과 AI 학습에 필요한 전력을 확보하기 위해 치열한 경쟁을 벌이는 현실입니다. 에너지 효율성을 높이기 위한 기술 혁신과 지속 가능한 에너지 솔루션의 중요성뿐만 아니라 AI 시대의 에너지 문제를 해결하기 위한 다각적인 방안도 함께 모색해 보았습니다.

두 번째 챕터는 떠오르는 중국, 붉은 용의 세 가지 무기입니다.

중국 제조업의 성장세는 글로벌 공급망에 거대한 변화를 야기하고 있습니다. 저렴한 가격과 압도적인 생산량을 바탕으로 글로벌 시장을 장악하는 중국 제조업의 속도는 더욱 빨라지고 있는데요. 마찬가지로 유통 부분에선 테무와 알리익스프레스가 파격적인 초저가 전략으로 국내 시장을 빠르게 잠식하고 있습니다. 벌써 2차 공습이 시작되었다는 전문가의 의견도 있었습니다. 중국의 속내와 굴기를 가능케 했던 성장 동력은 무엇일까요?

중국은 우수한 과학 인재들도 흡수하고 있습니다. 우리나라 측면에서는 더 나은 연구 환경과 기회를 찾아 해외로 떠나는 현상이 국가 경쟁력 약화로 이어질 수 있습니다. 인재 유출의 심각성을 알리고, 국내 연구 환경 개선과 인재 육성을 위한 정책 방안을 모색해 봤습니다.

세 번째 챕터에서는 변화하는 부의 지형도를 살펴봅니다.

먼저 초미의 관심사인 암호화폐 시장부터 알아봅니다. 비트코인은 단순한 투자 대상을 넘어 국가 전략자산으로 떠오르고 있는데요. 트럼프 대통령의 '비트코인을 비축하겠다'는 발언이 암호화폐 시장의 패러다임을 바꾸고 있습니다. 암호화폐가 금융시스템에 미치는 영향과 투자에 따르는 위험성, 규제도 함께 짚어봅니다.

부자의 기준도 따져봅니다. 최근 패밀리오피스 시장이 빠르게 성장하고 있다고 하는데 기관마다 차이는 있지만 약 300억 이상의 자산을 보유한 슈퍼리치들의 자산을 관리하는 시장이 열린 겁니다. 이들을 고객으로 만나는 전문가들에게 물었습니다. 슈퍼리치들은 어떻게 자산을 효율적으로 관리하고 증식시키는지, 일반 투자자들이 참고할만한 자산 관리 노하우가 있는지 말이죠.

2025년 3월부터 바뀌는 시장 거래 시스템도 살펴봤습니다. 바로 대체거래소(ATS)의 등장입니다. 투자 시간 확대와 거래 활성화에 대한 기대감을 높이는 동시에, 투자자 보호와 시장 안정성을 확보하기 위한 과제를 안고 있기도 합니다. 해외 대체거래소의 성공 사례와 국내 시장에 미치는 영향을 분석하고, 투자자들에게 새로운 투자 기회를 제공하는 동시에 투자 리스크를 간과하지 않도록 생활 속 지혜를 모았습니다.

그리고 마지막 챕터는 '대한민국의 현주소'입니다.

우리가 직면한 과제들은 무엇일까요?

서민경제의 바로미터라고 볼 수 있는 자영업이 그 첫 번째입니다. 최근 들어 '폐업하고 싶어도 문을 닫을 수가 없다'는 이야기가 절로 나올 정도라는데 먼저 구조적인 문제부터 살폈습니다. 우리나라에만 유독 자영업자가 많은 이유는 무엇일까요? 경쟁 심화, 경기 침체, 플랫폼 수수료 등 자영업의 어려움을 가중시키는 세부적 요인들을 분석하고, 생존 전략과 정부 지원 정책의 실효성도 객관적으로 평가해 봤습니다.

초고령화도 유난히 빠른 속도로 다가오고 있죠. 이런 가운데 은퇴 후에도 활발한 경제 활동을 이어가는 '욜드(YOLD, Young Old) 세대'가 새로운 경제 주체로 부상하고 있습니다. 이들의 소비 패턴과 투자 전략, 사회 참여 활동을 분석하고, 고령화 사회의 새로운 성장 동력으로서의 가능성을 살펴봅니다.

그에 비해 청년 1인 가구는 급속하게 늘고 있는데요. 주거, 소비, 사회 관계 등 다양한 측면에서 경제 지형에 심대한 변화를 초래하고 있습니다. 이들의 라이프스타일과 소비 패턴을 분석하고, 주거 불안정, 고립 문제 등 심각한 사회적 과제를 해결하기 위한 정책적 해법을 제시합니다. 청년 1인 가구의 건강한 독립을 지원하고, 사회적 연결망을 강화하기 위한 다각적인 방안도 모색해 봤습니다.

한편 부동산 시장을 살펴보면 양극화는 더욱 심해지고 있습니다. 정부에서는 이를 해결해 보고자 그린벨트와 CR리츠 등의 다양한 대책을 내놓았는데요. 부동산 시장의 현황과 문제점을 짚어보고, 정부 정책의 효과와 한계를 분석했습니다.

'만년 저평가' 국내 주식 시장 이야기도 빼 놓을수 없습니다. 왜 코리안 디스카운트는 고질적이라는 말을 달고 살까요? 기업 지배구조, 배당 정책, 투자 심리 등 다양한 요인이 작용한 탓인데요, 진정한 'K밸류업'은 가능한 것인지 주주 가치 제고, 기업 경쟁력 강화, 투자 환경 개선을 위한 정책 제안과 함께, 장기적인 관점에서 한국 주식 시장의 성장 가능성도 함께 짚어봅니다.

앞서 보신대로 네 가지의 챕터로 구성한 이 책은 독자들이 경제 현상을 더욱 깊이 있게 이해하고, 넓은 시야로 경제 상황을 조망할 수 있도록 만들어졌습니다. '경제토크쇼 픽'이 추구하는 쉽고 명쾌한 경제 해설과 더불어, 깊이 있는 분석과 전문가들의 의견을 통해 독자 여러분의 경제적 역량을 강화하는 데 기여할 수 있기를 바랍니다.

– 경제토크쇼 픽 이선미PD

CONTENTS

프롤로그 | 이 책을 100% 활용하는 방법   • 4

PART 1
AI 혁명, 새로운 전장을 열다

트럼프 시대, 실리콘밸리에 부는 방산 패권 변혁 바람   • 15

AI로 신약 개발까지, 노벨화학상 '알파폴드'   • 47

빅테크 전력 전쟁, AI 시대의 숨겨진 전선   • 66

PART 2
떠오르는 중국, 붉은 용의 세 가지 무기

제조업 쓰나미: 글로벌 공급망의 재편   • 89

초저가 디지털 실크로드: 2차 공습 예고한 테무와 알리   • 114

두뇌가 곧 기술 패권, 한국을 떠나는 과학 인재들   • 141

PART 3
변화하는 부의 지형도: 국가에서 개인까지

국가 전략자산으로 떠오른 비트코인 • 165

부자의 기준을 바꾸다: 슈퍼리치의 자산관리법 '패밀리오피스' • 195

"퇴근 후에 주식 거래한다" 대체거래소가 바꿀 투자의 밤 • 214

PART 4
대한민국의 현주소, 우리가 직면한 과제들

서민경제의 바로미터, 자영업이 위험하다 • 241

700만 베이비부머가 온다, 새로운 생존전략 '욜드 경제' • 268

"혼자가 낫다" 1인 가구 1,000만 시대, 고립인가 독립인가 • 290

수도권 청약 전쟁 vs. 지방 미분양 사태, 양극화 막을 부동산 정책은? • 321

고질적 저평가 국내 주식, 진정한 'K밸류업'은? • 359

에필로그 | 친절한 경제 길잡이 이재용 앵커의 '남기는 말' • 392

참고문헌 • 394

PART 1

AI 혁명
새로운 전장을 열다

서병수 전 미래에셋증권 애널리스트

미래에셋증권 글로벌 섹터 전략 애널리스트와 하나증권 랩 운용역을 포함해 14년간 자산운용사, 투자자문사, 증권사, 보험사 등에서 국내외 주식 분석 및 운용 업무를 담당했다. 세상의 장기적·거시적 변화를 파악하고, 변화를 가장 잘 준비하는 세계 최고 수준의 경쟁력을 갖춘 기업들을 꾸준히 찾고, 그런 기업들에 분산해서 투자하고, 정보를 업데이트하면서 비중을 조절하는 투자법을 가지고 있다. 2019년 5월부터 해외 주식 블로그를 통해 해외 기업 분석을 포함한 해외 투자 아이디어를 공유해왔다. 다수의 기업, 공공기관, 협회 등에서 강의했다.

강정수 블루닷 AI 연구센터장

㈜블루닷 에이아이에서 AI 연구센터장을 맡고 있다. 연세대학교 독문과를 졸업한 후 독일 베를린 자유대학교에서 경제학 학사 및 석사를, 비텐-헤어데케 대학교에서 경영학 박사를 취득했다. 연세대학교 커뮤니케이션연구소 전문 연구원과 연세대학교 경영대학 특임 교수를 거쳐, 미디어 스타트업 인큐베이팅 및 투자회사 ㈜메디아티의 CEO로 활동했다. 2019년부터 2년간 대통령 비서실 디지털소통센터장을 맡았고, 현재는 'AI 경제' 및 '디지털 전략'을 주제로 다양한 기업과 언론에서 강의하고 있다.

길금희 매일경제 TV 기자

산업, 증권 등 경제 분야 전반적인 취재 활동을 하고 있다. 현재 뉴욕특파원으로 활동 중이며 〈경제토크쇼 픽〉 프로그램에 고정 출연하고 있다

트럼프 시대, 실리콘밸리에 부는
방산 패권 변혁 바람

서병수 | 전 미래에셋증권 애널리스트, **강정수** | 블루닷 AI 연구센터장
길금희 | 매일경제 TV 기자

"지난 1월 열린 도널드 트럼프 대통령 취임식에서 인상적인 장면이 있었습니다. 일론 머스크 테슬라 최고경영자(CEO)를 비롯해 마크 저커버그 메타 CEO, 순다르 피차이 알파벳 CEO 등 테크업계 대표 인사들이 트럼프와 트럼프 가족의 바로 뒷줄에 앉았습니다. 내각 인사들보다도 앞쪽에 배석한 겁니다. 트럼프 2기 정부와 테크 업계가 바짝 밀착할 것임을 예고하는 장면이었습니다. 첫 번째 임기 당시 트럼프는 테크업계에 공공연히 적대감을 드러냈는데 이렇게 태도를 바꾼 이유는 무엇일까요?

제조업 부흥으로 '미국을 다시 위대하게(MAGA·Make America Great Again)' 만들겠다는 트럼프가 자신에게 반드시 필요한 산업 파트너는 테크업계라고 인식하고 있는 겁니다. 제조업 부흥이 오일

과 가스를 만들던 과거의 패러다임이 아니라 미래의 생산성을 높일 수 있는 곳, 바로 실리콘밸리와 손을 잡아야 가능하다는 것을 알고 있는 것이죠. 트럼프 재집권 동안 AI 규제는 풀리고 다양한 분야에 AI가 광범위하게 스며들 겁니다.

실리콘밸리는 여전히 전통 패러다임에 머물러 있는 방위 산업에도 진출했습니다. 우크라이나 전쟁에서 보여진 드론과 인공지능의 활용이 차세대 무기체계의 경쟁력으로 확인됐습니다. 실리콘밸리에는 신기술로 무장한 방산 스타트업이 눈에 띄게 생겨나고 있습니다. 지난 12월에는 방위기술 스타트업 안두릴과 AI 소프트웨어 기업인 팔란티어, 오픈AI 등이 컨소시엄을 구성해 미 국방부의 방위사업 입찰에 나설 것이라는 소식이 들렸습니다. 방산 스타트업과 테크업계가 손잡고 본격 방산 시장에 진출을 선언한 것이죠. 방위 산업의 디지털화는 트럼프 2기 행정부를 만나 더욱 가속화할 것으로 보입니다. 세계 시장에 얼마나 영향을 끼칠지 우리는 어떻게 대응해야할지 자세히 알아봅니다."

트럼프와 실리콘밸리의 밀착 '이유 있는 거래?'

이재용　　트럼프 2기 행정부가 실리콘밸리 거물들을 대거 기용했다는데 어떤 인물들이에요?

길금희　　트럼프 2기 행정부가 지난 1월 20일 첫 발을 뗀 가운

트럼프가 기용한 주요 美 테크업계 인사

	데이비드 색스			켄 하워리
	주요 경력	전 페이팔 COO		페이팔·라운더스펀드 공동 창립자
	트럼프 2기 직책	AI·가상화폐 차르		덴마크 주재 미국대사
	스콧 쿠퍼			마이클 크라치오스
	앤드리슨 호로위츠 매니징 파트너			전 백악관 최고기술책임자
	인사관리처장			과학기술정책실장
	스리람 크리슈난			에밀 마이클
	앤드리슨호로위츠 총괄 파트너			전 우버 임원
	과학기술정책실 AI 수석 정책 고문			국방부 연구·공학 담당 차관

데 새 행정부의 주요 직책에 머스크를 중심으로 실리콘밸리의 거물급 인사들을 대거 기용했습니다. 주요 인물들을 살펴보면 먼저 백악관의 AI·인공지능 가상화폐 차르로 데이비드 색스 전 페이팔 COO(최고운영책임자)를 지명했는데요. 색스는 과거 실리콘밸리에서 머스크와 함께 온라인 결제 업체 페이팔을 공동 창업해 성공시킨 뒤 끈끈한 결속력을 유지하면서 페이팔 마피아[1]로 불려온 멤버 중한 명입니다. 또 페이팔 공동 창립자인 켄 하워리도 덴마크 주재 미국대사로 지명이 됐고요. 실리콘밸리를 거점으로 둔 벤처캐피탈 앤드리슨 호로위츠 출신의 스콧 쿠퍼와 스리람 크리슈난도 행정부에 입성을 했습니다. 이외에도 다수의 지명자들이 머스크와 관련된 실리콘밸리 인사들로 알려져 있습니다.

---

1 페이팔 마피아(Paypal Mafia). 미국 창업 생태계에 큰 영향을 준 페이팔 출신 창업자들의 인적 네트워크

페이팔 마피아

서병수　　스리람 크리슈난은 백악관 과학기술정책실의 AI 수석 정책 고문으로 임명됐는데요. 이분이 임명이 되고 나서 실리콘밸리의 많은 인사들, 심지어 머스크까지도 이 인사에 대해 굉장히 긍정적으로 평가를 했고 인공지능을 비롯한 과학기술 정책에 중요한 역할을 맡았습니다.

강정수　　우선 저분들의 경력을 보면 반복해서 나오는 단어가두 개 있습니다. 하나는 페이팔이라는 단어가 있고 하나는 앤드리슨 호로위츠[2]입니다. 페이팔을 창업했던 사람 피터 틸[3]은 JD 밴스

2　앤드리슨 호로위츠 (Andreessen Horowitz). 2009년 7월 마크 앤드리슨과 벤 호로위츠가 미국 실리콘밸리에 설립한 벤처캐피탈 회사.

3　피터 틸(Peter Thiel). 페이팔 공동 창업자이자 실리콘밸리의 영향력 있는 투자자로 팔란티어 테크놀로지의 설립자.

미국 부통령의 정신적 아버지라는 얘기까지 나오고 있고요. 막후 세력으로서는 피터 틸이 강력한 힘을 가지고 있다고 볼 수 있습니다. 페이팔 마피아 네트워킹을 통해서 데이비드 색스라든지 켄 하워리 등의 사람들을 행정부로 진출시킨 거고요. 마크 앤드리슨, 피터 틸 그리고 일론 머스크 등의 이해관계자들이 실리콘밸리 출신의 실무자들을 전진 배치했다는 것은 실리콘밸리가 사실상의 권력을 획득했다고 보입니다.

이재용   이렇게 발탁된 사람들 외에도 테크 기업을 운영하는 테크 거물들이 잇따라 기부금 내고, 만나길 원하는 거잖아요.

길금희   네, 그렇습니다. 트럼프 대통령의 백악관 입성 확정 이후 빅테크 기업들이 연이어 거액의 기부를 하고 면담을 요청하고 있습니다. 미 대선에서 카멀라 해리스에 기부했던 빌 게이츠 또한 트럼프 대통령에게 면담을 요청한 것으로 알려졌는데요. 트럼프는 "1기 때는 모든 사람이 나와 싸웠지만 이번에는 모든 사람이 내 친구가 되고 싶어 한다"고 언급하기도 했습니다.

강정수   단순히 밀착하는 수준의 문제가 아니라 실리콘밸리 입장에서는 국면을 전환하고 있거든요. AI입니다. 예를 들자면 마이크로소프트, 알파벳, 메타, 아마존. 이 4개 기업이 2024년에 2,000억 달러(292조 원)를 넘게 투자를 했고요. 마이크로소프트는 올해에만 800억 달러(117조 원)를 투자하려고 해요. 천문학적인 액수의 돈을 투자해서 이러한 전환기에 승기를 잡으려고 하는데, 트럼프가 AI 규제를 하는 순간 끝나는 거거든요. 대통령한테 잘 보인다는 걸 넘어서서 정말로 기업과 산업의 운명을 바꿀 수 있는, AI 경제로서의 전환 국면에서 막대한 돈을 투자하는 것이고, 무조건 대통령하고 친해져야 하는 절박한 상황 속에 빅테크들이 위치하고 있다고 볼 수 있습니다.

이재용 　　과거 트럼프 1기 때는 테크 기업과 트럼프가 어느 정도 긴장 관계를 유지했었는데 이번에는 서로의 필요에 의해서 다가가는 양상이네요

강정수 　　일론 머스크 전기를 읽어보면 지난 선거인 바이든과 트럼프 선거에서는 바이든을 찍었다고 얘기를 하고 있어요. 그러니까 실리콘밸리 입장에서는 민주당을 지지하느냐 공화당을 지지하느냐가 중요한 것이 아니고 "1980년대 산업 규제 방식이 아직도 지속되고 있다" 그러면서 효과적 가속주의[4] 주장이 실리콘밸리를 중심으로 확산되고 있어요. 그리고 트럼프 입장에서도 "제조업을 미국으로 다시 부흥을 시키겠다"는데 뭐로 하겠어요. 미국이 중국보다 인건비가 훨씬 비싼데 미국에서 제조업을 한다라는 건 기본적으로 경제학의 기본 원리인 비교 우위[5]를 완전히 배신하는 거거든요. 제

4　　효과적 가속주의. 기술 발달을 빠르게 촉진해 인류의 문제를 해결하자는 입장.
5　　비교 우위. 어떤 나라나 개인이 더 낮은 기회비용으로 특정 상품이나 서비스를 생산할 수 있을 때 비교 우위를 가진다고 말한다. 19세기 경제학자 데이비드 리카도에 의해 정립됐다.

조 강국으로서의 과거의 영광을 되찾는 데 반드시 필요한 산업 파트너가 오일, 가스를 생산했던 과거의 패러다임이 아니라 미래의 생산성을 높여낼 수 있는 실리콘밸리라고 트럼프가 눈을 뜬 거고, 여기에 양쪽의 필요가 맞아 떨어지면서 이러한 작품이 나왔다고 보입니다.

이재용　　"트럼프 1기 때하고는 다른 시대의 변화, AI로 성큼 다가선 시대에 실리콘밸리가 필요하다" 그래서 실리콘밸리와 트럼프의 밀착은 앞으로 어떤 영향을 미치겠습니까?

서병수　　산업 전반에서 첨단 기술에 대한 투자가 많아질 거고, AI나 IT를 적용하는 것들을 확산함에 있어서 "정부가 규제를 풀고 같이 간다" 이런 측면들이 나오겠죠. 그렇게 되면 IT 신생 스타트업들이 기존의 IT 영역을 넘어서서 더욱 광범위한 영역으로 들어가고 심지어 정부 산업으로도 확대가 될 겁니다. 그리고 이 부분이 오늘 많이 다루게 될 군수·방산 분야에도 큰 영향을 끼칠 거라고 생각하고 있습니다.

트럼프 힘받은 실리콘밸리, 방산도 넘본다?

이재용　　군수·방산 말씀하셨는데 실제 실리콘밸리의 테크 기업들이 방산에 뛰어들고 있다면서요?

강정수　네, 여러 가지 각도에서 한번 보죠. 첫 번째 각도는 일론 머스크가 정부효율부(DOGE)의 수장을 맡았어요. 경제 효율성 위원회죠. 정부 지출을 2조 달러 줄이겠다고 이야기했는데 도대체 2조 달러를 어디서 줄일 수 있나? 사회보장 제도나 의료보험 부분은 워낙 적은 편이라 여기서 더 깎을 예산도 없고요. 인건비에서 좀 줄이겠죠. 한국식으로 표현하면 7급, 8급, 9급 공무원들의 인건비를 줄여봤자 얼마를 줄이겠어요? 결국은 고위직 임금을 좀 줄일 거고요. 그래서 고위직에 대한 재편이 일어날 거고 이걸 위해서는 효율적인 AI 정부 시스템 구조가 나오는 거죠. 그다음에 깎을 수 있는 것이 방산이에요. 그런데 마침 보니까 방산이 여전히 전통적인 2차 대전 패러다임이라는 거죠. 이 2차대전 패러다임을 바꿀 수 있는 것들이 우크라이나 전쟁에서 완전히 입증이 됐고, 2022년 미국 국방성이 전략을 수정합니다. 2024년 10월 24일에 백악관은 최초로 AI에 관한 국가안보각서[6]를 발표하면서, 국방 산업의 AI 전환을 반드시 해야 된다는 것을 바이든 행정부 때 결정한 거죠.

강정수　〈타임〉지가 2024년 2월에 "THE FIRST AI WAR"라고 우크라이나 전쟁을 첫 번째 AI 전쟁으로 규정했어요. 전 세계에서 군사, 방위 전략이 어떻게 바뀌어야 되는지를 특집으로 실어서 보도를 합니다. 〈파이낸셜타임스〉에서도 계속해서 보도를 하고요.

6　AI에 관한 국가 안보각서. AI 발전이 가까운 미래에 국가안보에 중대한 영향을 미칠 것이라는 전제로 수립된 계획. ① 미국이 안전하고 보안적이며 신뢰할 수 있는 AI 개발을 전 세계에서 선도하고, ② 최첨단 AI 기술을 활용하여 미국 정부의 국가안보 임무를 발전시킨다 등.

2024년 2월 타임지 보도

미국 국방성도 움직입니다. 그러나 이 시점에서 하드웨어만 있는 록히드마틴이나 보잉 같은 전통 방산 기업은 한계가 드러났죠. 자연스럽게 실리콘밸리가 방산업에 들어오는 겁니다.

지난해 11월에 논쟁이 있었어요. 일론 머스크가 스텔스[7] 전투기 F-35[8]가 필요 없는 것 아니냐는 이야기를 했다가 많은 사람들이 화가 났거든요. 특히 방산 좋아하시는 분들이 "F-35를 무시한다"면서 화를 내셨어요. 하지만 스텔스 기능이 레이더에서는 작동해도 스타

스텔스 전투기 F-35를 공개 비판했던 머스크, "아직 F-35 만드는 멍청이들"

링크[9]라는 저궤도 위성에서 작동하지 않습니다. 중국도 저궤도 위성을 띄우고 있거든요. 스타링크의 위력을 봤기 때문에 중국도 빠른 속도로 저궤도 위성을 띄우고 있어요. 테크 기업들은 이러한 낡은 패러다임으로는 되지 않는다라고 보고 있는 거고요.

서병수   테크 기업들 입장에서만 봤는데 그 반대편인 정부 입장도 좀 볼 필요가 있어요. 테크 기업이 아무리 방산에 투자하고 싶다고 하더라도 실제로 정부에서 받아들이지 않으면 어렵잖아요. DIU(Defense Innovation Units, 국방혁신단)라는 조직을 좀 인상적으로 보는데요. 사실 이 조직은 2015년에 설립됐고 미군이 새로운 기

---

9   스타링크. 일론 머스크가 이끄는 미국 우주 기업 스페이스 X의 통신 위성 인터넷 서비스

술을 빨리 활용할 수 있도록 실리콘밸리와 국방부를 잇는 조직이거든요. 지금 이 조직이 빠른 속도로 성장을 하면서 최근에는 실리콘밸리의 기술적인 것들을 많이 받아들이고 거기에 맞게 군 조직을 개편하고 대응하고 있습니다. 미국은 이미 10년 이상 신기술 도입을 준비해왔던 것들이 트럼프 2기를 만나 더 확산되고 강화된다고 보고 있습니다.

이재용　이런 이유로 테크 기업들이 방산에 뛰어들고 있는데 원래 미국 방위 산업체는 전통 방산 기업들이 대세를 이루고 과점해왔죠. 구체적으로 어떤 구조로 되어 있죠?

길금희　현재 미 방산 시장은 록히드마틴, 보잉, 레이시언 등 5대 방산 기업이 과점하고 있습니다. 대형 방위 산업체들이 국방부와 장기 계약을 맺고 안정적으로 탱크와 전투기, 전함 등을 생산해 공급하는 방식인데요. 미국 국방부의 예산은 약 8,500억 달러(약 1,243조 원)에 달합니다. 2024년 회계연도 기준으로 주요 무기 시스

미국 방산 빅5의 시장 영향력　단위: 십억 달러, 명

기업명	조달계약 금액	기업 가치	고용 규모
록히드마틴	44.5	136.39	122,000
레이시온	25.4	160.03	185,000
제너럴다이내믹스	21.5	83.09	111,600
보잉	14.2	98.63	171,000
노스럽그러먼	12.8	76.04	101,000

템 사업 중 74%에서 빅5 중 1개사 이상이 주계약자로 선정이 됐는데요. 이 때문에 일각에서는 오랜 과점 체제로 경쟁과 혁신이 부족하다는 비판이 꾸준히 제기되어 오고 있습니다.

강정수　　　프라임 기업[10]이라고 보통 이야기하죠. 전통 방산 기업도 쉽게 물러나지는 않을 겁니다. 왜냐하면 이 방산 기업에는 상당히 많은 예비역 장성들이 일을 하고 있습니다. 국회의원들도 후원을 많이 했어요. 미국은 선거 때 합법적으로 막대한 후원금을 넣었기 때문에 큰 정치적 영향력을 갖고 있습니다. 이들 또한 필사적으로 싸울 거예요. 밥그릇을 뺏겠다는데 가만히 있지 않겠죠. 트럼프 행정부가 1기 행정부면 오히려 힘 있게 방위 산업의 개편이 이뤄질 수 있어요. 왜냐하면 2기를 바라볼 수 있으니까. 그런데 2기면 초기 집권 1~2년 차 정도만 힘이 있고, 3, 4년 가면 레임덕이 반드시 올 거란 말이죠. 그다음은 없으니까요. 그렇기 때문에 전통 방산 업체는 버티기 작전에 들어갈 거예요. '실리콘밸리에서 오고 있는 저 힘들을 우리가 충분히 무력화시킬 수 있다' '일론 머스크의 비리를 하나씩 터뜨리면서 트럼프를 흔드는 방향으로 나아가면 된다'는 구상이겠죠. 그러나 전반적인 변화의 흐름은 변함이 없을 것으로 보이고요. 대신 이런 관계는 예상해볼 수 있겠죠. 록히드마틴이 실리콘밸리 방산 스타트업과 M&A를 하는 거예요. 록히드마틴도 드론 잘 만들어요. 다만 AI가 없는 드론을 만들어서 그렇죠. 드론 하나 만드는

10　　프라임 기업(Prime Corporation). 일반적으로 신용도가 매우 높은 기업을 지칭한다.

데 1억에서 2억 달러씩 드는데 이번 우크라이나 전쟁에서는 1만 달러짜리 AI 드론이 날아다니면서 탱크를 공격했잖아요. 이미 벤처캐피탈 앤드리스 호로위츠에서도 방산 스타트업에 막대한 투자를 했거든요. 여기에 몇 개를 인수한다든지, 아무튼 다양한 방식으로 대응 전선을 만들어낼 수는 있다, 쉽게 무너지지는 않을 것이다 저는 이렇게 보고 있습니다.

서병수　　　　저는 미군과 관련한 자료들을 많이 들여다 보는데요. 인상적인 부분이 미군은 상시 전쟁을 하는 조직이잖아요. 그러다 보니까 항상 전쟁에서 "최선의 효과를 내기 위해서는 어떻게 할까"고민을 하는데 이미 러시아, 중국이 군사적으로 미국을 압도하기 시작하는 모습들이 2020년대 초반부터 나왔습니다. 예를 들어 지금 중국이 어마어마한 함정을 찍어내는데 함정으로 싸울 수는 없잖아요. 이걸 어떻게 해야 될까라는 고민들이 이미 군 내에서 이뤄지고 있었고, 그 일환으로 AI를 비롯한 새로운 군사 전략을 수립한 거죠. 우주, 자율주행, 클라우드를 기본 인프라로 깔고 AI로 전체 무기 시스템을 네트워크로 잡아서 전쟁을 하자, 수많은 드론으로 공격하자는 전략들이 이미 2020년대 초반부터 군 내부에서 상당 부분 진행되어 왔습니다.

AI 실력이 군사력? 기술 패권 전쟁 속 생존 전략은?

이재용　　그러면 방산 시장을 공략하는 테크 기업들의 무기는
뭐가 있습니까?

길금희　　방산 시장을 공략하는 테크 기업들의 무기의 특징은
첨단 기술력과 저렴한 비용, 재빠른 공급입니다. 최근 군사작전에
활용되고 있는 AI 드론은 일부 사양이 기존 전투기를 넘어섰다고
하는데요. 실드 AI의 무인 항공기 V-Bat는 수직 이착륙이 가능하

미국 방산 카르텔 깨는 인공지능 스타트업

오픈AI	생성형 AI로 드론 공격 파악·제거 기술
팔란티어	미 국방부·CIA에 맞춤형 AI 솔루션 제공
안두릴	목표물 자동 추격·타격하는 AI 공격용 드론
실드 AI	AI 자동운항 소프트웨어, 우크라이나전 투입
스케일 AI	AI·머신 러닝을 통해 방어 시스템 강화

F-35(전투기), V-BAT(무인 드론) 비교

고 이 업체의 AI 하이브마인드(Hivemind) 자율 시스템이 인간보다 더 정밀하게 조종할 수 있습니다. 1대에 1억 달러에 달하는 전투기의 전투력을 50만 달러짜리 드론이 대체할 수 있게 된 겁니다.

강정수　　　　미군이 방위 전략 문서를 밝혔는데 거기 나오는 인상적인 두 가지 단어가 있습니다. Faster production(더 빠른 생산), Cheaper production(더 저렴한 생산)이에요. 지금 전통 기업들은 이걸 못 하고 있다는 건데요. 예를 들어 우리가 상상을 한번 해보죠. 현무 미사일[11]이 1,000대가 있다고 가정을 하죠. 북한을 향해서 1,000대를 쐈어요. 그런데 북한이 안 무너져요. 그다음 1,000대를 언제 또 만들어요? 한 2년 걸릴 거예요. 2년 있다가 전쟁하자는 건 말도 안 되는 거 잖아요. 전쟁이 장기화됐을 때 전통무기는 치명적인 약점이 있다는 거고요. 드론이 과거 전쟁 영화에서 보는 수준이 아니에요. 지금 중국도 100만 대의 가미카제 드론[12](자폭형 무인기)을 만들겠다고 하잖아요. 우크라이나에서 처음으로 등장한 것도 가미카제 드론이죠. 가미카제 드론 공격에 놀란 러시아가 중국으로부터 기술 지원을 요청하잖아요. 엄청나게 비싼 크루즈 미사일[13]도 드론으로 바뀝니다. 비싼 것을 비싸게 느리게 생산하는 것보다는 드론

11　　현무 미사일. 대한민국 국군이 운용하는 전략 미사일 체계
12　　가미카제 드론. 적의 표적에 돌진해 폭발하거나 공격하는 자폭형 무인기. 중국의 드론 제조업체가 2026년까지 정부에 약 100만 대의 가미카제 드론을 공급하는 대규모 주문을 받았다고 밝혔다.
13　　크루즈 미사일(cruise missile). 비행기처럼 날개와 제트엔진을 사용해서 수평 비행을 하는 미사일

처럼 크루즈 미사일을 만들자. 이것이 안두릴에서 공격용 AI 드론을 만들고 있는 이유고요. 드론 모두에 AI가 탑재된다는 것뿐만이 아니라 지금 안두릴이 납품하고 있는 모든 기계에는 래티스(Lattice)라는 운영체계가 들어가 있어요. 이 운영체계가 들어가면 바로 팔란티어의 AI 플랫폼과 연결됩니다. 전장이 하나의 시스템 속에서 운영될 수 있고 소프트웨어와 하드웨어가 결합되게 할 수 있는 거죠. 완전히 새로운 개념을 만들 수 있고요. 또 싸고 빠르게 만들기 위해서 모듈 생산 방식[14]을 선택하기 시작한다는 거예요. 부품은 민간에서 만든 걸 가져다쓴다. 민간에서도 생산하고, 대량생산이 가능하기 때문에 규모의 경제 효과를 만들 수 있는 거죠.

이재용　　'빨리, 싸게, 효율적으로' 이게 전장에서도 이제 통용이 될 것이라는 거네요.

서병수　　저는 이것을 최근의 자동차 시장의 움직임과 비슷하다고 보는데요. 전통적으로 자동차 하면 소음이 적다든가, 승차감이 좋다, 엔진의 파워 하드웨어 분야의 전통적인 자동차 회사들이 강했다면, 자율주행이라는 소프트웨어적인 영역이 되면서 전혀 관련이 없던 테슬라, 샤오미 같은 기업들이 지금 강하게 부각되고 있잖아요. 군수 분야에서도 AI가 주목받으면서 관련된 다양한 기업들이 등장하고 있습니다.

14　모듈 생산방식. 완제품을 여러 개의 부분 시스템(모듈)으로 나눠서 생산하는 방식

이재용   이 AI 기술이 육해공은 물론이고 군 지휘까지 활용되는 분야가 정말 다양합니다. 구체적으로 어떤 식으로 활용될 수 있습니까?

서병수   군이 전쟁을 할 때 적의 위치가 어디인지를 정확히 파악해서 무기로 공격할 수 있는 것. 그런 것들이 굉장히 중요하거든요. 그런데 AI 데이터를 활용해서 정확한 위치에 맞춘다면 작은 화력으로도 강력한 파워를 보여줄 수 있다는 것이고요. 최근 이스라엘과 하마스 전쟁 과정에서도 AI를 활용하는 모습들이 나왔거든요. 공군이 하마스의 주요 지역들을 폭격할 때 정확한 위치를 파악하고 사람들을 인공지능으로 하마스 대원인지, 민간인인지 파악을 하게 됨으로써 이전보다 폭격의 빈도를 낮추고 효과를 훨씬 높였다는 것들이 이미 기사화되고 있습니다.

이재용   동시에 두 곳의 전쟁을 치르면서 전 세계인이 우려하고 있습니다마는 이 전쟁이 패러다임을 바꾸는군요.

강정수   완전히 바꿨죠. 러시아가 우크라이나를 침공하자마자 한 달도 채 되지 않아서 팔란티어의 대표 알렉스 카프가 직접 키예프에 들어갑니다. 젤렌스키를 만난 다음에 "무상으로 우크라이나를 도와주겠다. 대신 모든 정보를 갖겠다"라고 말해요. 지금 훈련하는 건지, 우리를 공격하는 건지, 어디를 공격하면 효과를 얻을지 공격 전술을 결정하는 데만 2~3시간 걸려요. 그런데 팔란티어가 이것을 다 해주는 '고담(Gotham)'이라는 데이터 통합, 분석하는 플랫폼을 갖고 있는 거잖아요. 전쟁이 있는 가운데서도 교육은 진행돼야 하고 아이들은 보호가 돼야 해요. 서울시에서 어떤 큰일이 나면 무작위적으로 메시지를 보내는 게 아니라 학생들부터 먼저 대피시키는 것들이 필요하죠. 이번에 우크라이나 전장에서 실험이 됐습니다. 여기에 AI 기업들이 엄청나게 갔어요. 우크라이나 정부가 운영하는 BRAVE 1이라는 사이트에 들어가면 여기서 일하고 있는 전 세계 AI 기업들이 리스트업되어 있는데요. 2,000개가 넘습니다.

이재용　　　이 테크 기업들의 방산 진출이 방산 시장에 미치는 영향은 어느 정도입니까?

길금희　　　스타트업과 협업해 차세대 국방용 AI 사업을 확대하고 있는 팔란티어는 지난 1년 동안 주가가 300% 급등했고 시가총액은 1,800억 달러를 돌파하며 5대 전통 방산 기업들을 넘어섰습니다.

서병수　　　실내가 아닌 실외에서 대규모 전쟁이 벌어졌을 때 소프트웨어 네트워크가 원활히 작동하기 위해서는 우주 시스템, 자율주행, 클라우드 이런 인프라들이 갖춰져야 하고요. 그 기반 위에 팔란티어 같은 AI 기업들이 기술 최적화를 해야죠. 그러다 보니까 하드웨어 중심의 기존 방산 기업이 아니라 소프트웨어 기업들이 빠른 속도로 기업 가치가 상승하고 있습니다.

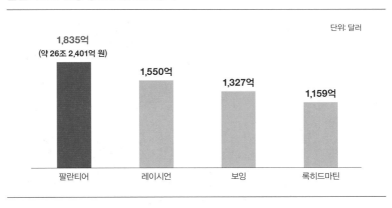

팔란티어와 전통 방산 기업 시가총액

단위: 달러

1,835억
(약 26조 2,401억 원) — 팔란티어

1,550억 — 레이시언

1,327억 — 보잉

1,159억 — 록히드마틴

강정수　　테크 기업들이 하드웨어도 좋습니다. 안두릴은 크루즈 미사일도 되고 공격용 드론도 되는 '바라쿠다(Barakuda Missile)'를 만들었고요. '퓨리(Fury)'라는 무인 전투기도 만들었습니다. 퓨리는 최대 속도가 마하예요. F-35가 5대 혹은 7대로 편대를 구성한다고 하면 인간이 조종하는 건 1대, 나머지는 AI로 조종되는 무인 항공기이고, F-35와 같은 속도로 날아가서 편대 공격을 할 수 있는 거예요.

이재용　　주요국들의 지금 AI 방산 기술 현황은 어떻습니까?

강정수　　〈파이낸셜타임스〉가 2023년, 2024년 연속으로 보도한 적이 있는데 중국과 미국이 AI 군비 경쟁이 이뤄지고 있다라는 거고요. 오펜하이머 영화의 배경이 됐던 맨해튼 프로젝트[15] 아시죠.

안두릴 퓨리. F-35와 같은 속도로 편대 공격 가능

강제로 과학자들을 전 세계에서 모아놓고 단기간에 핵 능력을 증
폭시켰던 것을 말하는데 트럼프 공약에는 'AI 맨해튼 프로젝트'라
는 거예요. '단기간에 중국을 압도할 수 있는 힘을 갖겠다'는 것. 그
만큼 중국도 무시할 수 없을 정도로 강하다는 것이고 이번 우크라
이나 전쟁에서도 러시아가 특수 부대를 중국에 보내서 드론 기술을
배워왔다고 그러거든요. 그러니까 미국과 중국을 중심으로 세계 방
산 시장이 재편되고 있는 거죠.

서병수　　2023년 8월 28일 미국 국방 뉴스 콘퍼런스에서 캐서
린 힉스 미 국방부 부장관이 대중국 신규 전략으로 리플리케이터

15　맨해튼 프로젝트(Manhattan Project). 제2차 세계대전 도중 미국이 주도하고 영국, 캐나다 자치
령이 참여한 핵무기 개발 계획

캐슬린 힉스 미 국방부 부장관, "향후 중국을 상대하기 위해 무기를 값싸게 대량으로 전선에 투입하려는 것"

이니셔티브[16]를 발표했습니다. 중국군의 양적 우위를 상쇄하기 위해 2년 이내 수천 개의 저비용 무인 자율무기를 도입하겠다고 했어요. 그런데 2024년 6월 10일, 그러니까 1년도 채 안 된 시기에 인도 태평양 사령관이 〈워싱턴포스트〉 기사를 통해 지옥도 전략[17]이라는 걸 발표합니다. 지옥도 전략은 대만 근처로 상륙을 하려면 중국 인민해방군의 함정이나 비행기가 올 텐데 이것들을 수천 대의 무인 잠수함, 무인 드론으로 돌격해서 초반에 다 파괴시키고 가겠다는 건데요. 인도 태평량 사령관이 이 발표를 했다는 것은 어느 정도 실

---

16 리플리케이터 이니셔티브(Replicator Initiative). 미국 국방부가 2023년 8월에 발표한 전략으로 중국과의 군사력 경쟁에 대응하기 위해 고안됐다. 중국군의 양적 우위를 상쇄하는 것을 주요 목표로 2년 이내에 수천 개의 저비용 무인 자율무기 시스템을 도입한다.

17 지옥도 전략. 미국이 중국의 대만 침공을 억제하기 위해 고안한 군사작전 계획. 대만해협에 수천 대의 무인 잠수정, 무인 수상함, 드론 등을 배치하여 '무인 지옥'을 만드는 것이다.

전 배치가 돼서 바로 대응할 수 있는 수준이 됐다는 얘기거든요.

이재용　　이 정도로 가고 있는데 우리나라는, 그러니까 우리나라의 AI 방산 기술 수준은 어느 정도인가요?

길금희　　우리나라는 미·중에 비해 빅테크 수도 적고 군의 움직임도 느린 편입니다. AI 군수 지원 시스템을 구축하는 작업에 이제 막 들어갔다고 보면 되는데요. 레인보우로보틱스의 다족 보행 로봇은 유무인 전투체계 장비 중 첫 사례로 볼 수 있습니다. 지난해 국군의 날 기념식에서 선보인 이 사족 보행 로봇은 위험지역에 대한 감시와 정찰 임무를 수행하는데요. 최대 시속 12km로 이동하면서 단차가 있는 계단을 비롯해서 수직 장애물도 민첩하게 오를 수 있어 임무 수행을 위한 이동성이 용이하고 다양한 환경에서 자유롭게

위험지역에 대한 감시와 정찰 임무를 수행하는 '사족보행 로봇'

경제토크쇼 픽

사용할 수 있다는 평가를 받고 있습니다.

이재용   '미국이 재래식 무기에 대한 투자를 줄이고 AI 방산의 투자를 늘린다' 그러면 우리나라 방위 산업체에게 위기입니까? 기회입니까?

서병수   미국이 가장 중요하게 보는 전장 중의 하나가 아시아 전장이고 아시아 전장에서 한국군은 굉장히 중요한 동맹군입니다. 실제로 제가 군에 계시는 분들하고 이야기를 해보면 이미 미군이 AI 시스템이나 네트워크를 한국군과 호환할 수 있게 한국군의 소프트웨어를 업그레이드하는 작업들을 많이 강조하고 있고요. 지난해 4월에 국방 AI 센터를 창설하고 7월에 휴전선 일대에 유무인 인공지능 경계센터를 개소했고요. 드론 작전사령부를 만들어서 변화

AI 탑재한 방산 업계, 위기 또는 기회?

에 대응하고 있거든요. 그리고 미국이 하드웨어 쪽에서 기존 방산 업체의 생산에 병목이 있는데 한국군이 같이 하면 좋겠다는 입장이 최근 뉴스로도 나오고 있잖아요. 그렇기 때문에 저는 우리가 가지고 있는 하드웨어적인 것들과 미국의 AI 네트워크와 접목을 시킬 수 있다면 미국이 할 수 없는 영역을 가져갈 수도 있다고 봅니다.

강정수   기회로 가려면 위기 의식이 더 절실하고 절박해야 됩니다. 한국도 하고 있죠. 그런데 AI라고 한다면 네트워크가 기반이 되어야 합니다. 한국의 국방부가 프라이빗 클라우드(Private Cloud)[18]를 갖고 있느냐, 전혀 안 가지고 있거든요. 국방 스타링크를 미국의 스페이스X하고 계약했느냐, 안 했거든요. 아직까지는 네트워크 분야에서는 한국이 넘어야 할 산이 많고요. 방산 또한 마찬가지인데 북한에서 드론이 날아오면 AI로 판단하나요? 아직도 사람 눈으로 판단하고 있어요. 그러니까 실수하는 거잖아요. 미국 국방부 같은 경우는 오픈AI, 팔란티어, 안두릴과 손을 잡고 AI 드론 방어 체계 시스템을 만들기로 결정했어요. 왜냐하면 철새와 드론 구별하기 되게 어렵거든요. 한국도 드론 부대 있죠. 훌륭하시고 노력하시죠. 그렇다고 현재의 해군이 AI를 적극 활용하고 적용하는지는 지켜봐야 합니다. 오히려 큰 항공모함을 더 갖고 싶을 걸요? 지금 군 수뇌부들은 여전히 재래식 무기, 더욱더 크고 멋있는 것들이 갖고 싶을 거

---

18   프라이빗 클라우드(Private Cloud). 단일 기업이나 조직을 위해 독점적으로 구축된 클라우드 컴퓨팅 환경. 기업 내부 또는 제3자 데이터 센터에 구축되며, 단일 조직만 사용한다.

라고 봐요. 송구스러운 얘기지만 군 수뇌부들 AI 리터러시(능력) 평가하면 우리나라 고등학생보다 낮을 거라고 봅니다. AI 부대 하나정도 만드는 것이 아니라 AI 중심으로 전략적인 방어 전략과 군사전략을 어떻게 바꿀 것인가에 대한 혁신적인 문서가 아직 우리나라국방부에서는 나오지 않았습니다. 전체 국방 전략의 방향성을 틀어줘야 하는데 이것을 안 하는 것이 지난 몇 년간의 실패라고 저는 보고 있습니다.

이재용　　　또 하나 우리가 짚어봐야 될 문제가 '전쟁에도 최소한의 윤리는 있다' 이런 얘기인데요. AI 기술로 탑재된 무기가 전쟁에서 사용될 때 윤리적인 문제는 없을 것인가, 얼마 전에 챗GPT를 활용해서 만든 AI 자동 소총 영상 이게 또 논란이 됐죠.

길금희　　　그렇습니다. 온라인 커뮤니티 레딧에 올라온 영상으로 개발자가 AI 소총의 발사 명령을 내리자 소총이 이에 반응해 조준하고 총알을 발사하는 모습인데요. 오픈AI는 성명을 통해서 이를만든 개발자들을 차단했다고 밝혔습니다. 오픈AI는 자사 제품으로무기를 개발하거나 사용하는 경우에 개인 안전에 영향을 미칠 수있는 특정 시스템을 자동화하는 것을 금지하겠다고 했는데요. 일부에서는 우려를 표하기도 했습니다.

이재용　　　이런 윤리적 우려에 대해서는 어떻게 보십니까?

AI 자동 소총 영상

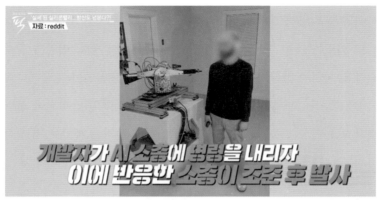

강정수   우려스럽죠. 이스라엘이 하마스 지도부를 공격했을 때 썼던 AI 이름이 가스펠[19]입니다. 이름도 애꿎은데요. 일주일에 2대 정도 발사하던 걸 하루에 100대를 발사했잖아요. 그중에 민간인 사

---

19   가스펠(Gospel). 복음을 뜻함.

상도 많이 났어요. 아직까지 불투명한 건 뭐냐 하면 얼마나 확실성을 가지고 쏜 거냐는 겁니다. 80%의 확률로 미사일을 쏜 건지, 50%인지 알 길이 없다는 거죠. UN도 2023년 11월에 AI와 관련된 결의안을 냈습니다. '최종 결정은 인간이 해야 한다'고요. 물론 팔란티어의 디지털 킬 체인도 최종 결정은 인간이 해요. 2명이 해서 그렇지. 2명이 100발 쏘는 걸 하루 만에 결정하는 거잖아요. 인간이 결정하는 것만으로 되는 것이 아니라 민간인 피해 규모 확률에 관한 가이드라인이 없다는 거예요. 민간인 사상과 피해의 확률이 높아질 경우에는 AI 기술을 쓸 수 없다든지 공격할 수 없다든지에 대한 결의안이 나올 필요가 있다고 생각합니다.

이재용   이런 것에 대한 규제는 어느 정도 필요하다라는 생각인데 트럼프는 AI 기술 개발 규제 완화를 얘기하고 있습니다.

AI 기술 개발 규제 완화를 내세운 트럼프

강정수   트럼프는 앞으로 2년 동안 우리가 상상하기 힘든 속도로 AI를 발전시킬 겁니다. 규제는 전혀 하지 않을 거고요. 캐나다를 51번째 주로 만들겠다는 상상을 하고 그린란드 사겠다고 공언해서 아들 트럼프 주니어가 가서 사진을 찍었습니다. 일반적인 기대 수준으로 판단하면 안 된다는 거죠. 문제는 산업적 이해하고도 맞아떨어졌단 말이에요. 실리콘밸리가 산업 간에 권력 투쟁을 하는 거고, 앞으로는 무조건 속도전입니다. 2년 동안 AI 규제가 사그라들면서 경쟁들이 가속화될 거고 중국 또한 여기에 보조를 맞출 거고요. 이제 바보가 되는 건 AI 법안 계속 만들려고 하는 유럽연합일 거예요. 규제보다는 성장론으로 세계 질서가 재편될 가능성이 매우 높다고 봐요.

이재용   그렇다면 AI 패권 전쟁 속에서 우리나라에 미칠 영향 또 우리의 생존 전략은 어떻게 보십니까?

서병수   AI가 왜 이렇게 확산이 될까 생각해보면 전 세계적인 인구 감소 부분도 크게 작용한다고 봐요. 한국은 인구 감소에 대해 굉장히 자유롭지 못하죠. 군이 AI를 도입하는 것에서 최근 고민 중에 하나가 젊은 사람들, 다시 말해 초·중·고등학교, 대학교 다음으로 군이거든요. 몇 년 안에 급격한 군 자원 감소가 예상되고, 기존에 레거시(Legacy) 군대들이 제대로 작동할 수 있을 거냐에 대한 의구심들이 있죠. 인구의 급격한 감소에 대한 방위 리스크는 사실 한국이 다른 나라보다 빨리 닥칠 현실이기 때문에 이런 것들에 대해 대응을 하는 게 필요하다고 봅니다.

강정수　　　아직도 정부 사람들 만나보면 인터넷 강국이라는 말도 안 되는 10년 전 몽상에 빠져 있는 분들도 많고요. 우선 그런 걸 좀 버릴 필요가 있고요. AI 경제는 여러 가지 층위로 나눠져 있습니다. 반도체라는 인프라 스트럭처(Infra structure) 층위가 있죠. 그다음 데이터센터 층위가 있는데 한국은 AI 데이터센터도 못 지어요. RE100[20]에 관련되어 있는데 재생 에너지도 없고 핵 에너지도 없고 무슨 데이터센터를 짓겠어요. 그다음 레이어가 거대 언어 모델(LLM)인데 네이버가 겨우 숟가락 얹고 있습니다. 저는 이미 게임은 끝났다고 보고 있어요. 미국 빅테크 4개 기업이 2024년에 2,000억 달러(292조 원)를 AI에 투자했습니다. 올해는 마이크로소프트 1개 기업만 800억 달러(117조 원)를 투자하고 있는 거예요. 네이버나 삼성전자가 쫓아갈 수 없는 액수죠. 그렇다면 어떻게 해야 되냐, 층위에 윗단계, 하나 남아 있는 것이 고속도로 위에 자동차 많이 다니잖아요. 버스도 다니고 트럭도 다니면서 물류가 바뀌고 경제가 활성화되는 것처럼 애플리케이션이 존재하고 이 시장을 주목해야 합니다. LLM 거대 언어 모델은 못 만들어도 방산에 적용할 수 있는 애플리케이션을 우리가 투자할 수 있는 거고, 늦지 않았다고 생각이 들어요. 국가 우월주의에 의한 순위 싸움이 아니라 어떻게 AI 생태계를 만

20　RE100(Renewable Electricity 100%), 2050년까지 기업이 사용하는 전력의 100%를 재생에너지로 조달하겠다는 국제 캠페인

들어서 서비스 부분에서 다양한 경제를 만들어낼 것인가, 기존 기업들을 어떻게 참여하게 만들 것인가 이런 부분들을 적극적으로 고민할 필요가 있다고 덧붙이고 싶네요.

이재용   갈 길이 멉니다. 국가 안보의 핵심이 된 AI 기술인데 세계 AI 군사화 경쟁 속에서 우리나라의 미래 K 방산에 대한 고민도 필요해 보이는 시점입니다.

첫 번째 경제 이야기 '핵심 노트'

- 트럼프 2기 행정부 주요 직책에 일론 머스크를 중심으로 실리콘밸리의 거물급 인사들을 대거 기용했다. 1기 집권 때 테크 기업에 적대감을 드러내던 것과는 정반대의 태도이다. 이번엔 트럼프가 실리콘밸리를 꼭 필요한 산업 파트너로 인식하고 있다는 것을 방증한다.
- 실리콘밸리 기업들이 여전히 전통 패러다임에 머물러 있는 방위 산업에 진출하고 있다. 미국 정부도 중국, 러시아의 위협적인 군사력에 새로운 군사 전략이 필요했던 터라 실리콘밸리와 정부의 필요가 맞아떨어진 상황이다.
- 대규모 전쟁이 벌어졌을 때 우주 시스템, 자율주행, 클라우드 인프라가 갖춰져야 하고, 그 기반 위에 팔란티어 같은 AI 소프트웨어 기업들이 기술 최적화를 한다. 하드웨어 중심의 방

산 기업이 아니라 소프트웨어 기업이 빠른 속도로 기업 가치를 상승하고 있다.

- 방산 시장을 공략하는 테크 기업 무기의 특징은 첨단 기술의 저렴한 비용과 재빠른 공급이다. 1대에 1억 달러에 달하는 전투기의 전투력을 50만 달러짜리 드론이 대체할 수 있게 됐다.

- 우리나라의 경우 애플리케이션 시장을 노려볼 수 있다. 빅테크들의 쩐의 전쟁이 되었지만 국가 우월주의에 의한 순위 싸움이 아니라 어떻게 다양한 경제를 만들어낼 것인가에 주목해보면 어떨까.

▶방송 다시보기

석차옥 서울대 화학과 교수

서울대학교 화학과(이학사)를 졸업하고, 미국 시카고대학교 화학과에서 이학박사를 받았다. 매사추세츠공과대학교 화학과, 캘리포니아대학교 샌프란시스코캠퍼스 약학화학과에서 박사후 연구원을 지냈으며, 현재 서울대학교 화학부 교수로 역임 중이다. 현재 서울대학교 화학부에서 단백질 구조예측 및 단백질 도킹 컴퓨터 프로그램을 개발하고 있으며, 국제 단백질 구조예측 대회 CASP의 자문위원 및 분야 심사위원으로 활동하고 있다.

한송협 대신증권 연구원

연세대학교 경영학과를 졸업하고 대신증권 신성장사업팀 소속 애널리스트로 활동중이다. 바이오, AI, 의료기기 등 다양한 산업 분석 및 투자 리포트를 작성하였으며 주요 기업 및 시장 동향에 대한 심층적인 연구와 보고서를 발표했다.

김화종 한국제약바이오협회 K-멜로디(MELLODDY) 사업단장

한국제약바이오협회 AI신약융합연구원장을 거쳐 현재 연합학습 기반 신약개발 가속화 프로젝트 (K-MELLODDY) 사업단장을 맡고 있다. 서울대에서 전자공학, KAIST에서 디지털신호처리를 전공했다. UC 버클리 박사후 연구원, 워싱턴대 방문교수, 강원대 컴퓨터공학과 교수, KAIST 겸직교수를 수행했다. 기업의 빅데이터 분석, DX 추진, AI 도입에 필요한 실무자 교육을 4000여 시간 수행했으며 "데이터사이언스개론" 등 7권의 교과서를 저술했다.

AI로 신약 개발까지, 노벨화학상 '알파폴드'

석차옥 | 서울대 화학과 교수, **한송협** | 대신증권 연구원

김화종 | 한국제약바이오협회 K-멜로디(MELLODDY) 사업단장

"2024 노벨상은 조금 특별했습니다. 한강 작가가 한국인 최초, 아시아 여성 작가로는 처음으로 노벨문학상을 받아 국내외로 오랜 감명을 남긴 것도 있지만 또 하나 중요한 이슈는 '노벨상을 휩쓴 AI(인공지능)'였습니다. AI는 노벨물리학상과 화학상, 2관왕을 거머쥐었습니다. 인류에게 크게 기여한 자에게 주는 노벨상. 전 세계 인류에게 AI가 이제 과학의 중심에 있음을 상징적으로 보여준 셈이죠.

제약사가 아닌 테크 기업이 신약을 만든다? 수년 전부터 구글은 AI 신약 개발에 뛰어들었습니다. AI 연구 기업인 구글의 딥마인드가 단백질 구조를 예측하는 알파폴드를 2018년에 처음 공개하고 2020년엔 알파폴드2, 그리고 지난해 5월엔 알파폴드3를 공개했습니다. 구글은 신약 개발 자회사 아이소모픽 랩스를 만들고 알파

폴드3로 신약을 개발하고 있습니다. 이 소식은 제약·바이오 업계의 판도를 바꾸고 있습니다. 엔비디아, 마이크로소프트 등 빅테크들도 경쟁적으로 신약 개발 AI 모델을 내놓고 있고요. 인공지능에는 양질의 데이터가 중요하기에 오랜 시간 축적된 제약 데이터를 가지고 있는 빅파머들과 협업도 활발히 이뤄지고 있습니다. AI가 신약 개발에 어떻게 활용이 되는지, 구글의 알파폴드3로 제약·바이오 업계의 현재와 미래를 살펴봅니다."

과학계 'AI 쇼크' 노벨상 받은 알파폴드

이재용　　방송 이후 알파폴드를 개발한 데미스 허사비스가 노벨상을 받았어요. 이 상을 어떻게 해석해야 할까요?

석차옥　　이번에 노벨물리학상[1]이 AI 방법론을 생각해낸 분들에게 돌아갔고, 노벨화학상[2]은 구체적인 과학 문제에 적용된 AI로서 단백질 구조 분석과 예측 효율성을 획기적으로 높이는 AI를 개발한 이들에게 수여됐는데요. AI가 기존에 풀지 못했던 과학 문제를 푼 첫 번째 사례인 것이고 이런 게 앞으로도 계속될 수 있기 때

1　　노벨물리학상은 미국 프린스턴대 존 홉필드(91) 명예교수와 캐나다 토론토대 컴퓨터학과 제프리 힌턴(77) 교수가 수상했다. 이들은 AI 계산 능력의 핵심인 인공신경망(ANN)을 개발하고 머신러닝의 기초를 세운 공로를 인정받았다.

2　　노벨화학상은 알파폴드를 개발한 데미스 허사비스 구글 딥마인드 최고경영자(CEO)와 존 점퍼 수석연구원, '로제타폴드'를 개발한 데이비드 베이커 미국 워싱턴대 생화학과 교수가 수상했다.

전통적인 신약 개발, AI 신약 개발 소요기간

기존 개발 과정 소요기간

타깃 발굴	발굴 및 스크리닝	물질 최적화	독성 실험	임상 1~3상	허가
2~3년	0.5~1년	1~3년	1~3년	5~6년	1~2년

AI 활용한 개발 과정 소요기간

빅데이터 발굴	선택 및 타당성 평가	임상 1~3상	허가
0.5~1년	0.5~1년	4~5년	1~2년

자료: 한국보건산업진흥원

문에 '새로운 변화의 시작, 자연과학의 새로운 패러다임의 탄생'이라고 생각을 해요. 조금 거창하게 평가했나 모르겠지만 역사가 좀 더 지나보면 알겠죠.

이재용　　AI 신약 개발에 집중해서 볼게요. 신약 개발하는 데 막대한 비용과 시간이 필요하다는 것. 익히 알고 있는 사실인데요. AI를 활용하면 비용과 시간 얼마나 줄게 되는 건가요?

길금희　　전통적인 신약 개발 기간은 평균 약 15년이 소요됩니다. 많게는 1만여 개에 달하는 신약 후보 물질 중 단 1개만이 상용화에 성공하는데요. 과정 중 가장 시간이 많이 걸리고 실패 확률이 높은 단계는 신약후보물질 '발굴'과 '임상'입니다. 약 개발이 필요한 대상 질병을 정하고, 관련 논문을 400~500개 이상은 훑어봐야 하기 때문입니다. 게다가 환자 모집을 해야 하는 임상의 경우, 단계가 진행될수록 시간이 오래 걸리고, 비용도 높아지는데요. 임상 단계에서 실패하는 경우도 허다합니다. 반면 AI는 연구자 수십 명이 수년간 해야 할 일을 하루 만에 진행할 수 있습니다. 한 번에 100만 건 이상의 논문을 탐색할 수 있고, AI와 빅데이터를 이용하면 임상시험군의 성공률을 높일 수 있기 때문에 임상에 소요되는 시간과 비용이 단축될 수 있습니다. 간단히 비교하자면, 일반 신약 개발엔 평균 15년, 1조 원 이상 필요하다면, AI를 활용하면 개발 기간이 7년, 비용은 6,000억 원으로 시간과 비용을 절반가량 줄일 수 있게 되는 겁니다.

이재용　그런데 지난번에 우리 코로나 백신 개발할 때요. 그때도 이례적으로 빨리 개발했다고 했는데, 그보다 더 당겨지는 건가요?

석차옥　사실 코로나 때는 임상 허가를 굉장히 빨리 진행한 효과가 컸다면 이제 AI를 활용하게 되면 후보 물질을 훨씬 더 빨리 발굴하고 그 후보 물질이 미치는 영향을 미리 더 정확하게 예측을 할 수가 있기 때문에 훨씬 앞당길 수 있어 보입니다.

이재용　이렇게 AI로 후보물질 구조를 예측할 수 있게 된 것, 제약·바이오 업계에서는 어떤 의미입니까?

한송협　글로벌 제약사들이 R&D로 쓰는 비용이 2023년 기준

전 세계 제약 R&D 투자비용 및 전년 동기 대비 증감률

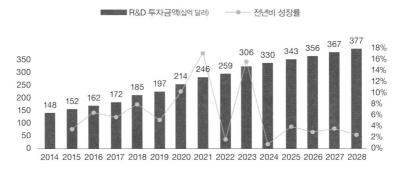

자료: EvaluatePharma(2024년 2월)

으로 3,060억 달러입니다. 우리 돈으로 447조 원 정도 되는데 이 중에서 50%가 신약 개발에 사용될 걸로 예상하고 있어요. 그런데 문제는 제약 산업 연구개발(R&D)의 효율성이 감소하는 추세라는 겁니다. 제약·바이오 업계에는 이룸의 법칙(Eroom's Law)이라는 게 있어요. 반도체 집적회로의 성능이 2년마다 2배로 증가한다는 무어의 법칙(Moore's Law)을 거꾸로 표기해서 만든 단어인데요. 제약·바이오 연구개발 비용은 계속 늘어나는데 개발 성과의 불확실성이 더해진다는 것이죠. 이미 많은 신약이 나왔기 때문에 연구개발 효율성이 감소하는 것이죠. 이런 찰나에 AI가 신약 개발에 활용된다고 하면 전체적으로 효율성이 좋아질 수 있을 것입니다.

알파폴드, 제약·바이오 업계 판도 바꾸나

이재용   그럼 후보물질의 3차원 구조를 예측한다는 알파폴드. 알파폴드는 무엇이고, 알파폴드3는 어떤 기능이 더 발전된 걸까요?

석차옥   2016년 이세돌 9단과 대결했던 바둑AI '알파고' 기억하실 텐데요. 알파폴드는 알파고를 만든 구글 딥마인드에서 개발한 AI 기술입니다. 알파폴드(AlphaFold)에서 폴드(Fold)는 '접는다'라는 뜻으로, 긴 단백질 가닥을 여러겹 접어서 3차원 구조를 형성하는 것을 단백질 폴드라고 하고요. 알파폴드는 단백질 종류가 주어지면 어떤 3차원 모양을 갖는지 예측하는 기술입니다. 여느 인공지능과 마찬가지로 빅데이터에 기반한 학습을 합니다. 사용되는 주요 데이

알파폴드

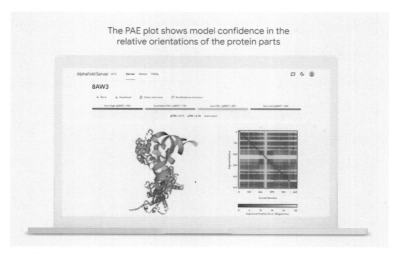

출처: 유튜브 Goolge DeepMind

터는 생체 분자가 어떤 구조를 갖는지 알 수 있는 구조 데이터가 있고요. 알려진 단백질 종류만 2억 개 이상입니다. 이런 생체 분자 데이터로부터 학습을 해서 단백질의 3차원 구조를 예측할 수 있도록 설계된 인공지능입니다. 2018년 '알파폴드1'이 첫선을 보였습니다. 그리고 지난해 발표된 알파폴드3는 단백질뿐만 아니라 핵산 등 다른 종류의 생체 분자도 동시에 그 구조를 다룰 수 있어서 신약 개발에 좀 더 적용 가능성이 넓다고 할 수 있습니다.

이재용　　　제약사들도 AI를 활용한 신약 개발에 적극 뛰어들고 있다는데, 시장 규모가 얼마나 됩니까?

길금희　　　제약바이오협회에 따르면 AI 신약 개발 글로벌 시장 규모는 2022년 약 8,000억 원으로 매년 45.7%씩 성장세를 보이고 있는데요. 2027년에는 약 5조 원 규모에 이를 것으로 예측되고 있습니다.

석차옥　　　구글은 크게 투자를 하고 있어요. 다른 신약 개발 자회사 '아이소모픽 랩스'라는 회사를 만들어서 딥마인드의 대표가 겸임을 하고 있습니다. 아이소모픽 랩스는 지난해 1월부터 다국적 제약사 일라이릴리, 스위스 제약사 노바티스와 협력하는 등 개발에 박차를 가하고 있습니다. 그리고 지난해 9월엔 딥마인드가 단백질 구조를 설계해주는 새로운 모델 알파프로티오를 공개했어요. 알파폴드는 구조를 3D로 예측해서 약물 후보군을 탐색하는 거라면 알

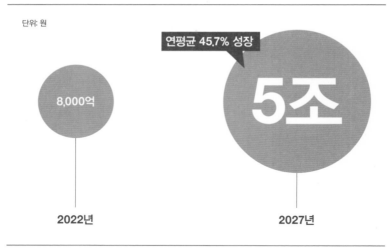

AI 신약 개발 글로벌 시장 규모

단위: 원

연평균 45.7% 성장

8,000억

5조

2022년

2027년

자료: 한국제약바이오협회

파프로티오는 약물이 어떤 분자를 가질지 설계해서 직접 보여주는 모델로 구글의 신약 개발 기술이 더욱 진일보했다는 분석입니다. 또 미국 워싱턴대학교에서 '로제타폴드'라고 하는 단백질 구조를 설계하는 AI를 개발했는데 이 프로그램을 기반으로 '자이라'라고 하는 회사가 2023년에 생겼습니다. 우리 돈으로 1조 4,000억 원의 초기 투자를 받았다는 것에 많은 사람들이 놀라기도 했습니다. 대규모 투자가 이루어지고 있고 그것을 바탕으로 해서 굉장히 빠른 발전과 빅테크 기업 간에 치열한 경쟁이 이뤄질 것이 예상됩니다.

이재용　　시장 판도가 달라지네요. 지금까지 우리 약 개발한 곳은 다 제약사였잖아요. 그런데 그 약을 이제 구글이 만드는 거니까. 국내 제약·바이오 시장은 지금 어떤 상황입니까?

한송협　　　　조금은 아쉬운데 국내는 아직까지 해외처럼 활발하지는 않습니다. 다만 국내에서도 AI 신약 개발에 대한 관심 자체는 크게 증가하고 있고요. 한국제약바이오협회에 따르면 AI 기업과 협력 연구를 진행하는 국내 제약·바이오 기업 수가 2019년에는 5개였습니다. 근데 이게 작년에는 40개로 4년 새 무려 8배나 늘어났습니다. 그리고 AI 신약 개발에 특화된 스타트업도 계속 늘어나서 2023년 상반기에는 거의 51개에 달한 걸로 집계가 됐습니다. 좀 유명한 회사로는 상장사인 온코크로스, 파로스아이바이오 등이 있는데 이 회사들은 자체 개발로 AI 신약 파이프라인[3]을 임상 단계까지 올렸습니다. 임상 단계까지 올렸기 때문에 좀 의미가 있다고 보고 있고요. 국내 주요 제약사인 유한양행, 한미약품, 대웅제약 등도 국내외 AI 신약 개발 기업과 손을 잡고 적극적으로 협력을 하면서 실질적으로 AI 기술 도입 준비를 하고 있다고 봐주시면 될 것 같아요.

AI 신약 개발 글로벌과 역행하는 한국?

이재용　　　　국내 AI 신약 개발 기업 설립 추이라는 게 나오는데 2018년에 바짝 올라갔다가 지금은 주춤하는 상황인 것 같습니다. 국내 AI 신약 개발 기업 설립이 이렇게 줄고 있는 이유가 뭡니까?

3　　AI 신약 파이프라인. 연구개발(R&D) 중인 신약 개발 프로젝트

국내 AI 신약 개발 기업 설립 추이

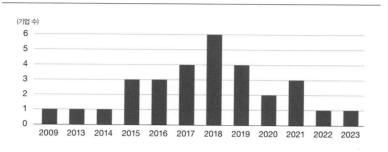

자료: 한국보건산업진흥원

한송협　　고금리가 되면서 AI 신약 개발 회사뿐만 아니라 전체적으로 신약 개발 회사들이 힘들어졌어요. 이 영향으로 AI 신약 개발 회사들이 좀 적게 설립이 된 것에 영향을 미치지 않을까라고 분석하고요. 두 번째 이유로는 인력인 것 같습니다. 신약 개발을 하려고 하면 숙련된 인력이 필요한데 공급이 수요를 따라가지 못하기 때문에 전체적으로 AI 신약 개발 기업 설립이 줄어드는 게 아닌가 분석하고 있습니다.

이재용　　저는 그게 궁금하네요. 여기서 얘기하는 전문 인력이라는 게 AI 전문가를 얘기하는 겁니까? 아니면 제약·바이오의 신약 개발 전문가를 얘기하는 겁니까?

석차옥　　두 가지 다라고 할 수 있는데요. AI 전문가가 많이 부족하고요. AI와 신약 개발 사이에 연결을 시켜줄 수 있는 융합 인재가 특히 부족하다고 할 수 있습니다.

국내 제약·바이오 기업의 고충(2022년 기준)

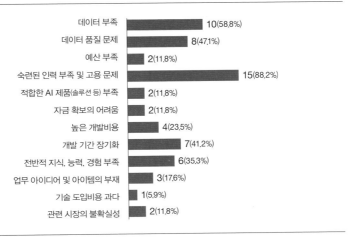

항목	값
데이터 부족	10(58.8%)
데이터 품질 문제	8(47.1%)
예산 부족	2(11.8%)
숙련된 인력 부족 및 고용 문제	15(88.2%)
적합한 AI 제품(솔루션 등) 부족	2(11.8%)
자금 확보의 어려움	2(11.8%)
높은 개발비용	4(23.5%)
개발 기간 장기화	7(41.2%)
전반적 지식, 능력, 경험 부족	6(35.3%)
업무 아이디어 및 아이템의 부재	3(17.6%)
기술 도입비용 과다	1(5.9%)
관련 시장의 불확실성	2(11.8%)

자료: 한국제약바이오협회 정책보고서

길금희 실제로 국내 기업이 어떤 고충이 있는지 알아봤는데요. 앞서 말씀해주신 부분들이 담겨 있었습니다. 한국보건산업진흥원에서 국내 제약·바이오 기업과 AI 기업의 애로사항에 대해서 조사를 했는데요. 숙련된 인력 부족 및 고용 문제가 가장 많은 비중을 차지했고요. 이어서 데이터 부족, 품질 문제, 개발 기간 장기화 등이 기업들의 어려움을 낳고 있는 것으로 조사됐습니다. 국내 제약·바이오 기업들의 경우 아직 AI를 활용한 신약 개발 기술력이 부족하고 정부의 규제도 산업 발전 속도에 뒤떨어져 있다는 지적도 이어지고 있습니다.

한송협 인공지능은 역시 데이터가 가장 중요한데요. 이 데이터도 어디서든 쉽게 구할 수 있는 공개된 데이터 말고 실질적으로 제약사가 실험을 해서 단백질이 어떻게 기능하는지 담겨있는 '기능 데이터'가 중요합니다. 그 데이터들은 회사가 노출하려고 하지 않기 때문에 국가 차원에서 데이터를 공유할 수 있는 플랫폼이 필요하지 않을까라고 보고 있습니다.

석차옥   최근에 JP 모건이나 해외 컨퍼런스에서 발표된 것들을 보면 내용적인 측면에서 우리나라의 AI 신약 개발 잠재력은 결코 뒤처지지 않습니다. 그런데 이것을 개발에 적용해서 성공 사례를 만들어내는 과정에 애로사항이 있는 거고요. 논문이나 특허로 데이터나 기술을 상세하게 공개를 하다 보면 기술 유출의 위험이 있고 보호받기 어렵기 때문에 여러 기업이 가지고 있는 핵심 기술을 객관적으로 논의하거나 모아보기 어렵습니다. 한 연구원님 말처럼 신약 개발과 직접적으로 관련 있는 많은 종류의 데이터를 공유하고 신약 개발에 적용되는 기술들을 발전시키는 노력이 더 필요하다고 생각합니다.

길금희   데이터란 게 사실 기업에 있어서는 그 기업이 걸어온 역사와 성과를 증명하는 중요한 수단이잖아요. 그런 데이터를 무작정 서로 공유하는 것은 결코 쉬운 일이 아닐 텐데요. 기업별로 데이터 공개에 반감을 느끼는 사례도 생겨나면서 정부는 또 하나의 묘안을 마련해야 했습니다. 보건복지부와 과학기술정보통신부가 공동으로 추진하는 이른바 K-멜로디 프로젝트입니다. 이것은 연합학습 기반으로 각각의 제약사가 보유한 데이터를 공유하고 신약 개발의

김화종 K멜로디 사업 단장

효율성을 극대화하는 것을 목표로 합니다. K-멜로디는 유럽연합이 3년간(2019~2021년) 진행한 멜로디 프로젝트를 벤치마킹했다고 하는데요. 김화종 K-멜로디 사업 단장을 직접 만나 이야기를 들었습니다.

김화종　　연합훈련을 쉽게 설명하자면 '데이터를 모은다'는 개념은 아예 없습니다. 지금까지는 모든 데이터 산업이 데이터를 어딘가 모아야만 모델을 만들었어요. 그런데 K-멜로디는 데이터를 보유 기관에서 가지고 오는 게 아니라 AI 모델을 그쪽으로 잠깐 보냅니다. 모델이 가서 공부를 해옵니다. 이 똑똑해진 모델로 연합을 하면 굳이 데이터를 안 가지고 와도 AI 모델의 성능을 높일 수가 있다는 것이죠. 원천 데이터를 보호하면서도 활용할 수 있어서 효율적인 AI 학습 방법으로 유럽 국가와 우리가 주목하고 있습니다.

길금희　　　DNA 정보 등 개인정보 유출 문제가 발생하진 않을까요?

김화종　　　약이라는 게 모든 사람에게 똑같이 작용하는 게 아니라 어떤 사람한테는 잘 듣고 어떤 사람한테는 안 듣는데요. 이 차이를 구분하려면 개인의 DNA 정보를 같이 넣어줘야 합니다. 정밀 의료로 넘어가려면 언젠가 개인정보는 의료에 접목될 거예요. 어린이한테만 잘 듣는 약을 만든다고 하면 훨씬 개발의 폭이 좁아지기 때문에 기존의 방식과 달라지는 겁니다. 지금 약 개발이 힘든 이유 중에 전 세계 모든 사람에게 보편적으로 듣는 약을 만들려고 하니까 어려운 부분도 있거든요. 그렇다고 해서 개인정보 적용 문제에 부정적으로 집중할 필요는 없을 것 같습니다. K-멜로디로 다시 돌아오자면 연합 학습은 데이터가 움직이지 않으니까 개인정보 유출이나 이전이 아니라고 하는 것이 유권해석으로 나와 있어요. 다만 이걸 좀 더 확실하게 법령으로 만들 필요는 있습니다.

길금희　　　이 프로젝트는 지난해 4월부터 2028년 12월까지 총 348억 원이 투입되고요. 연합학습 플랫폼 구축, 신약 개발 데이터 활용 및 품질 관리와 세부 과제 등을 진행할 예정이라고 합니다. 대웅제약, 한미약품 등 8곳의 제약사와 병원, 연구기관 등이 함께 선정되어 AI 신약 개발 생태계가 조성될 것으로 기대한다고 전했습니다.

빅테크도 제약·바이오 뛰어든다, 진입 속도는?

이재용　　　지금 말씀을 들어봐도 이제 앞으로 신약 개발을 하고 바이오 산업의 선두주자가 되는 곳이 기존처럼 제약·바이오 업체가 아니고 구글 같은 빅테크, AI를 잘하는 기업이 될 거다 이런 생각을 하는데 그건 어떻게 보세요?

한송협　　　사실 AI가 모든 산업에 침투를 하잖아요. 개인적으로 신약 개발에 있어서는 AI가 좀 늦게 침투할 것 같다고 보고 있습니다. 두 가지 이유가 있는데 첫 번째는 제약사의 역할이 핵심이라는 겁니다. AI 신약 개발은 AI 컴퓨팅 파워나 알고리즘보다는 데이터가 중요합니다. 좋은 데이터를 넣어야 신약 개발에 대한 성공을 높일 수가 있고요. 그 데이터를 갖고 있는 곳이 제약사들이거든요. 아직까지는 그쪽에 힘이 더 강할 거라고 보고 있고요. 사실 헬스케어 업종이 되게 보수적입니다. 예를 들어 IT는 신제품 나오면 그걸로 다 바뀌는데 헬스케어는 굉장히 옛날에 나온 것도 써요. 그만큼 안전성과 재현성을 중요시 여기는 곳이기 때문에 혁신이 늦게 들어가는 공간이라고 봅니다. 아직까지는 AI 잘하는 기업보다는 기존의 대형 제약사나 바이오 회사들이 좀 더 강점을 가질 거라고 봅니다.

석차옥　　　기존 제약사가 가지고 있는 노하우라고 하는 걸 무시할 수가 없고요. 신약은 인간의 몸에 들어가는 거기 때문에 굉장히 엄밀하고 다양한 규제의 영향 아래에 있습니다. 그래서 그것들을 극복하고 어떻게 AI와 융합해서 질적으로 향상시킬 수 있을까가 중요할 것 같고 장기적인 시각에서 큰 변화가 생길 것으로 봅니다.

이재용　　신약 개발이 워낙에 막대한 돈이 들기 때문에 아무나 할 수 있는 사업이 아니다, 이런 얘기 너무 많이 들었거든요. AI를 이용한 신약 개발이라고 해도 거대 자본과 기술력으로 독점적으로 운영되지 않겠습니까? 세계적인 거대 제약·바이오사 아니면 구글 같이 큰 AI 기업이 독점하지 않겠습니까?

한송협　　저는 개인적으로 구글이 헬스케어에 성공적으로 들어와서 규모가 커지거나, 대규모 자본으로 더욱 강해진 빅파마가 나온다고 하더라도 신약 개발에 있어서는 독점으로 이어질 가능성이 낮다고 봅니다. 아직까지 신약 개발은 '복권'입니다. 될지 안 될지는 실험실에서 시뮬레이션을 돌렸을 때, 동물 실험했을 때, 사람에게 실제 임상을 했을 때 단계마다 예측이 어렵기도 하고 물리적으로 3~4년 이상 걸리잖아요. 독점보다는 다양한 회사의 아이디어가 나와서 기술 수출이나 M&A가 좀 활성화되는 구간이 될 것으로 예상합니다.

석차옥　　저는 거대 자본에 따른 양극화 현상이 어느 정도 있을 거라고 봅니다. 구글이 알파폴드를 개발할 수 있었던 것은 엄청난 컴퓨팅 파워를 가지고 있어서 가능했거든요. 로제타폴드의 연구실도 마이크로소프트로부터 대규모 GPU를 지원받았습니다. 작은 연구실 단위에서는 하기 어렵죠. 만약 그런 아이디어가 있다 하더라도 성능이 안 나오고 제대로 하기 어려웠을 거예요. 앞으로 학교나 작은 연구실 또는 작은 회사는 적은 컴퓨터 파워를 가지고 어떻게 큰 기업들과 경쟁할 수 있을지가 과제라고 생각합니다.

이재용   제약·바이오 업계의 판도를 바꾸고 있는 AI 신약 개발. 예측이 불가능할 정도로 엄청나게 발전을 하고 있습니다만 앞으로 얼마나 더 발전할지 궁금하네요. 우리도 경쟁력을 가지고 AI 신약 시장을 주도해나갔으면 하는 개인적인 바람입니다.

두 번째 경제 이야기 '핵심 노트'

- 전통적인 신약 개발엔 평균 15년, 1조 원 이상 필요하다면, AI를 활용하면 개발 기간이 7년, 비용은 6,000억 원으로 시간과 비용이 절반가량 줄 것으로 보인다.
- 알파폴드는 알파고를 만든 구글 딥마인드에서 개발한 AI 기술. 알파폴드(AlphaFold)에서 폴드(Fold)는 '접는다'라는 뜻으로, 단백질의 종류가 주어지면 어떤 3차원 모양을 갖는지 예측하는 기술이다.
- 글로벌 제약사들이 R&D로 쓰는 비용이 우리 돈으로 447조 원 정도(2023년 기준). 이 중의 절반을 신약 개발에 쓰는데 제약 산업 연구개발의 효율성은 감소하는 추세다. 이미 많은 약

이 나왔기 때문인데 AI가 신약 개발에 활용된다고 하면 전체적으로 효율성이 좋아질 것으로 기대된다.

• 전 세계 AI 신약 개발 시장 규모는 급속도로 성장하는데 국내 AI 신약 개발 관련 기업 수는 주춤. 고금리와 인력 부족의 문제. 숙련된 인력이 필요한데 공급이 수요를 따라가지 못하는 상황이다.

▶방송 다시보기

정태용 연세대 국제대학원 교수

연세대학교 국제학대학원 교수. 에너지 경제학 및 기후변화, 지속가능발전 분야의 전문가이다. 정 교수는 서울대학교에서 경제학 학사를 취득 후, 미국 럿거스대학에서 경제학 박사학위를 받았다. 한국 에너지경제연구원 연구위원, 일본 국립환경연구소 공동연구원, 일본지구환경전략연구기관 기후정책연구부장, 세계은행의 선임 에너지 이코노미스트, 글로벌녹색성장연구소(GGGI) 부소장, 아시아개발은행의 주임 기후변화전문가 등을 거쳤다.

정동욱 중앙대 에너지 시스템공학부 교수

서울대학교 원자핵공학 학사, 한국과학기술원(KAIST) 원자력공학 석사, 매사추세츠공과대학교(M.I.T)에서 원자력공학 박사 학위를 취득했다. 이어 국가과학기술심의회 에너지환경전문위원장과 한국원자력안전재단 이사, 한국연구재단 원자력단장 등의 공적 활동을 했다. 2023년부터 1년 여 동안 '제11차 전력수급기본계획 총괄위원장'을 수행하기도 했다. 한국수력원자력 중앙연구원 수석연구원과 경제협력개발기구(OECD) 원자력기구(NEA) 4세대 원자로개발시스템(Gen-4) 기술사무국 기술조정역 등도 거쳤다.

이정호 연합뉴스TV 기자

매일경제TV 증권부에 출입하며 경제 분야 다양한 소식들을 전했고 현재는 연합뉴스TV에서 취재 활동을 하고 있다.

빅테크 전력 전쟁,
AI 시대의 숨겨진 전선

정태용 | 연세대 국제대학원 교수, **정동욱** | 중앙대 에너지 시스템공학부 교수
이정호 | 연합뉴스TV 기자

"AI 시대를 맞아 우리가 제일 처음 직면한 과제는 무엇일까요? 바로 부족한 에너지 문제입니다. 전 세계 데이터센터의 연간 전력 소모량은 460TWh로 프랑스와 독일의 국가 연간 소모량에 버금가는 수준인데요(국제에너지기구, 2022년 기준). 당장 세계의 빅테크 기업들은 AI 성능 경쟁에 앞서 에너지 확보 전쟁에 나서게 됐습니다. 하지만 이 지점에서 빅테크 업체들은 갈림길에 서게 되는데요. 어떤 에너지를 어떻게 확보해야 할지 고민스럽습니다. 트럼프가 미국의 대통령으로 선출되면서 글로벌 거버넌스와 에너지 정책에 큰 변화를 가져올 것이라는 관측도 있고요. 제작진은 기후 리스크로 떠오른 AI가 엄청난 전기를 쓰면서 온실가스 배출을 늘리는 새로운 주범이 되고 있다는 점도 이 전쟁을 촉발시킬 요인으로 보았습니다.

전력 수요를 감당하면서도 기후 위기를 대처하는 법은 무엇이 있을지 전기 먹는 하마의 실체부터 하나씩 따져보겠습니다."

'전기 먹는 하마'로 떠오른 데이터센터

이재용　　AI가 사용하는 전력량이 많다고 하는데, 도대체 어디에 얼마나 많이 쓰는겁니까

이정호　　AI가 구동되는 모든 과정은 데이터센터라는 곳에서 이루어집니다. 데이터센터라는 것은 서버, 컴퓨터, 그리고 네트워크, 회선 등 IT 서비스 제공에 필요한 모든 장비를 한 건물에 모아둔 곳이라고 보면 되겠는데요. 이들이 사용하는 어마어마한 전력량 가운

데이터센터 전력 수요

단위: %

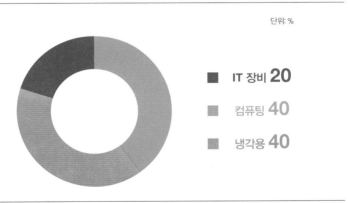

■ IT 장비 **20**

■ 컴퓨팅 **40**

■ 냉각용 **40**

자료: 국제에너지기구

데 40%는 서버의 연산에 들어가고요. 또 40%가량은 냉각에 들어갑니다. 나머지 20%는 설비에 활용되고요.

정동욱   데이터센터가 전 세계적으로도 약 8,000개 있다고 하는데 매일같이 3개씩 늘어나는 속도라고 하니까 상당하게 늘고 있습니다. 우리나라 같은 경우는 현재 150개 정도의 데이터센터가 운영되고 있어요. 5년 사이에 700여 개 가까이가 늘어날 것이다라고 예측하고 있습니다. (자료: 국회 입법조사처) 세계적 빅테크 기업인 구글의 경우 2023년 기준 대략 24TWh를 썼다고 하는데 그 정도의 전기량이면 서울시가 1년에 50TWh를 못 쓰니까 서울시 1년 전력 소비의 절반을 사용하는 셈입니다. 아마존 같은 경우 클라우드 서비스로 벌어들이는 돈이 상당히 많은 비중을 차지하고 있고요. 물건을 판 것보다도 매출 비중이 높기 때문에 앞으로 데이터센터는 세계적으로 늘어날 것이라고 전망합니다.

이재용   그런데 이 데이터센터가 기피시설로 취급을 받기도 하고 그렇습니까?

정태용   네, 아무래도 환경 문제나 전력 설비 부족 문제, 인허가 문제도 있고요. 지역 주민들 입장에서 볼 때는 일자리가 생긴다거나 도움이 되는 일이 아니거든요. 지역 주민들의 반발도 있고 하니까 빅테크 기업들이 베트남, 태국 등 동남아 지역으로 갑니다. 부지가 넓고 전기나 물이나 이용료도 저렴하기 때문인데 국가 차원에

세계데이터센터 전력 사용량

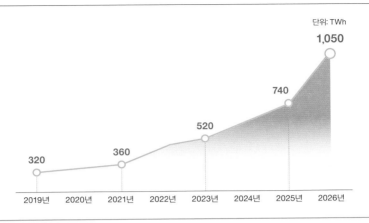

단위: TWh

1,050

740

520

360

320

2019년 2020년 2021년 2022년 2023년 2024년 2025년 2026년

자료: 국제에너지기구

서는 유치한다는 차원에서 적극적으로 이 사안을 봐야 합니다. 기피시설로 인식이 굳어지면 기업들은 외국으로 나갈테니까요.

정동욱　　또 전기라는 것이 저장이 안 되거든요. 그렇기 때문에 필요에 맞춰 설비를 확충해야 합니다. 전력 설비만 확충할 게 아니고 전기를 실어 나르는 송전망도 확충해야 하죠.

정태용　　지금 정 교수님께서 공급 측면에서 말씀해주셨는데 수요 측면에서 보면 새로운 전력 수요가 늘어나는 거잖아요. 최종 소비자들에게 가격 부담을 주지 않고 기존대로 이용할 수 있도록 하는 것도 현실적으로 쉽지 않습니다. 또 고려돼어야 할 것이 환경 부담에 대한 비용도 전기요금의 합리적인 조정에 맞춰 선행이 되어야 늘어나는 수요도 감당하면서 공급에 필요한 돈도 마련하게 되지 않을까 싶습니다.

이재용　　지금 환경 이야길 해주셨는데, 탄소 배출 제로를 목표로 했던 기업들은 고충이 크겠어요.

이정호　　마이크로소프트나 아마존 등 빅테크들은 최근에 내놓은 연내 환경 보고서에서 AI 사업으로 인해 장기적인 기후 목표 달성이 어려워질 수도 있다는 점을 인정하기도 했습니다. 이들은 모두 2023년 자사 온실가스 배출량이 전년보다 늘었다고 밝히면서 그 원인으로 데이터센터를 꼽았는데요. 우리나라도 예외는 아닙니다. 네이버가 최근 공개한 보고서에 따르면 온실가스 배출량은 2023년 8만 9,505톤으로 전년 대비 3%가량 증가했는데요. 전체 배출량의 97%가 데이터센터와 사옥에서 사용한 전력으로 나타났습니다. 한편 AI 서비스 출시 전 기준이므로 카카오의 온실가스 배출량은 감소하기는 했습니다만 2024년 1월부터 데이터센터 운영이 시작됐기 때문에 전력 소비와 온실가스 배출량은 점차 늘어날 것으로 전망되고 있습니다.

정태용　　지금처럼 화석연료를 많이 사용해서 전기 생산을 하면 온실가스가 늘어날테지만 화석연료의 비중을 줄이는 방법으로 거론되는 신재생이나 원자력, 수소에너지 비율이 늘어나도록 하면 됩니다. 국가 전체적으로 공급에서 에너지 믹스를 어떻게 갖고 갈 것이냐, 또 전력망에서 어떻게 효율을 가지고 갈 것이냐 하는 큰 그

네이버, 카카오 온실가스 배출량 현황

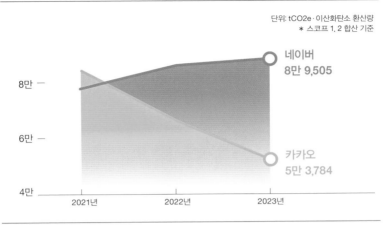

단위: tCO2e · 이산화탄소 환산량
* 스코프 1, 2 합산 기준

네이버
8만 9,505

카카오
5만 3,784

자료: 각 사 ESG 보고서

림이 먼저 그려져야 될 것이고요. 거기에 따라서 각 데이터센터들이 각자의 성향에 맞는 에너지 효율 향상이라든가 수요 감소 시스템을 만들어 나간다면 꼭 전력 수요의 증가가 이산화탄소 배출을 증가시키는 쪽으로 가지는 않을 것 같고 그렇게 되지 않도록 하는 것이 저희가 지금부터 해야 할 일이라고 생각합니다.

트럼프 당선으로 기후위기 대응은 '갈팡질팡'

이재용　　또 한 가지 변수로 떠오른 것이 트럼프 미국 대통령이 내놓는 정책들이 글로벌 거버넌스에 큰 충격을 줄 것이라는 건데요. 파리 기후 협약에서 탈퇴하겠다고 공언한 바도 있고요. 무탄소 에너지 공급에는 영향이 없겠습니까?

정태용   공약대로 파리 기후협약에서 탈퇴하겠죠. 하지만 글로벌 거버넌스가 바뀌는 문제는 다른 겁니다. 유럽의 경우 트럼프가 대통령이냐 아니냐를 떠나 이미 러시아의 우크라이나 침공으로 지난 2년 동안 추운 겨울을 보냈고요. 때문에 에너지 확보나 시큐리티 문제에 대해서 심각히 고민하고 있고 그걸 상징적으로 보여주는 것이 원자력을 대안으로 삼고 있다는 거예요. 앞서 이야기했듯 AI가 에너지를 확보하는 데 촉진제 역할을 하고 있고요. 미국이 세계의 중심에 서 있길 바라는 이상 쉽게 중국에게 그 주도권을 넘겨주진 않을 겁니다. 때문에 시대적 흐름은 거스를 수 없는 것이죠.
또 하나, 녹색금융은 민간에서 더 활성화되고 있습니다. 2020년 기준 6,400억 달러 중 3,400억 달러가 민간에서만 운용하고 있어요. (송홍선, 탄소중립을 위한 기후금융 발전과제, 자본시장 연구원) 이 돈은 미국의 자본만도 아니고 세계 각국의 자본들이 모두 섞여 있습니다. 비즈니스 차원에서도 이것이 수익모델이 되니까 뛰어드는 거고요. 미국의 중앙정부가 전부 컨트롤할 수 없죠.

이재용   그러니까 트럼프 대통령이 기후 리스크에 대응하는 방식에 큰 영향을 주지 않을 것이라는 말씀이시죠?

정태용   트럼프의 캠페인이 MAGA[1]잖아요. 즉 제조업을 살리고 국내로 기업들을 리쇼어링[2]하는 겁니다. 지금 생산되고 있는 태양광 패널들 다 '메이드 인 차이나(Made in China)'잖아요. 태양광 에너지를 거부할 수밖에 없죠. 미국이 원래 가지고 있던 에너지 자원이 셰일가스와 천연가스, 화석연료란 말이죠. 더 이상 이를 거부할 이유가 없다는 것이고요. 단순히 '화석연료 대 신재생에너지' 이렇게 이분법적인 프레임으로 사안을 들여다보지 말라는 겁니다. 관점 자체가 미국 우선주의기 때문에 원천기술을 가지고 경쟁력을 키워나가겠다는 뜻으로 해석해야죠.

이재용　　　그렇군요. 하지만 미국이 화석연료를 쓰기 시작하면 탄소 배출에 대한 규제가 가능하겠습니까?

정태용　　　트럼프는 원자력도 하나의 대안으로 생각하고 있어요. 앞서도 강조했지만 화석연료를 쓰느냐 쓰지 않느냐로 탄소 배출의 기준을 판단할 순 없고요. 예를 들어 석탄이 셰일가스[3]로 대체된다고 보았을 때 셰일가스는 석탄 대비 이산화탄소 배출량이 절반 수준으로 줄어듭니다. 그래서 우리나라 조선이 수혜를 볼 것이라고 전망하는 주된 이유도 이 셰일가스를 운반하는 LNG선이 필요해지기

1　MAGA. Make America Great Again의 준말로 강력한 미국 우선주의를 뜻함.
2　리쇼어링(Reshoring). '제조업의 본국 회귀'를 의미. 인건비 등 각종 비용 절감을 이유로 해외에 나간 자국 기업이 다시 국내에 돌아오는 현상을 말한다. 장기화되는 경기침체와 급증하는 실업난을 해결하기 위함. 자국 기업이 해외로 이전하는 '오프쇼어링(off-shoring)'의 반대 개념이다.
3　셰일가스. 탄화수소가 풍부한 셰일층(근원암)에서 개발, 생산하는 천연가스를 말한다. 셰일이란 우리말로 혈암이라고 하며, 입자 크기가 작은 진흙이 뭉쳐져서 형성된 퇴적암의 일종이다. 셰일가스는 이 혈암에서 추출되는 가스로, 전통적인 가스전과는 다른 암반층으로부터 채취하기 때문에 비전통 천연가스로 불린다.

때문이죠. 석탄 사용 여부는 탄소 배출의 양을 줄이는 노력의 전부가 되진 못합니다. 결국 에너지 믹스(Mix)와 이산화탄소 배출량을 줄이는 대체 에너지들의 발견, 에너지 효율화까지 통틀어서 종합적으로 봐야 합니다.

이재용 그렇다면 우리나라 에너지 산업의 경쟁력은 어디서 찾아볼 수 있을까요?

정태용 저는 우리나라 원자력 분야의 엔지니어들 수준이 매우 높다고 생각해요. 원천기술이 미국에 있더라도 운영할 사람이 없으면 말짱 도루묵이죠. 최근에 원전을 수주하기도 했고 한수원에서 퇴직하신 분들이 UAE로 이직하기도 하잖아요. 그러니까 한국의 가장 큰 강점은 인적 자원입니다. 에너지 효율화를 위한 시스템을 만들어놓고 운영을 하는 것도 결국 사람이고요. 또 하나 '디지털(Digital)'에 관해서는 한국이 전 세계 최고라고 생각합니다. 물론 실리콘밸리의 명성이 있지만 디지털을 잘 활용하고 응용하는 면에서 한국만 한 곳이 없다고 생각해요. 한국이 '친환경(Green)' 이미지가 있고 여기에 '디지털'이 더해진다면 시너지가 더 커질 것이라고 생각합니다. 우리 주변에서도 흔히 볼 수 있죠. 주부들이 귀가하기 전에 휴대폰으로 밥솥을 켜고 끌 수 있잖아요. AI 기술이 에너지 쪽에 접목되는 부분, 길목까지 근본적으로 고민해봐야 합니다. 저는 현시점이 한국에게는 큰 기회가 될 거라고 봅니다. 지금의 결정으로 글로벌 스탠더드에 올라타고 그보다 더 앞서가야 미래 세대에게 자랑스럽고 잘살 수 있는 나라를 물려주게 될 겁니다.

이재용　　　IMF가 보고서를 발표했는데 탄소를 배출하는 만큼 과세로 규제를 해야 한다는 의견을 냈어요. 이건 어떻게 보십니까?

정동욱　　　'탄소국경조정제도[4]'라는 것이 있습니다. 이게 제품을 만들 때 탄소를 많이 쓰게 되면 기준치를 초과했을 때 그 차액만큼 관세를 물리겠다는 내용입니다. 데이터센터에 탄소세를 들고 나온 취지가 이와 비슷한 것 같습니다. 문제는 실체가 있는 물건 같은 경우는 국경에서 확인할 수 있는 절차를 거칠 수 있지만 데이터는 인터넷 망을 타고 흐르거든요. 특정 나라에 데이터센터를 가지고 있다고 하더라도 통제할 방법이 없습니다. 국제적인 합의가 있어야겠죠. 여러 가지 시장 메커니즘이 있기 때문에 어떤 것이 더 효과적으로 기업의 부담을 줄이면서도 탄소 배출을 줄일 수 있는 방안일지 따져봐야 합니다.

정태용　　　전력 사용 가격에 여러 가지를 포함시키는 방법이 있을 수 있겠죠. 세금을 매기는 것도 방법 중 하나겠지만 반대로 보조금을 많이 줘서 효율을 높이는 쪽으로 갈 수도 있겠습니다. 그러니까 방법 중 하나가 될 수 있다고 생각하고 세금이 꼭 맞는 방법이라

4　　탄소국경조정제도. 유럽연합 내로 수입되는 역외 제품에 대해 탄소 가격을 동등하게 부과·징수하는 제도다. 철강, 알루미늄 등 6개 품목을 유럽연합에 수출하는 기업은 제품 생산 과정에서 발생한 온실가스 배출량을 유럽연합 수입업자를 통해 의무적으로 보고해야 한다.

고 생각하지는 않아요. 세금을 한 가지 방편으로 꺼내 들었으니 한 말씀 드리자면 우리나라의 경우 '에너지세'라고 해서 책정돼 있는 세금들이 있거든요. 만약에 이것을 이산화탄소에 관련된 세금이라고 이름을 붙여 조정한다면 좋겠죠. EU보다 탄소 가격을 높게 매기고 있는 나라라는 것을 어필하고 증명한다는 차원이에요. 다만 기재부에서 단독으로 결정할 문제가 아닙니다. 관련 부서의 모든 이해관계자들이 모여 정교하게 세금을 조정하면 유리하겠죠.

'원자력'과 '신재생' 에너지의 갈림길에서

이재용　　　세계 각국이 에너지 확보에 주력하고 있는 가운데 빅테크 기업들은 그 대안으로 원전을 꺼내 들었습니다. 우리 정부도 신규 원전 건설 계획을 밝히기도 했잖아요. 정동욱 교수님께서 총괄위원장이신 걸로 알고 있는데 어떻게 보십니까.

정동욱　　　신재생과 원전의 불균형성을 개선하기 위해서 상당한 노력을 했다고 먼저 말씀드리고 싶습니다. 예를 들면 현재 우리나라의 에너지 비중을 보면 원전의 발전량 기준으로 대략 29% 정도 됩니다.[5] 신재생 에너지는 약 8.9%를 차지하고 있고요.[6] 이렇게 차이

5　　https://climateactiontracker.org/countries/south-korea/

6　　Renewable Energy Institute. South Korea (Low Renewable Energy Ambitions Result inHigh Nuclear and Fossil Power Dependencies) 11, 2023.

가 나는데 2038년 약 15년 후를 예상해보면 원전의 비중이 35%로 늘고 신재생 에너지는 약 32%로 전망됩니다.[7] 그 격차가 많이 줄어들게 되는 거죠. 제가 대형 원전 3개, SMR[8] 1개를 넣으려고 정부에 제안을 했습니다. 많은 빅테크들이 주목하고 있어요. SMR에 여러 가지 장점들이 많기 때문이죠.

이재용   SMR 관련해서는 잠시 후 자세히 듣도록 하겠고요. 정태용 교수님께서는 원전 확대에 대해서 어떤 입장이십니까.

정태용   그동안 우리는 우리의 경제 시스템이 디지털 전환이라고 하는 화두를 어떻게 적용해야 할지 고민하지 않았습니까. 결국 디지털이라는 것은 전기로 에너지를 공급하는 것을 포함하기도 하고요. 원자력 이야기가 그래서 방안으로 거론되는 겁니다. 그 과정에서 우리에게 굉장히 의미 있는 소식이라고 생각되는 건 체코 원전 수주전에서 저희가 우선협상 대상국이 된 것 아니겠습니까. 그래서 저는 디지털이 화두가 되는 시점에서 일자리도 창출하고 새로운 경제활동의 기회도 만들어내야 한다는 측면에서는 원자력이 불가피한 측면이 있다고 생각하고요. 또 나름대로의 현실을 고려했을 때 합리적인 선택이 아닌가 생각합니다.

---

7   에너지경제연구원. S. Korea to build up to 3 new nuclear reactors by 2038
8   SMR(Small Modular Reactor). 소형모듈원자로의 준말. 기존 대비 작은 용량과 모듈식 설계를 채택한 원자로를 뜻한다.

이재용　　그런데 원자력 이야기가 나오면 환경 단체랄지 시민 사회에서 우려의 목소리가 나올 수밖에 없는데, 이부분은 어떻게 생각하십니까?

정동욱　　저는 우리나라가 에너지 갈등이 좀 심한 나라에 속한다고 생각합니다. 정권이 바뀔 때마다 정책과 기조가 바뀌어왔으니까요. 그런데 우리가 전기 에너지를 확대하지 않으면 안 되는 상황이 닥친 것이죠. 국제에너지기구(IEA)의 2050 탄소 중립을 위해서라면 우리가 쓰는 에너지의 절반은 전기, 나머지는 절반에 대해서는 무탄소 에너지로서 공급해야 합니다. 우리나라 전기화 비율이 20% 밖에 되지 않거든요. 그런데 2050년 50%로 늘리려면 전력이 2.5배 이상 증가해야 하는데 그걸 모두 무탄소 에너지로 공급해야 해요. 우리가 가지고 있는 에너지원은 신재생과 원전뿐이니까 한계가 있

빌게이츠 "원자력에너지 올바르게만 개발한다면"

을 수 밖에 없습니다. 수소가 있기는 하지만 그것도 결국 신재생이나 원전을 기반으로 만들어 쓰는 겁니다. 그러니까 신재생과 원전으로 지금보다 더 늘어난 전기를 공급해야 하는 과제에 놓인 상황임을 직시해야 합니다. 다시 말해서 신재생과 원전 둘 다 확대해야하고 피할 수 없는 것입니다. 다 좋은 에너지는 없어요. 그렇다고 다나쁜 에너지도 없습니다. 그래서 이걸 믹스하자는 뜻입니다.

이재용　　　네, 그렇다면 소형모듈원자로, SMR에 대해 자세히 이야기를 나눠보죠. 구체적으로 어떤 겁니까?

정동욱　　　일단 '소형'이라는 사실이 첫 번째고 '모듈'이라는 말을 설명드리겠습니다. 원자력 발전소의 원자로는 굉장히 많은 기기로 구성되어 있어요. 그걸 모듈화 해서 하나로 만듭니다. 쉽게 설명하면 SMR은 모듈들을 연결해서 수요에 맞게 만들어 씁니다. 예를 들어 200Mw가 필요하다고 한다면 100Mw짜리 두 개를 묶어서 하나의 원전에 제공하고 300Mw가 필요하면 3개를 묶고요. 이번에 우리가 체코에 수출한 것은 1400Mw 사이즈의 원자로를 다운사이징한 겁니다. 대형 원전의 경우 수요에 맞게 제작하려면 처음부터 다시 설계해야 해요. 건설 단가도 높고 쉽지가 않습니다. 그런데 SMR은 재설계를 할 필요도 없죠. 대형 원전에 비해 잔열을 제거하기도 쉽습니다. 안전 마진도 높고요.

정태용　　　SMR의 장점이야 정 교수님 말씀대로 많지만 단점이라고 한다면 좀 비싸다는 사실을 짚고 넘어가지 않을 수 없어요. 기술 개발 과정에 있어서 아직 단가가 높다는 게 문제인데 그럼에도 불구하고 새로운 에너지 기술이라는 게 적용이 돼서 상용화되고 활용이 되려면 거쳐야 하는 단계가 많이 있지 않겠습니까? 저는 안타까운 것이 시범으로 해볼 부지 찾는 것도 어렵다는 거예요. 기술은 한국에서 다 만들어놓고 다른 나라 가서 시범 사업을 해야 하는 상황이 되는 것인데 SMR이 미래 에너지 공급에 굉장히 중요한 축이 된다면 한국도 이 문제에 대해서 굉장히 적극적으로 거쳐야 할 단계가 많죠.

정동욱　　좋은 건 좀 비싸요. 세계 각국에서도 이 경쟁은 단가를 낮추고 경쟁력 있게 만들까로 귀결됩니다. 그래서 우리도 그것을 보여주기 위해 이번에 SMR 시범 사업을 하는 것이고요. 원자력발전소 가보시면요. 가장 눈에 띄는 것이 큰 격납 건물이잖아요. 그런데 SMR은 10분의 1도 안 되는 작은 모양이 될 거고 격납 건물처럼 콘크리트 더미가 아니라 레이아웃 설계를 해서 건물도 예쁘게 짓습니다. 무엇보다 안전이 가장 중요할 텐데요. 원자로로부터 반경 30km까지는 방사선비상계획구역[9]을 만들어야 합니다.

9　방사선비상계획구역(EPZ). 원자력 시설에서 방사능 누출 사고가 발생할 경우를 대비해 대피·소개 등과 같은 주민 보호 대책을 사전에 집중적으로 마련하기 위해 설정하는 구역을 말한다. 예방적 보호조치구역은 원전 반경 3~5km, 긴급보호조치계획구역은 원전 반경 21~30km로 구분. (국민재난안전포털)

이재용　　　　SMR은 비싸다는 지적을 해주셨는데 절충 방안은 없을까요?

정태용　　　　사례를 들어 설명을 드리고 싶어요. 태양광의 경우 2000년과 2020년의 비용을 비교해보면 75%정도 다운이 됐습니다 (자료: IPCC[10] 제6차 종합보고서, 2023). 그러니까 20년 전에 그 많은 에너지 전문가들이 태양광 에너지가 20년 후 이렇게 비용이 줄어들거라고 예측하지 못했어요. 20년 전에 대부분은 태양광 가격이 너무 비싸서 안 될 것이다라는 의견이었고요. SMR도 마찬가지라고 봅니다. 상용화에 대해서 이야기하는 시점에서 지금보다 비싸다고 이걸 포기해야 하냐는 거죠. 여러 가지 이유 때문에 비싸지만 과연 이 기술 시장을 한국이 포기할 것이냐라고 물었을 때 대답은 'No'이지 않습니까. 그렇다면 경제성의 논리는 무의미하다고 생각하고요. 정 교수님 말씀대로 얼마나 누가 빨리 이것을 줄이느냐가 관건이 되겠지요.

정동욱　　　　원래 SMR이 처음 개발될 때는요. 대형 원전과 비교했을 때 경제성을 따라잡기 어려우니 '니치마켓[11]'을 노려보자고 이야기가 나왔어요. 예를 들면 방위 산업에 포커스를 두어서 개발해보자는 생각으로요. 태양광도 비슷했는데요. 태양광이 처음 개발되고

10　IPCC. 기후변화에 관한 정부 간 협의체
11　니치마켓. 틈새시장을 말한다. 수요가 비어 있는 시장을 말하며 치밀한 시장조사 후에 경영자원을 집중적으로 투입하는 전략을 니치전략(niche strategy)이라고도 한다.

이용된 곳은 우주 분야였습니다. 1958년 미국의 인공위성 '뱅가드 1호'는 연료가 없는 우주에서 전원으로 태양광 발전을 사용했습니다. 기술 개발을 거듭해서 에너지를 공급했지만 무지하게 비쌌어요. 그런데 그것이 기술 개발을 거듭하면서 지구의 주요 에너지원이 된 것이죠.

이재용   좀 허황돼 보일 수도 있겠습니다만 데이터센터를 우주로 보내자는 의견도 있습니다. 현실성 있는 얘깁니까?

정태용   저는 기술자가 아니기 때문에 가능성 여부는 알 수 없겠지만 이런 아이디어 차원의 이야기가 좀 황당해 보여도 계속 북돋아줘야 한다고 생각합니다. 왜냐하면 우주 말씀을 하셨지만 우주 개발이라는 게 처음에 미국과 소련이 경쟁하면서 이야기가 나왔기 때문에 정부가 해야 하는 일이라고 생각했습니다. 하지만 지금은 민간에서도 하고 있지 않습니까? 민간의 참여가 훨씬 커졌죠. 이러한 참여를 이끌어내려면 창의성을 열어둬야 해요. 다만 국가나 정부, 공적 부문은 이것에 대한 자원 배분을 어떻게 할것인가 판단을 해야겠죠. 초기에는 너무 많은 자원을 태울 수는 없지 않겠습니까.

이재용   맞아요. 만화나 영화가 늘 앞서가더라고요. 거기서 나오면 나중에 그것이 기술 개발이 돼서 실현되기도 하고요. 얼토당토한 얘기만은 아닌가 봅니다.

정동욱　저는 엔지니어로서요. 역시 그 비저너리[12]는 엔지니어로선 쉽지 않은 것 같습니다. (웃음) 데이터센터를 우주로 보내자는 의견, 실현되기만 한다면 좋죠. 그렇지만 엔지니어링 관점에서 봤을 땐 정말로 쉽지 않습니다. 그렇다고 딱 잘라 말씀드리긴 어렵고 한 가지 예로 미국의 캐네디 대통령이 엔지니어는 아니었거든요. 그런데 또 달에 사람을 보내겠다 하고 사람을 보냈잖습니까. 그런 걸 봐서는 리더는 엔지니어보다는 비저너리, 우리 정태용 교수님 같은 분이 나오셔야 할 것 같습니다.

이재용　아이디어를 엔지니어가 구현해내고 또 그런 과정들이 또 인류의 발전을 이끄는 것 아니겠습니까. (웃음) 아무튼 AI로 인한 전력 수요가 늘고 있고 또 탄소 중립 과제를 달성하기 위해 어떤 대책들이 있을까에 중점을 둬서 정리를 해봐야 할 것 같습니다.

정태용　저는 한국의 입장에서 말씀을 드리자면 에너지를 확보하는 것과 국제사회의 일원으로서 탄소 중립을 달성해야 하는 두 가지 외에도 산적한 문제가 많기 때문에 가장 중요한 것이 균형적인 관점이라고 생각합니다. 그런 관점에서 탄소 중립이 2~3년 안에 달성될 것도 아니고요. 장기적인 관점에서 정권 혹은 정파와 상관없이 '탈정치화'라는 이야기를 많이들 하시는데 정책적으로 이게 뒷받침되어야 한다고 생각하고요. 경제를 어떻게 지속 가능하게 발전시켜

12　비저너리(visionary). 미래를 읽고 전망을 제시하는 사람

나가야 할 것인가를 고민해봤을 때에도 정부만의 문제가 아니기 때문에 모든 이해관계자들이 같이 고민해야 할 문제라고 생각합니다. 그래서 중요한 것은 컨센서스를 만들어간다는 것에 합의를 먼저하고 구체적인 기술은 민간이 만들어낼 것이라고 보고요.

정동욱 에너지 믹스의 문제는 해결할 수 있는 문제입니다. 왜냐하면 흑백 논리로 해결하려고 하면 굉장히 어려운 문제지만 적정 수준이 뭔가를 찾아가는 과정이라면 갈등을 풀어내는 사회적 합의를 형성하는 과제이기 때문이죠. 갈등이 증폭되는 게 저는 가장 큰 문제라고 생각합니다. 그리고 두 번째는 40년 이 필드에서 함께해왔지만 요즘 같은 변화를 체감해본적이 없습니다. 전 세계적으로 에너지 변화의 큰 트렌드에 있습니다. 이 경쟁에서 승자가 되어야 해요. 무엇이 정말 탄소 중립을 이끌고 2100년에 에너지의 중심에 서게 될지 아무도 모릅니다. 기술 개발에 막대한 투자를 해야 해요. 정치하시는 분들 확대 재생산하지 마시고 함께 뭉쳐줬으면 좋겠습니다.

이재용 언론에서는 제대로 좀 얘기를 하고요? (웃음)

정동욱 언론도 제발 편가르기 해서 싸움 붙이고 구경하지 마시고 서로가 협력할 수 있도록 환경을 만들어주시길 바랍니다.

이재용 알겠습니다. AI 시장이 성장세인 가운데 장기적인 관점에서 에너지 부족 문제를 해결할 현명한 대책이 필요한 때가 아닌가 다시 한번 생각해보는 시간이 되길 바랍니다.

세 번째 경제 이야기 '핵심 노트'

- 전기 먹는 하마로 떠오른 '데이터센터'. 전 세계적으로 매일 3개씩 생겨나고 있고 AI가 발전함에 따라 앞으로 더 늘어날 것으로 예상된다.
- 세계적 빅테크 기업인 구글의 경우 2023년 기준 대략 24TWh를 썼다고 하는데 그 정도의 전기량이면 서울시의 1년 전력 소비의 절반 수준이다.
- 전력 사용이 늘어나면서 이산화탄소 배출량도 늘고 있다. 무탄소 에너지를 공급해야 하기 때문에 적절한 에너지 믹스에 대한 대안들이 거론되고 있다.
- 트럼프의 당선으로 '기후변화 대응' 거버넌스와 규제의 변화도 눈여겨보아야 하는 대목이다. 트럼프는 신재생 에너지 비중을 줄이고 화석연료와 원자력을 늘리자고 공언한 바가 있다.
- 정부와 기업은 에너지 믹스의 적절한 균형을 위해 신재생과 원전을 검토 중이다. 그중 SMR이 대안으로 떠오르면서 안정성이나 비용 측면에서 문제를 제기하고 있다.

▶방송 다시보기

PART 2

떠오르는 중국
붉은 용의 세 가지 무기

조철 산업연구원 선임연구위원

서울시립대 경제학과를 졸업하고 동 대학원에서 석·박사 학위를 받았다. 산업연구원 북경지원 수석대표, 중국산업연구부장, 산업통상연구 본부장 등을 지냈다. 1988년 산업연구원에 입사하여 30년 넘게 산업, 통상, 중국 등의 분야를 연구해오고 있다. 자동차 산업을 중심으로 산업 연구를 실시하였고, 주력산업연구실장을 역임하면서 산업 전반에 관해서도 이해의 폭을 넓혔다. 2007년부터 4년간 산업연구원 북경지원의 지원장을 맡으면서 중국 산업에 대한 연구를 본격화하였으며, 이후 중국 연구와 관련하여 중국산업연구부장 등을 역임했다.

이철 박사, 중국 경제 전문가

서울대학교 산업공학과에서 학사 및 석·박사를 취득하였다. 중화민국(타이완)인 아내와 결혼 후 20년 이상 중국에 머무르며 활동하고 있다. KT 기술협력부장, 삼성SDS 중국 법인장, 디지 카이트 CEO, SK 전문위원, 플랜티넷 중국법인장, 중국 기업 TCL의 CIO를 역임했고 이스라엘의 카타센스에서 아시아 태평양 사업 개발을 담당했다. '중국 공유 자전거 한국 Localization' '중국 상무부 CPC 코드 시스템' '중국향 통신 건설 프로젝트 관리 시스템' '산시성 유해사이트 차단 시스템' 등 다수의 프로젝트를 맡아 진행한 바 있다. 현재 유튜브 채널 〈이박사 중국 뉴스 해설〉을 운영하며 여러 매체에서 저작 활동을 하고 있다.

제조업 쓰나미:
글로벌 공급망의 재편

조철 | 산업연구원 선임연구위원
이철 | 박사, 중국 경제 전문가

　"최근 중국의 공급 쓰나미가 산업계를 덮치면서 세계 제조업 시장에 새로운 불안 요소로 떠올랐습니다. 철강·석유화학·자동차, 우리나라의 초고속 성장을 견인해 온 제조업 역시 몸살을 앓고 있는데요. 상황이 심각해지자 전 세계는 중국의 과잉 공급 견제에 나섰습니다. G7(미국, 독일, 일본 등)은 과잉공급의 잠재적·부정적 영향을 모니터링하고 공정한 경쟁을 보장한다는 성명을 발표했고 멕시코, 인도, 브라질 등 역시 반덤핑 조사, 관세 부과 등으로 대응했는데요. '중국산'에 대한 고정관념을 뛰어넘어 전 세계 시장에 파란을 일으키고 있는 지금, 중국의 공급 쓰나미로부터 살아남을 '구명조끼'는 없을지, 그리고 다시 한국 제조업의 아성을 되찾을 방법은 무엇일지 전문가들과 함께 살펴봤습니다.

중국발 쓰나미에 국내 화학 업체 '휘청'

이재용　　철강·석유화학·자동차 산업을 중심으로 이른바 차이나 덤핑으로 불리는 중국의 공급 과잉이 우리 기업들의 생존을 위협하고 있다고 하는데, 얼마나 심각한 겁니까?

길금희　　값싼 원재료와 인건비로 무장한 중국의 저가 공세에 국내 산업이 도미노식으로 타격을 입고 있습니다. 이로 인해 최근에는 재계 서열 6위인 롯데가 롯데월드타워를 은행권 담보로 내놓는 일까지 벌어졌는데요.

이재용　　서울의 랜드마크격인 롯데월드타워가 담보로 나올 정도면 꽤 심각했던 것 같은데요.

길금희　　그렇습니다. 롯데 그룹의 위기의 중심에는 롯데 케미칼이 있습니다. 최근 석유화학업계에서 중국발 저가 공세가 본격화되면서 국내 화학업계의 업황은 급속도로 악화되었는데요. 롯데케미칼의 실적이 부진해지자 회사채를 발행할 당시에 약속했던 특약 조항을 지키지 못하게 됐고, 이에 따라 일부 회사채의 기한이익 상실 사유[1]가 발생했습니다. 기한이익 상실 사유가 발생하게 되면 채

1　기한이익 상실 사유. 채무자가 원래 약정된 변제기한 전에도 채무를 즉시 상환해야 하는 조건을 말한다. 이는 법률이나 당사자 간 계약에 따라 발생하며, 주로 채권자의 권리 보호를 목적으로 한다.

롯데케미칼 매출 및 영업이익과 재무 부담 추이

매출 및 영업이익

단위: 억 원

연도	매출	영업이익
2021	18조 1,205	1조 5,356
2022	22조 2,761	-7,626
2023	19조 9,464	-3,477
2024	20조 7,855	-7,319

* 2024년은 시장 전망치
자료: 금융감독원 전자공시시스템

재무 부담 추이

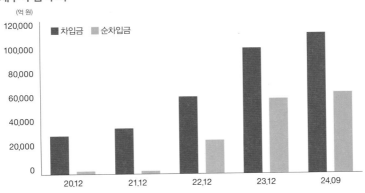

자료: 공시자료

권자는 만기 전 채무자에게 조기 상환을 요구할 수 있게 되는데, 빌렸던 돈을 갑작스럽게 갚아야 하는 위기에 놓인 롯데는 특약 사항을 조정하기 위해서 결국 그룹사 상징인 롯데월드타워를 은행권 담보로 내놓게 된 겁니다. 현재 롯데월드타워의 가치는 6조 원 이상으로 추정되는데 롯데 측에서 이번 위기를 빠르게 타개하고 시장의 의심을 잠재우기 위해 초강수를 둔 것으로 보입니다.

이재용　　재계 서열 6위의 롯데그룹이 진땀을 흘릴 정도면, 그보다 규모가 작은 업체들은 비상사태일 것 같은데 산업 전반 상황은 어떻습니까?

길금희　　석유화학 산업은 대표적인 수출 효자 산업으로 원유 정제 과정에서 얻는 나프타를 이용해 합성수지와 합성섬유, 기초 화학 제품을 생산하는 산업인데요. 산업연구원에 따르면 우리나라의 석유화학 제품 수출액은 2022년 기준 543억 달러에서 2023년 457억 달러로 약 16% 감소했고요. 2024년에는 그보다 낮은 451억 달러로 전망이 되고 있는데요. 특히 핵심 시장인 중국으로의 수출 수요가 줄어든 타격이 큰 것으로 보고 있습니다.

조　철　　가령 철강 같은 경우 경제 발전 속도보다 앞서 생산 능력이 증가하는 반면 석유화학은 경제 발전보다도 속도가 조금 느린 측면이 있습니다. 그래서 중국 산업 성장기에 발생한 부족분을

한국 석유화학 제품 수출액

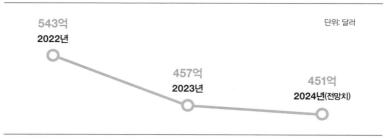

543억
2022년

단위: 달러

457억
2023년

451억
2024년(전망치)

자료: 산업연구원

우리나라가 지금껏 채워왔다고 보시면 됩니다. 그런데 중국 역시 석유화학 산업의 생산능력을 지속적으로 확충해 왔기 때문에 어느 정도 국내 생산으로 수요가 충족되게 되었고, 최근 들어 악화된 중국의 경기 흐름에 자체 수요까지 위축되면서 전반적으로 공급 과잉이 발생하게 된 거죠.

이재용　　중국 석유화학 제품을 우리나라의 것과 비교했을 때 어느 수준까지 따라온 겁니까?

조　철　　석유화학 같은 경우는 일반적인 범용 제품이 있고 스페셜티라고 불리는 고기술 고부가가치 제품이 있습니다. 일반 범용 제품에서는 이미 중국으로의 수출이 힘들어진 상황입니다. 그래서 우리나라 기업들이 스페셜티를 생산하는 방향으로 전략을 바꿨는데 또 이 스페셜티 부문도 중국이 치고 들어오는 그런 상황입니다. 따라서 전반적으로 석유화학업계의 업황이 악화됐다고 보시면 됩니다.

이재용　　예전에는 그래도 우리나라가 가격 경쟁력은 떨어져도 제품 경쟁력은 있었던 것 같은데 요즘에는 양쪽 모두 힘든 모양이에요.

이　철　　둘 다 힘듭니다. 우리나라도 몇 년 전부터 젊은이들이 '헬 조선'[2] 이런 얘기하지 않았습니까? 지금 중국이 헬차이나 같은 상황입니다. 자국 내에서도 가격 경쟁이 치열합니다. 우리 기업들이 중국에서 살아남으려면 중국 기업들도 견디기 힘든 가격 경쟁력을 갖춰야 하는데 문제는 사실상 불가능에 가깝다는 것입니다. 우리가 종종 중국을 만만디[3]라고 부르지 않습니까? 그러나 현재 중국은 하루 근무시간이 12시간 이상이고 주말에 일하는 건 보통입니다. 중국에 진출한 기업들 얘기를 들어보면 일요일 저녁에 전화해서 지금 무슨 문제 고쳐달라고 하고 토요일 밤에 회의하자고 한답니다. 그런데 다른 중국의 협력업체들은 다 거기에 응하고 있습니다.

이재용　　　예전 우리나라도 그랬던 적이 있었는데 현재 중국이 비슷한 상황인가 봐요?

이 철　　　그렇습니다. 밤낮없이 일하는 체제로 현재 중국은 돌아가고 있습니다. 말씀드렸듯 자국 내에서도 경쟁이 심하니까요. 근데 우리는 그 시대를 넘어왔기 때문에 다시 그렇게 하려면 그렇게 할 사람들이 많지 않죠. 그래서 대응도 잘 안 되고 점점 더 상황이 어려워지고 있습니다.

2　　헬조선. 2010년 초반 대한민국의 인터넷 커뮤니티에서 등장한 신조어로 '지옥(hell)' 같은 한국 사회'를 의미한다. 이 용어는 청년층을 중심으로 경제적 불평등, 과도한 경쟁, 사회적 모순에 대한 좌절감을 표현하기 위해 널리 이용되었다.

3　　만만디(慢慢的). 중국인들의 느긋하고 여유로운 태도를 '만만디' 정신이라고 표현한다.

산업의 쌀 철강, '중국산'이 몰려온다.

이재용   철강업계도 휘청이고 있는데 제철소 폐쇄가 줄을 이을 정도라면서요?

조 철   포스코 같은 경우는 선재 공장과 제강 공장을 일부 폐쇄했고 현대제철도 공장 폐쇄를 계획하고 있는데 내부 구성원 반발이 심한 것으로 보입니다. 전반적으로 심각한 상황이고 연간 전체 생산도 2021년 이후 많이 줄고 있는 상황입니다.

이재용   우리나라 철강이 이렇게 불황인 이유 중국발 공급 과잉, 단가 하락 이렇게 들고 있는데 구체적으로 상황이 어떻습니까?

길금희   2023년 하반기 중국의 철강 수출 물량은 전년 동기 대비 23.5% 증가했습니다. 2024년 1~4월 수출 물량의 경우도 전년 동기보다 15.1% 늘어난 것으로 집계됐는데요. (자료: 한국무역협회) 반면 수출 단가는 2023년과 2024년 1~4월 각각 22.7% 19.4% 낮췄습니다.

이재용   철강에서도 중국의 공급 쓰나미가 심각하다는데 철강을 과잉 공급하고 단가 낮추면서까지 저가 공세를 펴는 배경은 어디에 있습니까?

중국 철강 수출 물량 단가 증감률

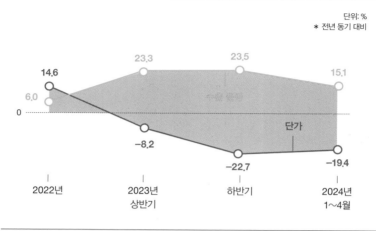

단위: %
* 전년 동기 대비

14.6

6.0

0

23.3

23.5

15.1

−8.2

단가

−22.7

−19.4

2022년   2023년   하반기   2024년
          상반기   1~4월

자료: 한국무역협회

조 철　　중국에서 한때 노후 설비를 교체하느라고 생산 규모를 줄인 적이 있습니다. 그때는 세계적으로 철강 가격도 올라가고 업황도 좋았습니다. 그러다가 이제 새로운 설비가 정착되는 시점이 다가왔고 전반적인 생산능력이 향상된 상황입니다. 그런데 부동산 경기가 악화되면서 건설 산업이 초토화되다시피 하니까 수요가 한꺼번에 줄었습니다. 생산해놓은 제품도 자국 내에서 소비가 어려워진 것이죠. 더불어 중국 정부가 이제 철강을 사양 산업 취급을 하기 시작했습니다. 그러자 기업들이 각자도생의 길로 내몰렸고 그들도 살기 위해서 마구 덤핑도 하면서 자구책을 내고 있는 상황입니다.

이재용　　그런데 중국의 이러한 과잉 공급의 주요 타깃이 우리나라라는 얘기가 있던데 이유가 뭡니까?

경제토크쇼 픽

조 철　　1차적으로 우리나라가 중국과 가장 인접해 있는 세계 주요 공업 국가이고 철강 수요가 어느 정도 있는 나라이기 때문이기도 하지만 가장 주요한 이유는 우리나라는 수출로 먹고사는 나라이기 때문에 반덤핑 조치를 타 국가들보다 상당히 제한적으로 실시를 해왔다는 것입니다. 다른 나라들은 이미 중국에 대해 강력한 조치들을 취하고 있는 반면 우리는 최근에서야 반덤핑 조사에 들어간 상황이거든요.

이재용　　그렇군요. 그렇다면 올해부터 부과하는 관세가 효과가 있겠습니까?

조 철　　그런데 반덤핑 조사라는 게 1년 이상 시간이 걸립니다. 그러면 이미 상당 부분 피해를 볼 수밖에 없는 상황이라서 그전에 임시 조사를 진행해 잠정 덤핑 관세를 부과할 예정입니다. 이렇게 하면 6개월 정도 안에 관세를 부과할 수 있어서 어느 정도 우리 업체들의 피해를 줄일 수 있지 않을까 하는 생각이 듭니다.

중국의 새로운 성장 동력, 신삼양

이재용　　중국의 산업 경쟁력이 정말 무섭게 성장하고 있는데, 중국이 최근에는 신산업에서도 전기차를 중심으로 공급을 늘리고 있다면서요?

길금희　　전기차의 경우 지난해 954만 대를 생산했지만, 판매량은 841만 대에 그쳐 113만 대의 초과 공급이 발생했는데요. 하지만 수출로 과잉을 해소하면서 중국의 전기차 수출량은 3년 만에 439% 증가했습니다. 배터리의 경우도 지난해 생산량이 1.07TWh에 달했는데요. 이는 전 세계 수요보다 중형 전기차로 따지면 156만 대에 해당하는 0.12TWh를 넘는 규모라고 합니다.

조　철　　현재 배터리 같은 경우 중국의 공급이 글로벌 수요를 넘어섰습니다. 따라서 제대로 공장 가동을 못하고 있다고 볼 수 있습니다. 또 중국 자동차 업체들의 가동률은 평균적으로 47.5%밖에 안 됩니다. 일반적으로 수익이 나려면 가동률이 80%를 넘어야 하거든요. 중국 전기차 업체 중 가장 잘나가는 곳이 BYD인데 이곳

글로벌 배터리 수요 및 중국 공급 현황

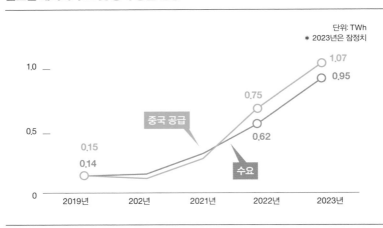

자료: 한국무역협회

경제토크쇼 픽

역시 가동률이 75.5% 정도입니다. 그래서 중국 전기차 업체들은 이 부분을 해결하기 위해서 이미 매우 싼 가격임에도 불구하고 가격을 낮추려 하고 있고 최근 BYD는 그 가격도 더 낮추기 위해서 부품업체들에게 10%씩 무조건 부품 단가를 인하하라고 요구하는 그런 현상이 벌어지고 있습니다.

이재용   중국 전기차의 시장 경쟁력, 어느 정도입니까?

길금희   중국이 전기차와 자율주행 분야에서 세계를 선도하는 혁신 기업들의 요람으로 탈바꿈하고 있는데요. BYD는 2023년 288만 대의 전기차를 판매하며 테슬라를 제치고 글로벌 전기차 시장의 왕좌에 올랐습니다. 70만 명에 달하는 대규모 인력을 보유한 BYD는 배터리부터 완성차까지 모든 생산 공정을 자체적으로 수행하는, 이른바 수직 계열화 전략을 통해 원가 절감에 성공했다고 하는데요. 그 결과 자동차 한 대당 매출 원가가 1만 7,400달러로 기아보다 낮고 폭스바겐의 절반을 밑도는 수준을 실현했다고 합니다. 7조 7,000억 원을 R&D에 투자를 했는데 이는 현대차의 2배, 테슬라보다도 35% 많은 수치라고 합니다. 또 10만 명에 달하는 연구 인력은 현대차 전체 직원 수와 맞먹는 수준이라고 하는데요. 특히 보유 건수도 4만 8,000여 건이 넘는 등 핵심 기술 개발에 집중적으로 투자하고 있는 상황입니다.

이 철   서방 기업들이 붙여준 중국 내수 시장의 별명이 죽음

글로벌 완성차 업체 자동차 1대당 매출 원가

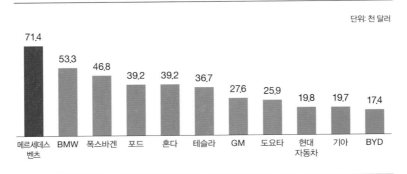

단위: 천 달러

- 메르세데스 벤츠: 71.4
- BMW: 53.3
- 폭스바겐: 46.8
- 포드: 39.2
- 혼다: 39.2
- 테슬라: 36.7
- GM: 27.6
- 도요타: 25.9
- 현대자동차: 19.8
- 기아: 19.7
- BYD: 17.4

자료: 블룸버그, 삼성증권

현대자동차와 BYD의 인력 연구개발비 비교

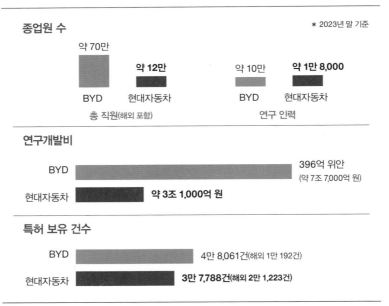

종업원 수 * 2023년 말 기준

총 직원(해외 포함)
- BYD: 약 70만
- 현대자동차: 약 12만

연구 인력
- BYD: 약 10만
- 현대자동차: 약 1만 8,000

연구개발비
- BYD: 396억 위안 (약 7조 7,000억 원)
- 현대자동차: 약 3조 1,000억 원

특허 보유 건수
- BYD: 4만 8,061건(해외 1만 192건)
- 현대자동차: 3만 7,788건(해외 2만 1,223건)

자료: 현대자동차, BYD

의 격투장입니다. 2000년대 당시 살아남기 어려운 시장에서 전기자동차를 만들겠다고 선언하고 뛰어든 중국 자동차 업체가 700개가 넘었어요. 지금까지 살아 있는 업체는 20개 될까 말까 싶거든요. 중국 내부에서부터 이미 많은 업체가 사라졌고 앞으로도 치열한 경쟁을 통해 더 사라질 것으로 보입니다.

이재용　　　태양광 패널도 중국산이 엄청 많다고 하던데요.

이　철　　　맞습니다. 아까 말씀하신 전기차, 배터리, 태양광을 신삼양[4]이라고 부르는데 이 신삼양을 중국이 2000년대부터 정책적으로 육성해왔습니다. 그리고 중국 정부 시각에서 볼 땐 이제 빛을 발하고 있는 겁니다. 중국 입장에서 미국 시장은 높은 관세 부과로 시장 점유율이 미미하지만, 유럽에서는 현지 생산하기로 전략을 정해서 판매하고 있고 나머지 지역은 사실 별다른 경쟁 대상이 없기 때문에 중국 정부로서는 이 신삼양 정책을 계속 견지해갈 것으로 보입니다.

중국의 밀어내기 공세, 언제까지?

이재용　　　그렇다면 중국의 과잉공급이 앞으로도 이어질 것이라

4　신삼양(新三樣). 중국 정부가 지원하는 3대 신 수출 성장동력

고 보시나요?

길금희　　아무래도 중국의 공급 상황은 자국의 경제 상황에 따라 영향을 받을 것으로 보입니다. 중국의 국내총생산은 봉쇄 조치여파가 컸던 2020년과 2022년을 제외하면 5% 이하로 내려간 적이 없었습니다. 하지만 2024년은 상황이 좀 다른데요. 당초 2024년 경제성장 목표를 5% 안팎으로 삼았지만 달성하기 쉽지 않다는 전망이 나오고 있습니다. 2024년 3분기까지는 4.8% 성장을 이뤘는데요. 국내 기관 및 투자은행 쪽에서는 내년에는 이보다 낮은 4~4.7%로, 지속적으로 둔화할 것으로 전망했습니다.

이　철　　현재 중국 정부는 경기 진작책을 강력하게 쓴다고 발표했고 특히 내수 중심으로 지원한다고 발표했습니다. 그런데 내놓은 산업 정책을 보면 1년 내내 얘기하고 있는 신질 생산력[5]을 또다

중국 국내총생산 성장률 추이

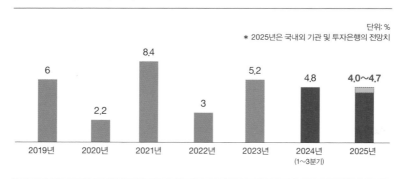

단위: %
* 2025년은 국내외 기관 및 투자은행의 전망치

자료: 중국 국가통계국

시 강조하고 있습니다. 현재 자국 내에 생산 과잉이 발생하는 이유를 양 위주의 산업 구조로 되어 있기 때문으로 보고 이것을 질적 생산 체제로 바꾸겠다는 계획을 세우고 있습니다. 생산은 줄이되 부가가치를 굉장히 높여서 금액으로 본다면 과거보다도 더 많이 벌겠다. 이런 계획인데 말은 쉽지만 해내기는 굉장히 어려운 일이기 때문에 상당 기간 이런 밀어내기는 계속될 거라고 보는 것이 일반적인 견해입니다.

이재용　　당분간은 이런 위기가 계속된다는 말씀인데 우리나라 제품 경쟁력이 중국하고 비교했을 때 어느 정도인 겁니까?.

이　철　　현재 상황은 일반 제품이라고 할 만한 것들은 저희가 전체적으로 뒤처지고 있습니다. 다만 몇몇 고기능·고품질 시장에서 우리가 상대적인 강세를 보이고 있는데요. 문제는 미·중 간에 경쟁과 갈등이 심해지면서 미국이 최근 몇 년간 계속해서 기술 제재를 해왔다는 것입니다. 그것 때문에 중국은 거국 체제라고 해서 그야말로 국가 역량을 모두 모아 과학기술 개발에 매진하고 있습니다. 그러니까 '우리나라가 하이테크 방면에서 중국보다 앞서 있다'라는 일반적인 인식과 달리 산업 현장에서는 '기술에서도 점점 중국에 지고 있다'라는 게 현실이라는 거죠.

이재용　　중국 업체들의 엄청난 기술력과 공급 과잉, 우리나라만의 고민이 아닐 텐데, 세계 유수의 기업들은 어떻게 대처하고 있습니까?

조 철　　사실상 세계 여러 글로벌 기업들도 대처가 쉽지 않다는 게 중론입니다. 독일의 폭스바겐 같은 경우도 중국에서 수요가 떨어지면서 공장을 폐쇄해야 하는 상황이 발생하고 있습니다. 2024년 5월에 베이징 모터쇼가 있어서 제가 갔는데, 거기 있는 모든 업체들이 굉장히 고심하는 모습이었습니다. 심지어 폭스바겐 CEO 같은 경우 중국 시장을 피트니스 센터에 비유하기도 했는데요. 그러니까 '그곳에서 열심히 단련하면 세계 시장에서 살아남는다' 이런 얘기를 하고 있기 때문에 앞으로는 심도 있게 중국에 대해 파악하고 어떤 식으로 경쟁력을 강화할 것인가 고민해야 한다고 생각합니다.

이재용　　그렇다면 우리나라 산업 앞으로 괜찮을지, 우려가 앞서는데요.

길금희　　신용평가사에 따르면 중국의 밀어내기 수출이 철강, 석유화학, 태양광, 디스플레이, 전기차, 이차전지 국내 6개 업종의 수급 환경에 부정적인 영향을 미칠 것이라는 진단이 나왔습니다. 실적 부분에서는 디스플레이 업종만 회복세를 전망했는데요. 2025년은 신용도 측면에서 한국 기업에 험난한 한 해가 될 것이라며 트럼프 2기 행정부의 관세와 대중국 견제책이 한국 기업에 불리한 환경을 조성할 것으로 내다보기도 했습니다.

경제토크쇼 픽

주요 산업 업황 전망

산업	수급 전망	실적 전망	신용등급
철강	불리 ▼	저하 ▼	안정적
석유화학	불리 ▼	부진 ▶▶	부정적
태양광	불리 ▼	부진 ▶▶	부정적
디스플레이	불리 ▼	회복 ▲	안정적
전기차	불리 ▼	저하 ▼	안정적
2차전지	불리 ▼	부진 ▶▶	안정적

이재용　　　트럼프 대통령이 내놓을 정책에 따라서 업황이 많이 달라질 것 같은데, 어떻게 보십니까?

조 철　　　우리 반도체 수출에서 중국이 차지하는 비중을 보면 거의 70%에 달합니다. 따라서 중국에서 가전제품이나 통신기기들이 미국으로 수출이 안 되면 그만큼 우리나라 반도체 수출도 줄어들 수밖에 없는 구조입니다. 이런 부정적인 측면들이 있지만 긍정적으로 볼 요소도 있다고 봅니다. 만일 미국이 중국에 대해서 제재를 보다 강화해서 생산 기지들이 다른 나라로 분산되게 되면 결국은 우리 반도체 수출이나 소재 부품 수출 경로가 다각화되면서 오히려 더 성장할 기회가 될 수 있습니다.

이재용　　　지금 말씀하신 것처럼 허점을 노리고 들어가서 낚아채는, 이게 정책적으로 굉장히 고도의 기술일 텐데 우리 기업과 정부가 잘 준비하고 있다고 보십니까?

이　철　　그랬으면 좋겠지만 기대 난망인 것 같습니다. 저는 그렇게 긍정적으로 보지 않습니다. 왜냐하면 트럼프 행정부가 중국 정부와 특히 산업 측면에서 각을 세우고 있기 때문에 미·중 간에 이야기가 잘 되든 안 되든 최소한 불확실성은 굉장히 올라갈 것입니다. 그렇다면 공급망이 재편될 가능성이 높은데요. 공급망이라는 게 오늘 재편하면 내일 작동되는 게 아니잖습니까? 그 기간 조정 국면이 발생할 것이고 결과적으로 내년부터 세계적으로 공급망의 원가는 올라갈 수밖에 없습니다. 우리나라 같은 경우는 수출하기 위해 원자재를 많이 수입해 와야 하는 나라이기 때문에 시간·비용 부담 등 여러 리스크는 불가피할 것으로 보입니다.

이재용　　트럼프가 중국의 보조금 정책에 대해서도 지적하고 그랬던 것으로 기억하는데 중국이 자국 기업에 보조금을 주는 것, 여기에 어떤 문제가 있습니까?

조　철　　중국 정부는 산업 초기, 생산능력을 건설할 때는 대대적인 지원을 해줍니다. 특히 지방 정부는 이것이 자신들의 실적으로 이어지기 때문에 적극적으로 도움을 줍니다. 그러면 곳곳에 공장이 건설되고 기업이 새로 신설되는 상황이 벌어지는데 이 부분이 공급과잉을 유발하는 원인으로 지목되고 있습니다.

이 철   트럼프 1기 때 중국이 자국 기업들에만 엄청난 보조금을 준다면서 이런 불공정을 해서는 안 된다고 주장했었죠. 외국 기업에게도 동등한 대우를 원했고 게다가 중국 정부가 보조금을 주려면 자신들이 '그 내용을 볼 수 있게 하라' 이런 요구까지 했었습니다. 그래서 당시 중국 정부에 있는 관료들이 이건 '청나라 말기 제국주의의 불공정 조약보다 더 심하다' 이런 이야기까지 나왔습니다. 그런데 중국의 예산 운영 제도 자체가 보조금이라는 이름을 붙이지 않아도 얼마든지 보조금을 자유롭게 줄 수 있는 시스템입니다. 따라서 중국의 시스템 자체를 바꾸지 않는 이상 사실상 막을 방법은 없습니다. 단지 중국 정부가 이러한 국제 여론을 의식하고 있기 때문에 적어도 공식적으로 보조금을 주는 정책은 많이 줄어들고 있어 다행이라면 다행인 것이죠.

중국발 쓰나미 넘을 '구명조끼' 있을까?

이재용   이런 악조건을 뚫고 중국 시장에서 성공한 사례들은 없습니까?

조 철   새로운 신제품이나 중국 시장에서 반응이 좋은 제품을 생산하면 초기에는 성공하기도 하는데 중국이 곧장 따라와 버리는 어려움이 있습니다. 하지만 이런 악조건을 뚫고 장기적으로 사업을 하고 있는 기업으론 오리온이 있습니다. 또 화장품 쪽에서 개발 생산하는 업체인 코스맥스도 있는데 그런 업체들은 중국의 현지화에 어느 정도 성공을 한 케이스입니다. 업체들 이야기를 들어보면 오히려 한국 브랜드라는 이미지를 가능하면 희석해서 부각을 안 시키는 게 좋은 방안으로 보입니다. 중국에서 현지화를 얼마나 잘하느냐가 가장 큰 성공 요인으로 작용했으니 말이죠.

이재용　　　이제는 더 이상 한국이라는 국가 브랜드가 중국 사람들에게 매력적으로 다가오지 않는군요?

이 철　　　유감스럽게도 지난 20세기에는 그런 현상이 있었습니다만 지금은 그렇지 않습니다. 오히려 중국에서는 궈차오[5]라고 이왕 같은 값이면 자국 제품을 사는 경향이 있습니다. 핸드폰 같은 경우가 그런 케이스인데요. 예전까지는 미국의 애플과 비교할 수 있는 품질의 휴대폰이 없었는데 샤오미 등 중국 브랜드들이 약진하는 모습을 보이자 중국인들의 마음이 자국 브랜드에 확 쏠리게 된 겁니다.

조 철　　　그러한 현상은 전기차 시장도 마찬가지입니다. 자동차 전문가들도 '일반적으로 전기차 브랜드 중 테슬라 하나만 살아남고 나머지는 중국 브랜드가 될 것이다'라고 예상하기도 할 정도로 중국 전기차의 발전이 대단했습니다. 또 테슬라가 요즘 국가 안보와

5　　궈차오(国潮). 중국과 유행을 합성한 단어로, 자국 제품을 사용하자는 애국주의 소비 운동

관련이 있다는 여러 의심이 떠오르면서 더욱더 자국 브랜드 선호도가 높아지고 있습니다.

이재용　　중국 기술의 성장, 그리고 공급 과잉에 대응하기 위해서 우리가 가장 시급하게 해결해야 하는 건 뭡니까?

이　철　　많은 것 중 딱 한 가지만 말씀드리자면 지금까지 경제 정책 방향을 논의할 때 어떠한 정책을 놓고 이것을 어떻게 실행해야 하는가를 고민해왔습니다. 그러나 앞으로는 이런 식의 접근으로는 대응이 어려워질 것입니다. 이제는 순간순간 상황 변화에 따라 판단하고 분석하고 대응할 수 있는 유연한 체제를 갖춰야 합니다.

조　철　　중국과 똑같이 생산해서는 경쟁이 안 되는 상황입니다. 기존 인건비 구조로는 중국을 이기기 어렵기 때문에 스마트 제조 등 혁신을 빨리 앞당길 필요가 있지 않겠나 하는 생각을 합니다. 또한 신산업, 신제품같이 중국이 아직은 뒤처져 있거나 손을 대지 않은 틈새시장을 개척해 나가는 노력이 필요합니다.

이재용　　한국 기업들이 중국 시장에서 살아남을 수 있는, 성장 동력으로 주목해봐야 할 것이 있다면요?

이　철　　한 가지 팁을 드린다면 현재 중국이 농촌 시장을 개척하려고 정책을 시행하고 있습니다. 그래서 농촌의 농민들을 상당수도시로 옮기면서 농촌 자체를 도시 수준으로 끌어올리고 있는데요. 소리 소문 없이 현재 진행되고 있기 때문에 아직 수면 바깥으로 완전히 나와 있지 않은 상황입니다. 그래서 제가 만일 중국에서 다시 사업을 한다면 만들어지고 있는 새로운 농촌 시장에 들어갈 수 있는 상품이나 서비스를 개발해서 들어갈 것 같습니다. 물론 이것도 쉽지는 않을 겁니다.

이재용　　　우리나라 농촌도 옛날에 비해 많이 발전했는데. 그걸 잘 연구해보면 되겠네요.

조　철　　　지금은 우리나라 고령화가 더 앞서가고 있지만 중국도 곧 고령화 사회가 됩니다. 고령화 사회와 관련된 제품들도 유망한 것 같습니다. 특히 중국 수출이 증가하고 있는 산업을 파악하다 보면 헬스케어, 건강식품 산업 쪽은 가능성이 있다는 것을 알 수 있습니다. 앞으로 기업들로서는 머리가 아프겠지만 아이디어가 담긴 신제품들을 지속적으로 만들지 않으면 중국 시장에서 살아남기는 쉽지 않을 것으로 보입니다.

이재용　　　대내외적으로 악재가 많지만 우리에겐 위기에 상당히 강한 기업들과 국민들이 있기에 이번에도 악재를 호재로 바꿀 수 있지 않을까 하는 기대를 해보겠습니다.

네 번째 경제 이야기 '핵심 노트'

- 중국의 공급 쓰나미의 핵심엔 정부가 있다. 중국은 국가 주도의 산업 육성, 그리고 그 일환인 강력한 보조금 정책을 통해 초과 공급의 유인을 제공하고 있다.
- 한국의 석유화학 산업은 중국의 성장기 부족분을 채워오며 성장해왔다. 그러나 최근 중국의 생산능력의 증대, 내수 부진으로 인한 수요 감소로 화학 산업 전반에 공급 과잉이 발생했고 현재 우리나라는 일부 스페셜티(특수제품)에서의 우위를 점하고 있지만 이도 곧 어려워질 전망이다.
- 중국의 철강업계는 부동산 경기가 악화함에 따라 급격한 내수 부진을 겪고 있다. 또한 경기 악화로 건설 산업이 후퇴하자 중국 정부는 철강 산업을 일종의 사양 산업으로 평가하고 있다. 따라서 중국 기업들의 이러한 과잉 공급은 나름의 생존을 위한 자구책이라고 볼 수 있다.
- 중국의 전기차 업체 BYD는 테슬라를 제치고 판매량 1위를 달성했다. 중국 정부가 2000년대부터 신삼양 정책의 일환으로 전기차 산업을 꾸준히 육성해온 결실이다. 중국 전기차의 대표기업인 BYD는 수직 계열화 전략을 통해 값싼 생산 원가를 확보한 것은 물론 업계에서 R&D에 가장 많은 돈을 투자하고 있다.
- 중국의 공급 과잉에 대처하기 어려운 이유는 우리나라가 수출 중심의 경제 구조를 가진 탓에 관세 부과 같은 무역장벽을

적극적으로 활용하기 어렵기 때문이다. 비록 타국보다 늦었지만 2025년부터 반덤핑 조사 및 이에 따른 관세 부과가 진행될 예정이다.

- 중국 정부는 공급 과잉을 해결하기 위해 경기를 부양시켜 내수 시장을 끌어올릴 계획. 그 방안으로 고부가 가치 산업 구조로의 대전환을 위해 노력하고 있지만, 단시간에는 불가능하므로 중국의 공급 쓰나미는 한동안 지속될 것으로 보인다.

▶방송 다시보기

박승찬 용인대 중국학과 교수

용인대학교 AI융합대학 중국학과 교수로, 사단법인 한중연합회 회장 및 산하 중국경영연구소 소장, 한중사회과학학회 회장, 코트라KOTRA 한중 FTA전문위원, 인천광역시 인차이나 포럼 조직위원 등 다양한 직책을 수행하고 있다. 중국 칭화대학교에서 경영학 박사학위를 받았으며, 대한민국 주중국 대사관 경제통상관 및 중소벤처지원센터장(1999~2004년), 한국동북아경제학회장, 성균관대 중국대학원 객원교수, 칭화대학교 한국 총동문회장 등 활발하게 활동했으며 3,500개가 넘는 우리 기업의 대중국 진출을 직접 현장에서 지원하고 있다.

오린아 LS증권 연구원

현재 LS증권 리서치센터 유통/화장품 업종 담당 애널리스트이다. 이화외고와 서강대학교를 졸업하고 글로벌 IB 메릴린치증권을 거쳐 BNK투자증권 리서치센터에서 애널리스트를 시작했다. 이커머스, 풀필먼트, 중국 컨슈머 및 글로벌 리테일 시장 분석이 주력이다. 깊이 있는 분석을 위해 늘 끝까지 파고들려 하고, 더 나아가 직접 경험해보는 것을 선호한다. 이에 쿠팡 플렉스 아르바이트, 배민 커넥트 아르바이트, 동대문 사입, 쇼핑몰 오픈 등을 두루 경험했고 이를 기반으로 유튜브 채널 '오린아의 유통귀환'을 운영하고 있다. 수차례 언론사 베스트 애널리스트로 선정되었으며, 삼성전자, SK, CJ, KT 등 유수의 기업들에 커머스 분야와 물류에 대한 자문을 해왔다.

초저가 디지털 실크로드: 2차 공습 예고한 테무와 알리

박승찬 | 용인대 중국학과 교수

오린아 | LS증권 연구원

　"'초저가' 중국 온라인 커머스의 습격. 최근 1년여간 유통업계의 화두였습니다. 소비자들은 이 가격에 정말 배송이 될지, 호기심에 사보기 시작했고 제품 구매 '실패'까지도 흥미 요소가 되었죠. SNS 상에선 이른바 알리깡, 테무깡이라 불리는 리뷰 콘텐츠가 유행하기도 했습니다. 하지만 국내 산업은 직격탄을 맞았습니다. 근근히 버티던 중소 제조업과 소상공인 생태계부터 무너지고 있습니다. 제품의 안정성 문제 등 소비자 피해도 막대합니다. 알리익스프레스, 테무의 공습은 여기서 끝이 아닙니다. 머지않아 2차 공습이 온다는 게 업계의 분석인데요. 한국관을 열어 저렴한 한국 제품들로 고객을 락인(Lock-in)시키고, 국내에 자체 통합물류센터를 구축하면서 국내 산업에 큰 타격을 줄 것이라는 전망입니다. 국내 유통 산업의 판도를 바꾸는 C커머스의 공습. 2차 공습의 시기는 언제가 될지, 국내 유통 산업은 어떤 양상으로 변화할지 알아봅니다."

중국발 온라인 쇼핑몰의 '초저가 공습'

이재용　　　먼저 중국 온라인 쇼핑몰의 인기. 어느 정도인지부터 알고 가죠.

오린아　　　한국에 온라인 해외 직구 시장이 태동했을 때 미국이 전체 해외 직구 금액 중에서 70% 정도를 차지했고 지속적으로 절반 정도를 유지해오고 있었거든요. 그러다 2023년엔 중국 쪽이 48.7%로 치고 올라오는 모습이 나옵니다. 중국은 저가 상품이 많기 때문에 금액이 더 적잖아요. 그럼에도 비중이 이렇게 많이 올라왔다는 것은 그만큼 활발하게 구매가 이루어지고 있다는 것이고요. 한국 온라인 해외 직구 시장은 지속적으로 성장 중입니다. 지난 2023년의 경우 전년 대비 26.9% 성장을 했거든요. 규모로 봤을 때는 한 6.7조 원 정도 기록을 했습니다. 과거에는 일부 소비자 위주로 해서 해외 직구를 했는데요. 유명 브랜드 특히 미국 쪽에서 의류 브랜드를 주로 구매했다면 요즘은 고물가, 고금리와 맞물려 초저가 상품들을 선호하는 경향이 나타나고 있어요. 그렇다 보니 그것과 맞아떨어지는 중국 이커머스쪽으로 많이 눈을 돌리고 있다, 이렇게 보시면 될 것 같습니다. (자료: 대한상공회의소 2024 유통물류 통계집)

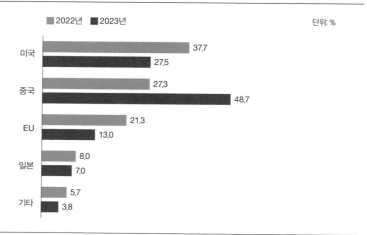

한국 온라인 해외 직구 국가별 비중

■2022년 ■2023년   단위: %

- 미국: 37.7 / 27.5
- 중국: 27.3 / 48.7
- EU: 21.3 / 13.0
- 일본: 8.0 / 7.0
- 기타: 5.7 / 3.8

자료: 통계청

이재용   국내 온라인 쇼핑몰과 중국 온라인 쇼핑몰 비교해서 한번 볼까요? 이용이 확실히 많아진 거겠죠?

오린아   그렇죠, 아무래도. 쿠팡이 MAU라고 하는 월간 활성 이용자 수로 봤을 때 3,000만 명 정도 입니다. 근데 지금 알리하고 테무가 904만, 670만 명 정도로 굉장히 빠르게 올라왔는데 기존에 우리나라에서 많이 쓰시던 G마켓, 옥션 같은 오픈 마켓을 제친 숫자니까 무시할 수 없는 숫자라고 저희는 판단하고 있고요. 한국에서 200만 다운로드 수를 달성하는 데 걸린 기간으로 봤을 때 11번 가가 590일이 걸렸거든요. 590일이면 사실 1년이 넘게 걸린 건데 테무 같은 경우는 88일밖에 안 걸렸기 때문에 굉장히 빠르게 성장하고 있는 겁니다.

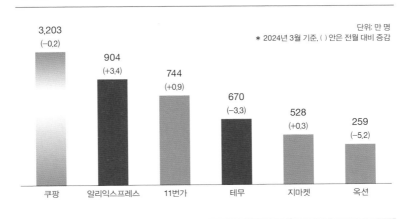

국내 온라인 쇼핑몰 월간 활성 이용자 수 10월 기준

단위: 만 명
* 2024년 3월 기준, ( )안은 전월 대비 증감

- 쿠팡: 3,203 (−0.2)
- 알리익스프레스: 904 (+3.4)
- 11번가: 744 (+0.9)
- 테무: 670 (−3.3)
- 지마켓: 528 (+0.3)
- 옥션: 259 (−5.2)

자료: 와이즈랩 리테일 굿즈

이재용　　　이렇게 중국 온라인 쇼핑몰이 빠르게 치고 올라온 이유가 뭡니까?

박승찬　　　누가 뭐래도 '가성비'겠죠, '저가'. 최근에는 알리보다 테무가 훨씬 더 싸거든요. 가격을 가지고 테무를 이길 수가 없습니다. 테무는 이름 자체가 Team UP, Price Down(Temu)이거든요. '셀러가 많이 들어오고 소비자가 많으면 가격은 더 낮출 수 있다.' 한국뿐만 아니라 테무는 세계적으로 난리입니다. 긴 배송시간, 저품질과 낮은 고객 만족도에도 불구하고 파격적인 가격으로 미국 직구 시장을 넘어 한국까지 공습하고 있어요. 국내 빅데이터 플랫폼 아이지에이웍스에 따르면, 테무 앱 다운로드 건수가 국내 론칭 6개월 만에 900만 건에 달했습니다. 또 하나가 AI 알고리즘입니다. 쇼핑 알고리

65W 고속 충전기 비교

브랜드	중국 T사	한국 중소기업 S사	한국 S전자
구매처	알리	쿠팡	쿠팡
원산지	중국	중국	베트남
구매가	13,500원	24,900원	40,500원

출처: 각 사

즘을 찾아서 소비자 맞춤형으로 상품을 추천하고. 풀필먼트[1] 플러스 알파입니다. 그러니까 공급망 최적화를 위해 일괄 위탁관리 방식을 가집니다. 언어 번역부터 배송, AS 등 모든 판매 프로세스를 직접 관리하고 운영하니까 훨씬 더 빠르게 움직일 수 있죠. 이런 것들이 세계적으로 빠르게 성장할 수 있던 배경이 아닌가 말씀드릴 수 있습니다.

이재용   저도 제 주변에 알리, 테무를 왜 쓰냐고 그랬더니 "처음엔 호기심이었다. 어이 없는 가격이었는데 진짜 올까 싶어서 주문해봤더니 오더라. 썼더니 괜찮더라. 그래서 쓴다" 이런 반응이 많았거든요. 이정호 기자도 직접 쇼핑 이용해보셨다고 그러니까 잘 아시겠죠?

---

1   풀필먼트(Fulfillment). 물류 전문 업체가 판매자를 대신하여 고객의 주문 처리 과정 전체를 대행하는 서비스를 의미한다. 상품 입고, 보관, 포장, 배송, 반품 처리와 같은 과정을 포함한다.

이정호   네, 저도 중국 쇼핑몰을 기존에도 이용하고 있었는데요. 오늘 또 녹화를 앞두고 다시 한번 이용해보면서 차이를 느껴봤습니다. 지금 제 양손에는 65와트 고속 충전기 2개가 있습니다. 이 두 제품 가운데 하나는 1만 3,500원이고요. 다른 하나는 2만 4,900원입니다. 제품의 표기 성능은 동일하고요. 생김새마저도 매우 유사한 것을 확인하실 수가 있습니다. 그런데 어떤 이유에서 이 두 제품의 가격이 이토록 차이가 나는 걸까요? 자료를 보시면 알 수가 있습니다. 65와트급으로 성능도 같고 원산지도 같은 것을 확인할 수가 있습니다. 차이점은 바로 구입처입니다. 1만 3,500원에 불과했던 이 제품은 알리를 통해 중국에서 직배송된 제품이고 2만 4,900원짜리인 이 제품은 한국 사업자가 OEM 생산을 통해 한국 쇼핑몰에서 판매한 제품입니다.

이정호   과거엔 이들 중소기업이 우측 정품 충전기에 비해 가격적인 우위를 가져가면서 시장에서 나름의 생존 전략을 펼쳤었죠. 그런데 이제 이들에게 남은 건 뭘까요? 더 이상 T사처럼 저렴하지도 않고 대기업 S사와 같은 정품의 신뢰성을 가지고 있지도 않은데요. 오늘 다룰 주제의 핵심이 바로 여기에 있습니다. 대한상공회의소가 최근 1년 이내에 알리, 테무, 쉬인을 이용한 경험이 있는 소비자 800명을 대상으로 중국 온라인 쇼핑 플랫폼 이용 현황 및 인식을 조사한 결과를 보시면 이용하는 이유의 대부분이 단연 '가격이 저렴해서'가 가장 많았습니다. 하지만 응답자의 10명 중 8명은 이용에 불만이 있다고 대답을 했고요. 피해를 경험한 적도 있다고 답했는데요. 세부적인 불만이나 피해 사항으로 10명 중 6명은 배송 지연을 가장 많이 꼽았고요. 이어서 낮은 품질과 제품 불량 등의 순으로 응답했습니다.

이재용　　　'가격이 저렴해서 이용한다'가 93.1%예요. 어떻게 이렇게 초저가로 판매를 할 수 있는 건가요?

오린아　　　일단 테무의 경우를 보면 모회사를 빼놓을 수가 없는데 모회사가 핀둬둬[2]예요. 공동 구매로 성장한 회사입니다. 근데 이 회사를 얘기를 할 때 '시골 사람이 키워준 회사' '휴지가 키워준 회사'라는 이야기가 있어요. 핀둬둬가 중국 시장에 진출할 당시 2015년은 알리바바가 이미 중국 시장 대부분을 점유한 상태였거든요. 2014년도 9월에 알리바바가 상장해서 자금도 많이 확보했었고요. 그러다 보니까 핀둬둬가 노린 것은 3선, 4선 도시 이하의 하급 도시에 시골 사람들을 위한 저가 전략으로 가겠다는 거였고, 그 대표적인 상품 중에 하나가 휴지였어요. 그래서 휴지가 한 팩에 1위안, 그러니까 우리나라 돈으로 200원 정도인데 그걸 가지고서 약 5억 원 분량을 팔았던 거죠. 이처럼 초저가, 박리다매[3]를 지향하는 모회사를 두고 있다 보니까 자연스럽게 테무도 그 방식을 택할 수밖에

2　　핀둬둬(拼多多, Pinduoduo). 2015년 9월에 설립된 중국의 대표적인 소셜 커머스 플랫폼. 공동구매 방식으로 여러 사람이 함께 구매하면 더 큰 할인을 받을 수 있는 시스템을 도입하는 등 농산물과 식료품 판매에 주력하며 저가 전략을 펼쳤다.

3　　박리다매(薄利多賣). '이익을 적게 보고 많이 파는 것'을 의미하는 사자성어

중국 온라인 플랫폼 이용 이유와 불만이나 피해 유형 및 경험률

중국 온라인 플랫폼 이용 이유

단위: %

가격이 저렴해서	93.1
다양한 제품을 구입할 수 있어서	43.5
득템하는 쇼핑 재미가 있어서	33.8
할인 혜택이 많아서	30.6

불만이나 피해 유형 및 경험률

단위: %

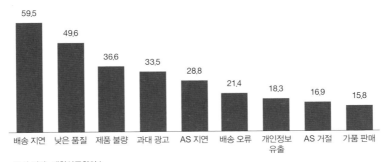

배송 지연	낮은 품질	제품 불량	과대 광고	AS 지연	배송 오류	개인정보 유출	AS 거절	가품 판매
59.5	49.6	36.6	33.5	28.8	21.4	18.3	16.9	15.8

조사 기관: 대한상공회의소
조시 시간: 2024.3.15.~3.19
조사 대상: 최근 1년 이내에 중국 온라인쇼핑 플랫폼에서 구매 경험이 있는 만 20~59세 남녀 800명
조사 방법: 구조화된 설문지를 이용한 웹/모바일 조사

없었다 생각이 들고요. 직접 매입을 해서 판매하다 보니까 사실 공급자 입장에서는 그냥 넘겨주면 끝이고요. 그 뒤에 일어나는 것들은 테무나 핀둬둬가 알아서 정하는 거다 보니 초저가로 가능하다 보시면 될 것 같습니다. 그리고 또 중국 경기가 최근에 또 둔화됐던 부분들이 있다 보니까 안 팔리는 물건들이 재고로 쌓여 있어서 그런 것도 헐값에 좀 많이 팔 수 있게 되었다 해석하고 있습니다.

박승찬　　　제가 이틀 전에 중국에서 들어왔지 않습니까? 그러니까 또 현장을 봤던 이야기를 들으셔야 여러분들이 '와, 이거 다른 데서는 못 들었던 이야기다' 할 수 있으니까. 일단 테무는 적자를 보는 회사입니다. 그렇지 않으면 이렇게 싸게 갈 수가 없죠. 테무는 모회사 핀둬둬 홀딩스의 막대한 자금력을 기반으로 해요. 태생부터 '플라이휠 효과[4]'를 경영 방침으로 해서 성장한 회사입니다. 아마존의 경영론이기도 한데 플라이휠 효과는 가격을 낮추면 고객이 모이고, 판매자 증가로 이어져 가격을 더 낮출 수 있는 선순환 효과를 말합니다.

먼저, 테무는 판매자를 들여올 때 기본적으로 보조금을 줍니다. 제품군마다 다르지만 패션 의류 같은 경우 한 15~25%를 주고요. 이게 제품 가격 인하로 이어지지요. 그다음에 판매자들 간 경쟁이 심하면 가격 경쟁을 붙여서 가장 저렴한 판매자를 넣어줍니다. 두 번째는 중국이 어떤 산업이든 간에 항상 하는 방법론인데 일단 가장 싸게 해서 경쟁자 진입을 막아버립니다. 시장에 들어오지 못하게 막아버리는 거죠. 또 하나가 테무 초기 판매자의 50% 이상은 핀둬둬에 있던 기존 판매자와 산하의 온라인 공동구매 플랫폼인 둬둬마이차이[5]에서 온 기업들입니다. 그러니까 기본적으로 제조 생태계를

4　　플라이휠 효과(Flywheel Effect). 작은 성공들이 축적되어 점차 더 큰 성과로 이어지는 선순환 구조를 의미. 이는 물리학의 플라이휠(회전체)에서 유래했으며 초기에는 많은 힘이 필요하지만 일단 회전하기 시작하면 적은 힘으로도 지속적인 회전이 가능해 지는 원리를 비즈니스에 적용한 것이다.

5　　둬둬마이차이(多多买菜). 중국의 대형 전자상거래 기업인 핀둬둬가 2020년 8월에 출시한 신선 식품 전자상거래 서비스.

다 자기들이 컨트롤합니다. 제조부터 가격, 판매자까지 직접 컨트롤하면서 초저가를 유지하는 거예요. 그 외 나머지 판매자들은 테무의 보조금 정책과 점차 늘어나는 고객을 보고 입점한 사람들입니다. 테무에 입점할 수 있는 장벽이 낮아요. 사업자등록증만 있으면 쉽게 입점이 가능한데 이 조건은 테무가 알리보다 품질이 떨어지는 이유가 되기도 합니다.

이재용　　　근데 저는 궁금한 게요. 다른 나라에도 이렇게 초저가에 무료 배송으로 공급을 하고 있습니까? 아니면 우리나라를 딱 찍어서 한국을 공략하는 겁니까?

박승찬　　　테무가 2022년 9월에 출시했거든요. 이제 2년 정도 지났는데 테무는 태어날 때부터 미국 시장을 봤습니다. 북미 시장입니다. 제가 그때 미국에도 있었는데 지나가는 여대생 10명 중에 9명은 테무나 쉬인을 썼어요. 그럼 다 산다는 이야기입니다. 100달러를 가지고 청바지를 6벌을 사고, 가방을 사고, 신발을 사는 거죠. 이미 테무는 50개국에 들어가 있고요. 테무의 2023년 매출이 160억 달러였는데 그중 50% 이상이 미국 시장에서 나왔습니다.

이재용　　　이런 것들이 어떻게 가능하지? 초저가면서 무료 배송까지 가능하고 딱 와요. 불만이나 피해 유형을 보니까 배송 지연이 가장 높긴 했는데 어쨌든 온단 말이죠. 이거 어떻게 가능한 겁니까?

오린아   저희가 2014년도 그러니까 10년 전에 일부 소비자들이 알리를 사용했을 때만 해도 배송이 1~2달 정도였어요. '그냥 잊고 있으면 온다' 이런 농담이 있었을 정도로 느렸는데 알리가 '초이스[6]'라는 서비스를 론칭하면서 배송이 빨라지게 됐습니다. 국가별로 구매 상품에 대한 데이터가 쌓인 상황이지요. 한국 같은 경우도 한국 사람들이 선호하는 물품들을 미리 물류창고에 갖다 놔요. 그게 1만여 개 정도로 알려져 있습니다. 지도 보시면 위에 옌타이에서 평택으로 바로 오는 노선을 배로 뚫었습니다. 중국에서 한국 오는 데 반나절 정도 걸리고요. 쿠팡 로켓 배송이 익일 배송이니까 반나절이면 뭐 그보다 훨씬 더 빠르다고 볼 수 있겠죠.

오린아   이런 배를 일주일에 6척을 띄우니까 거의 매일 띄우는 거고요. 이 배 한 척에 40피트 컨테이너가 한 200개 정도 들어가는데 참고로 40피트 컨테이너 안에 라면 박스가 1,000개 들어가거든요. 그런 게 200개 오는 거니까 굉장히 많은 물량으로, 자주 오고 있다 이렇게 보시면 될 것 같고요. 그렇게 평택항으로 들어오면 그때부터는 알리랑 주계약을 맺은 CJ대한통운이 많은 물량을 소화합니다. CJ대한통운은 지난 2023년 1분기 350만 건 알리의 물량을 소화했는데 3분기엔 900만 건으로 증가했습니다.

---

6 알리 초이스. '전 세계적으로 인기 있는 제품을 초저가로 제공한다'는 서비스. 3~5일 안에 배송되는 빠른 배송 서비스를 포함하며 일부 지역은 당일 또는 익일 배송 지원

옌타이, 웨이하이 - 평택항 노선 지도

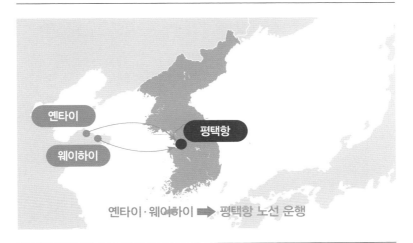

옌타이·웨이하이 ➡ 평택항 노선 운행

자료: 삼성증권

이재용　　물류 배송은 또 기가 막히잖아요, 우리가. 너무 잘하니까.

박승찬　　그런데 지금 쿠팡이 걱정하는 게 있어요. 바로 알리버전 로켓배송. 한국 소비자가 쿠팡에 락인되어 있는 이유로 '다음 날 아침에 바로 온다'라는 걸 알리는 알고 있거든요. '알리 주문했는데 왜 안오지?' 알리는 한국 소비자들이 어떤 불만이 있는지 잘 알고 있습니다. 알리는 통합물류센터를 짓고 빠른 배송 시스템을 구축한다는 계획입니다.

중국 온라인 플랫폼이 유통 업태에 미치는 영향

	상당한 영향	다소 영향	보통	거의 영향 없음	전혀 영향 없음
온라인 쇼핑	**27.8**	**31.3**	18.1	20.1	2.7
대형마트	**13.4**	**43.3**	26.9	16.4	0.0
슈퍼마켓	**14.8**	**34.1**	20.5	26.1	4.5
편의점	8.3	28.6	32.1	27.4	3.6
백화점	3.1	42.4	24.2	30.3	0.0

자료: 대한상공회의소
조사기관 : 대한상공회의소
조사기간: 2024. 3. 6 ~ 3. 18
조사대상: 서울 및 6대 광역시 소재 백화점, 대형마트, 편의점, 슈퍼마켓, 온라인쇼핑 등 500개 업체
조사방법: 패널 대상 모바일 및 전화 조사

국내 유통업계 초비상, 생존의 길은?

이재용　　그런데 지금 이 정도까지 가면 국내 유통업계들은 초비상이겠는데요.

이정호　　그렇죠. 500개의 소매유통업체를 대상으로 최근에 조사한 결과가 나왔습니다. 중국 온라인 플랫폼의 국내 진출 확대가 국내 유통시장이나 업체에 위협적이냐는 질문에 대해 응답업체의 10곳 중 7곳(69.4%)이 '그렇다'고 답했는데요. 중국 온라인 플랫폼이 직접적인 영향을 미치느냐는 질문에 대해서는 온라인쇼핑 10개 중 6개 업체(59.1%)가 영향이 있다고 밝혔습니다. 대형마트는 56.7%, 슈퍼마켓은 48.9% 영향을 받고 있다고 답했습니다. 최근 중국 온라인 플랫폼의 공세가 주춤해지는 추세이지만 위기감은 여전히 고조되고 있는 것으로 풀이할 수 있겠습니다.

인터넷 통신 판매 업체 폐업 현황

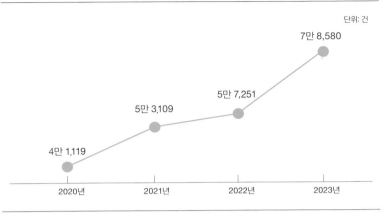

단위: 건

7만 8,580

5만 7,251

5만 3,109

4만 1,119

2020년 2021년 2022년 2023년

자료: 행정안전부 지방 행정 인허가 데이터

이재용   국내에서 가장 큰 피해를 본 곳은 어딜까요?

박승찬   크게 네 가지로 볼 수 있습니다. 첫 번째는 쿠팡이나 네이버 2강을 제외한 나머지 하위 유통 플랫폼들은 직간접적으로 영향을 받을 겁니다. 두 번째가 국내 오픈 마켓에 입점해 있는 인터넷통신판매사업자[7]의 폐업이 급격하게 증가하고 있어요. 행정안전부 지방 행정 인허가 데이터를 보면 2023년 국내 인터넷통신판매사업자의 폐업이 7만 8,580개로 급격히 늘어났습니다. 이들은 대부분이 중국에서 의류, 신발, 생활용품 등 공산품을 구매해서 마진을 붙여 국내에서 되파는데 C커머스 플랫폼 국내 진출로 가장 직접적인 피해를 받고 있는 영역이죠. 이 개인 사업자들은 대부분이 네이버, 쿠팡, 11번가 등에 인터넷 쇼핑몰 형태로 창업한 분들이에요.

박승찬　　　세 번째로 수입 유통 생태계도 위태롭습니다. 예를 들면 이런 겁니다. 산업용 원부자재, 공구 제품 대부분은 외국산 제품에 의존해서 성장했어요. 한국에서 만드는 것보다 수입해서 유통하는 구조가 더 경제적이거든요. 전동 드릴, 공구는 협회도 돼 있고 산업 규모가 꽤 큽니다. 중국 걸 수입해서 품질 인증을 받고 한국어 매뉴얼로 해서 판매가 되는 건데 직구로 바로 오니까 이 산업이 바로 직격탄입니다. 테무에서 4단용 공구 세트가 선착순 999원에 판매되고 있는데 품질 검증 과정을 거치지도 않고 도저히 맞출 수 없는 가격으로 내미니까 피해가 막대하죠. 네 번째가 이제 소상공인. 제조 기업들이에요. 예를 들면 부산에 있는 신발 제조업. 그곳은 지금 90%가량 문을 닫았습니다. 가격으로 게임이 안 되니까. 밑창, 고무, 우레탄 등 신발 만들 때 필요한 10가지 원재료를 중국에서 수입하던 신발 원재료 기업들도 같이 무너지는 거죠. 제가 크게 네 가지 영역을 말씀을 드렸는데 이 산업들의 규모도 규모지만 생태계가 완전히 뒤바뀌고 있기 때문에 이런 부분에서 정부가 면밀하게 조사를 하지 않으면 그분들은 매우 위태로운 상태다, 이렇게 말씀드릴 수 있습니다.

이재용　　　근데 반대로 생각하면요. 지금 시작 단계니까 우리 소비자들이 궁금해서 이용하는 거 아닙니까? 조금 있으면 '에이~ 우리 것이 좋은 것이여' 이러고 다시 오지 않을까 생각도 하거든요. 어

7　　인터넷통신판매사업자. 인터넷을 통해 가구, 가전, 식품, 의류 등을 판매하는 개인 사업자

떻게 생각하세요?

오린아　　그런데 사실 큰 그림에서 봤을 때 지금 우리나라 유통
업계가 마주하고 있는 가장 어려운 부분을 저는 파편화 소비라고
생각하고 있어요. 제가 유튜브 켰을 때랑 이 기자님이 유튜브 켰을
때랑 추천하는 게 다를 거잖아요. 예전에는 대중적으로 잘 팔리고
인기 있는 제품을 많이 생산해서 최대한 많은 유통 채널에 깔면 팔
리는 시대였던 거죠. 근데 지금은 좋아하는 것도 각각 너무 다르고,
최근에는 소비를 이끌어간다는 Z세대의 경우도 저희랑은 완전히
다른 세대들이다 보니까 수요를 맞추기가 어려운 시대가 됐습니다.
그리고 공급 측면에서 봤을 때 옛날에는 브랜드를 만들 수 있는 업
체가 돈이 많아야 하고 대기업만, 공장을 갖고 있는 사람들만 물품
을 만들 수 있었다면 요즘에는 개인도 브랜드를 론칭을 할 수 있는
시대가 됐습니다. 공급도 굉장히 다양해지고 세분화된 거죠. 그래서
최근에 유통업체들이 실적에 어려움을 겪고 있는 상황이라고 보시
면 될 것 같아요. 그런 상황에서 중국 업체까지 저가로 들어오니까
경쟁이 심화할 수밖에 없는 상황이고요. 저는 이게 앞으로 10년은
넘게 이어질 트렌드라고 보기 때문에 소비자가 호기심에 중국 업체
에서 구매를 했다가 빠진다 하더라도 이 흐름은 유통업체들이 받아
들여야 하고 그것에 맞춰서 성장을 꾀할 전략을 찾아나가야 되는
부분이라고 봅니다.

박승찬　　잊지 말아야 될 게 이 중국 직구 플랫폼들의 속내를

우리가 읽어야 되거든요. 이 중국 직구 플랫폼 알리, 테무도 국내에서 이야기하는 걸 다 알고 있다라는 것. 그래서 이들이 한국관을 만드는 겁니다. 아까 말씀드렸다시피 알리에서 계란 30알짜리 한 판에 2,000~1,000원에 팔아요. 한국 거예요. 그거 사러 온단 말이죠. 그럼 가입을 해요. 들어온 김에 다른 걸 또 사는 거죠. 다른 플랫폼도 이런 식으로 한국관을 들어오면서 유입을 시킵니다. 우리가 경험하는 C커머스 플랫폼을 단순히 이커머스 플랫폼으로 보면 안 돼요. 막대한 자본력과 데이터, AI를 무기로 더 진화할 가능성이 크거든요. 알리나 테무에서 슬리퍼를 하나 검색하면 털실 슬리퍼, 소 그림 슬리퍼, 소 지비츠 등 이전에 검색했던 키워드를 같이 분석해서 소비자 취향으로 추천해주죠. 안전성과 가품 논란이 커지니까 알리는 판매자의 제품을 무작위로 검증해서 가품이 발견되면 바로 퇴출시키는 제도를 운영하고 있는데 로고, 이미지, 가격 같은 텍스트 데이터를 AI와 빅데이터 기술로 검증하는 거예요. 2024년 1분기까지 5,000명 이상의 판매자를 퇴출시켰고, 약 183만 개의 위조상품을 삭제했어요. 실제로 국내에서도 불만 신고가 줄었습니다. 한국소비자원 자료에 의하면, 2024년 국제거래 소비자 불만 상담 건수가 알리는 1분기 524건에서 2분기 222건으로 절반 이상 감소했어요. 앞으로 C커머스는 진화할 거기 때문에 그 진화에 따라서 우리 기업들의 생태계가 움직이는 것을 우리도 계속 주시할 필요가 있습니다.

'유해물질 검출' 중국 쇼핑몰 이용 피해는?

이재용   지금 말씀들을 들어보면 소비자 입장에서는 안 좋은 게 없어요. 싸고 빠르게, 내가 필요한 물건을 받아볼 수 있고. 어떻게 알았는지 내가 필요한 걸 다 보여줘요. 제가 얼마 전에 바디캠이 필요해서 하나 샀어요. 싸게 샀어요. 그런데 받아보니까 상품이 불량해요. 반품하려니까 까다로워서 포기해버려요. 그게 실은 내 돈을 그냥 날린 건데 싸니까 포기해요. 이런 것처럼 소비자 입장에서 단점도 있지 않겠습니까?

오린아   중국 쉬인이 의류를 많이 판매하는데 저도 구매를 했었어요. 그런데 반품을 하고 싶다고 했더니 '너에게 제안을 할게. 반품을 진짜 하든지, 70%를 포인트로 줄 테니까 그냥 가져'라고 하더라고요. 그런 식으로 포인트를 남겨서 플랫폼에 락인도 시키고. 제 입장에선 포인트를 나중에 쓸 수도 있고요.

박승찬   더 강하게 요구했으면 돈도 받아내고 했을 텐데요.

중국 직구 플랫폼 발암물질 검출 현황

총 404개 조사			
물질	안전 기준치	검출 범위	검출 제품 수
카드뮴	0.1% 미만	1~70%	90개
납	0.60% 미만	2~17%	8개

자료: 관세청 지난해 4월 발표 기준

이재용   되게 까다롭더라고요. 여기 갔다가, 저기 갔다가. 우리 나라도 뭐 하나 반품하려면 저기 전화 거세요, 여기 거세요 하잖아요. 말도 안 통하는데 여기 하세요, 저기 하세요 이러니까 나중에 그냥 '아휴, 됐어' 하면서 포기하게 되더라고요. 상품의 유해성 논란 이런 것도 꾸준히 있잖아요?

이정호   그렇죠, 이게 또 건강 문제로 번지게 된다면 유독 예민하게 느껴질 수밖에 없는데요. 인천본부세관이 알리와 테무에서 판매하는 장신구들의 성분을 분석해봤습니다. 404개의 제품 가운데 24%에서 기준치를 초과하는 발암물질들이 검출됐습니다. 국내 안전 기준치보다 최소 10배, 최대 700배에 이르는 카드뮴과 납이 나온 건데요. 종류별로는 귀걸이가 가장 많았고요. 반지, 목걸이, 발찌 순으로 나타났습니다. 얼마 전에는 어린이 용품에서도 기준치 대비 300배가 넘는 유해물질이 나왔다고 하는데요. 혹시나 알리, 테무에서 어린이 용품을 사셨다면 해당 품목이 있는지 서울시 홈페이지에서 확인해보실 필요가 있겠습니다. 그리고 서울시는 상시 안전성 검사 체계를 가동한다고 밝혔는데요. 지난해 4월 넷째 주부터 매주 검사 결과를 시민들에게 공개해 피해를 예방한다는 계획입니다. 안전성 검사 결과는 서울시 홈페이지에서 확인해보실 수 있습니다.

이재용   상품의 안전성 면에서 어떤 조치가 필요하지 않을까 싶은데 어떻게 보세요?

박승찬　　안전성 부분이 제일 심각한 문제거든요. 특히 이제 생활용품, 공산품 같은 경우가 이슈에 가장 중심에 있는데요. 사실 직구이기 때문에 우리가 '한국에서 인증을 받아라' 할 수도 없어요. 우리가 할 수 있는 것은 플랫폼과 함께 지속적으로 관리하는 방법밖에 없습니다. '중국 내에서는 인증을 받은 제품이어야 한다. 그걸 받지 않고 공장에서 만드는 걸 그대로 오는 경우는 막아야 한다'라는 것을 정부 차원에서 C커머스 플랫폼들과 소통을 해야 한다는 거죠. 세관도 분명히 제한적입니다. 아무리 첨단 기기로 한다 하더라도 샘플링 조사를 하는데 그게 되겠습니까? 플랫폼들과 같이 조치를 만들어서 문제가 되면 경고를 하고, 경고가 두 번 됐을 때는 어떤 조치를 취한다는 것을 확실히 할 필요가 있을 것 같습니다. 우리가 강하게 이야기할 필요가 있다고 봅니다.

이재용　　실제로 피해 예방법이나 대처법은 뭐가 있습니까?

이정호　　개인 소비자 입장에서 국제거래 피해는 해결이 어려운 편이어서 상품을 구입할 때 일단은 소비자가 가장 조심을 하는 수밖에는 없어요. 저도 3월 9일에 알리에서 커피용품을 하나 주문했거든요. 그런데 지금 녹화일 기준으로 50일이 지난 현재도 아직까지 물건을 못 받은 상태예요. 일단 이 물건이 한국에 들어오기는 했는데 서대문에 있는 저희 집에 안 오고 마포구에 가 있어요. 이 근처까지는 왔는데 어디 있는지 모르니까 제가 찾으러 갈 수가 없는 거죠. 문제는 이것과 관련해서 제가 판매자에게 문의를 했더니 판매자 입장에서도 황당한 거예요. 자기는 보냈는데. 이렇게 책임 소재가 불명확해지는 겁니다. 이런 경우 쇼핑 플랫폼 내에서 해결이 된다면 가장 좋은데 만약 해결이 되지 않는다면 국제거래 소비자 포털에서 상담을 신청하고 도움을 받을 수가 있거든요. 주문 확인서나 제품 광고 화면 등 증빙 자료를 갖추고 이쪽에서 상담을 받는 방법이 있습니다. 또 개인이 일일이 대응하기 힘든 부분도 있기 때문에 정부 차원에서도 준비를 해나가고 있는데요. 지난해 5월 소비자원은 알리와 테무 등 중국 이커머스 플랫폼과 자율협약을 맺었습니다. 위해 제품 확인 시 플랫폼에서 즉각 차단, 삭제하도록 요구하는 핫라인을 구축하는 내용입니다.

이재용 또 이런 플랫폼을 이용할 때 제일 걱정이 되는 이용자들의 개인정보 보호잖아요. 이 부분은 어떻습니까?

이정호 이 내용이 일단 지난해 4월 25일에 한 시민단체가 알리와 테무를 경찰에 고발하면서 알려진 내용들인데요. 중국 국가정보법 제7조 내용입니다. 중국의 모든 조직과 국민은 중국의 정보활동을 지지하고 협력해야 한다라고 명시하고 되어 있는데요. 알리, 테무 등 중국 플랫폼을 통해 국내 이용자들의 개인정보가 중국 당국에 넘어갈 가능성이 있다고 주장한 겁니다. 정부도 올해 초부터 알리, 테무의 개인정보 관리 실태를 조사하고 나서 지난해 상반기 위반 여부 조사를 마무리하고 해당 사항이 있을 경우에는 과징금 처분이라거나 개선 권고를 내릴 예정이라고 밝혔는데요. 개인정보

보호위원회의 조사 결과에 따라 알리가 개인정보보호법 위반으로 약 20억여 원의 과징금 부과 처분을 받았습니다. 국내 이용자의 개인정보를 국외로 이전하는 과정에서 보호 조치를 제대로 마련하지 않은 건데요. C커머스가 자국 정부 이외의 해외 정부로부터 과징금을 부과받은 것은 이것이 처음입니다.

이재용   실효적인 대책이라든지, 아니면 현명한 소비자의 판단을 돕기 위한 조언, 이런 것들도 있어야 될 것 같은데 박 교수님 어떻게 보십니까?

박승찬   C커머스 플랫폼의 개인정보 유출 우려는 지속적으로 나올 거예요. 법령 위반에 따른 과징금 부과만으로는 근본적인 개인정보 유출 문제를 해결할 수 없고, 지속적인 모니터링이 필요할 겁니다. 국내 개인정보가 중국 내에서 불법으로 유통되거나 노출돼서 다른 중국 기업에 넘어갈 수도 있고 나아가 국가 안보에 심각한 영향을 줄 수도 있다는 점을 고려해야 해요. 유럽연합은 2023년 개인정보보호법을 강화했습니다. 플랫폼 기업들이 사용자 정보를 수집해 맞춤형 광고를 노출해서 수익을 올리는 글로벌 플랫폼 기업을 규제하고 있습니다. 유럽연합은 메타에 3억 9,000만 유로(약 5,580억 원)의 과징금을 부과하면서 데이터를 수집하지 않는 구조로 서비스 개선을 요구했어요. 플랫폼 생태계 측면에서 바뀌어야 될 것은 양국이 상호주의에 입각해서 면세 한도 조정을 고민해야 해요. 구매 한도라든지, 구매 금액이 좀 다릅니다. 우리의 화장품을 중국인들이 사는 것, 우리 입장에서는 역직구죠. 구매 금액이 1년 내에 한 2만 6,000위안, 우리 돈으로 500만 원 정도밖에 못 삽니다. 그런데 우리는 하루에 150달러 정도니까 한 7,000만 원 정도 되거든요. 이런 부분에서 양국이 맞추는 게 좀 중요하지 않나 생각이 들고요.

두 번째는 산업의 생태계 부분입니다. 파도가 지금 밀려오고 있거든요. 정부가 다 막아준다고 믿고만 있으면 안 되고 각 산업에서도 생존을 생각하셔야 합니다. 지금 우리가 방송에서는 알리, 테무만 이야기했지만 국내에 들어올지도 모르는 틱톡 숍은 또 다른 플랫폼이거든요. 예를 들면 아모레퍼시픽 같은 경우는 미국 틱톡 숍에 입점해 있어요. 미국인 고객을 대상으로 아모레퍼시픽 제품이 팔고 있는 건데, 우리가 콘텐츠 강국이기 때문에 콘텐츠를 잘 활용해서 할 수도 있거든요. 여러 가지의 사고방식의 전환이 필요하고요.

소비자 측면에서는 CS 부분인데, 자꾸 이들을 괴롭히셔야 합니다. 알리는 하지만 테무가 아직 힘들어하는 부분이에요. 여러분들이 그냥 참고 넘기시면 안 되고 소비자 보호 요구를 하시고 이것을 강력하게 이슈화시켜야 이들이 더 소비친화적으로 할 것이다 말씀드립니다.

오린아 49개국에 이미 진출해 있다 보니까 각 국가별로 자국 언어로 후기를 남긴 것들이 꽤 많이 있어요. 번역기도 누르면 바로 볼 수 있으니까 그런 것들 참고하셔서 구매하시면 좋을 것 같고요. 저는 유통 쪽을 분석하고 있다 보니까 이 관점에서 말씀드리면 앞서 말씀드린 파편화 소비랑 더불어서 최근에 상품의 인기 주기가 굉장히 짧아지고 있어요. 특히 화장품이 대표적인데 과거 1990년대 만 해도 화장품은 중·고가 제품이었거든요. 백화점에 가야 살 수 있는 제품이었는데 요즘은 다이소에서 초등학생도 화장품을 살 수 있게 되다 보니까 소비 주기가 굉장히 짧아지고 있고요. 유통업체 들도 이 소비 트렌드를 이용해야 하는 입장에서 빠르고 재미있고, SNS에 올려서 '내가 이렇게 잘나가고 재미있고 유행을 잘 타는 사 람이다'를 보여줄 수 있는 것들만 소비가 잘되고 있다는 것을 주목 하고 있어요. 저는 최근에 팝업 스토어가 유행하는 것도 이런 맥락 이라고 생각하고 있거든요. 산업과 유통이 지속적으로 체질 변화를 해야 된다고 판단하고 있고요. 최근에 국내 업체들이 중국에서 떼 어 온 걸 택갈이 해서 쿠팡이나 네이버에서 판다는 걸 소비자들이 인지하기 시작했어요. 그것에 어떻게 대응을 할지가 앞으로 가장 중 요한 포인트다 판단하고 있습니다.

이재용　　안정성 우려를 비롯해서 불만 사례들이 나오면서 중 국 플랫폼 이용이 초기와 다르게 주춤하는 것 같기도 해요. 박 교수 님은 2차 공습 단계라고 보신다고요?

박승찬　　1차 공습 이후 잠깐의 잠복기였다고 보고요. 이제 C커 머스의 2차 공습을 대비해야 합니다. B2C(기업 대 소비자 거래)에서 B2B(기업 간 거래)까지 영향력이 확대됐어요. 알리바바가 올해 18만 제곱미터, 축구장 면적으로 25개 규모의 통합물류센터를 국내에 짓 겠다고 정부에 사업계획서를 냈어요. 투자 규모는 2억 달러, 한화로

2,632억 원이고요. 일단 물류센터 구축으로 배송 문제가 해결되면 한국 이커머스 시장 점유율을 더 높아질 겁니다. 기존에 저렴한 의류, 신발, 생활용품에서 TV, 세탁기, 로봇청소기 등 디지털 가전과 소형가전으로 확대될 가능성이 큽니다. 중국 최대 가전업체 메이디는 이미 4년 전부터 한국 지사를 설립해서 국내 중소 유통사를 통해 제품을 판매하고 있는데 알리가 물류 창고를 구축하면 국내 시장 침투율은 더욱 빨라질 가능성이 크죠. 이 물류센터는 중국 도매 사이트인 1688닷컴을 비롯해 알리바바 그룹의 계열사 전체를 아우르는 알리바바 그룹의 저장고 역할을 할 겁니다. 그리고 국내 물류 거점을 통해 미국 및 유럽 시장 진출을 확대할 수 있는 기회도 되겠죠. 2차 공습은 더 두려워요. 각 산업군에서도 어떤 전략으로 맞설지 준비해야겠고 정부 차원에서도 적극적인 대응이 절실해 보입니다.

이재용   소비자 입장에서 가격이 싸다는 장점과 함께 선택지가 굉장히 넓어졌잖아요. 좀 더 현명하고 가치 있는 소비를 했으면 좋겠다는 취지였고요. 급변하는 유통 생태계의 대응 방안도 함께 살펴봤습니다.

다섯 번째 경제 이야기 '핵심 노트'

- 테무 앱 다운로드 건수가 국내 론칭 6개월 만에 900만 건. 테

무는 모회사 핀둬둬 홀딩스의 막대한 자금력을 기반으로 한다. 가격을 낮추면 고객이 모이고, 판매자 증가로 이어져 가격을 더 낮출 수 있다는 '플라이휠 효과'를 경영 방침으로 성장했다.

- 중국 이커머스 공습으로 피해를 본 국내 산업은 크게 네 가지로 나눌 수 있다. ① 쿠팡, 네이버 2강을 제외한 나머지 유통 플랫폼 ② 11번가 등 오픈 마켓에 인터넷 쇼핑몰 형태로 사업하는 개인사업자 ③ 전동 공구 등을 수입, 유통하는 수입유통 산업군 ④ 신발 등 제조업 소상공인.

- C커머스의 2차 공습 대비해야 한다. B2C(기업 간 거래)까지 영향력이 확대됐다. 알리바바는 2024년 축구장 25개 규모의 통합물류센터를 국내에 짓겠다고 발표했다. 물류센터가 구축되면 상품군이 TV, 세탁기, 로봇청소기 등 디지털 가전과 소형 가전으로 확대될 가능성이 크다.

- C커머스 플랫폼은 막대한 자본력과 데이터, AI를 무기로 더욱 진화할 가능성이 크다. 쇼핑 알고리즘을 찾아서 소비자 맞춤형으로 상품을 추천한다. 안전성과 가품 논란에는 이미지와 텍스트 데이터를 AI 기술로 검증하면서 가품을 즉시 퇴출시키는 제도를 운영하고 있다.

▶방송 다시보기

홍성민 과학기술정책연구원 과학기술인재정책센터 선임연구위원

서울대학교에서 경제학 박사학위를 받았고, 현대경제연구원 연구위원, 한국산업기술진흥원 팀장을 거쳐 현재 과학기술정책연구원에서 과학기술인재정책센터 선임연구위원을 맡고 있다. 지난 30여 년 동안 인력정책 전문가로 연구를 지속해 왔으며, 특히 한국산업기술진흥원에서 근무한 2000년 이후에는 과학기술인력 혹은 산업기술인력 정책, 관련 일자리 정책에 특화된 연구를 전문으로 수행하고 있다. 최근에는 생성형AI 등 과학기술 발전이 일자리에 미치는 영향과 관련한 인력정책 전환 관련 연구와 저술 및 발표를 활발히 하고 있다.

안희철 법무법인 DLG 대표 변호사

포항공과대학교 물리학과와 서울대학교 법학전문대학원을 졸업한 후, 스타트업 자문, M&A, 기업 및 금융, 경제 정책 등 다양한 법률 분야에서 전문성을 쌓아왔다. 스타트업의 해외진출과 M&A 거래를 자문하며, 특히 스타트업 생태계 발전에 기여한 공로로 중소벤처기업부 장관 표창과 한국액셀러레이터협회 공로상을 수상했다. 현재 포항공과대학교 산업경영공학과 겸직교수로 스타트업 및 M&A, 지적재산권 법률 강의를 진행하며, 한국엔젤투자협회 이사, 초기투자액셀러레이터협회 고문변호사로도 활동 중이다. 또한 아산나눔재단 마루180과 서울핀테크랩 멘토로서 스타트업 생태계 발전에 기여하고 있으며, 디엘지 정책센터 센터장으로서 통합적인 규제 리스크 관리 솔루션을 제공하고 있다.

이치호 과학기술정책연구원 과학기술인재정책센터 부연구위원

서울대학교 대학원에서 경제학 박사학위를 받았고 과학기술정책연구원 과학기술인재정책센터 부연구위원으로 활동중이며 과학기술인재 수요 변화 진단과 양성 정책 전반에 대해 연구하고 있다.

두뇌가 곧 기술 패권, 한국을 떠나는 과학 인재들

홍성민 | 과학기술정책연구원 과학기술인재정책센터 선임연구위원

안희철 | 법무법인 DLG 대표 변호사, **이치호** | 과학기술정책연구원 과학기술인재정책센터 부연구위원

　"'인사(人事)가 만사(萬事)'다'라는 말이 있죠. 조직 운영의 핵심원리를 담고 있는 말인데요. 글로벌 경제의 핵심 동력 역시 '인재'라고 볼 수 있습니다. 한때 미국이 독보적 우위를 점하던 이 분야에 새로운 강자가 등장했는데요. 바로 중국입니다. 중국 정부의 전폭적인 지원과 기업들의 공격적인 투자로 베이징과 선전이 새로운 혁신의 중심지로 부상하고 있습니다. 천문학적인 연봉과 파격적인 혜택으로 무장한 중국 기업들이 글로벌 인재들을 유혹하고 있는 건데요. 한때 '중국행'을 꺼리던 세계 각국의 엘리트들이 이제는 기회의 땅으로 중국을 바라보고 있습니다. 우리나라의 인재들도 예외가 아니겠죠. 기술 유출도 해마다 늘고 있습니다. 제작진은 글로벌 인재 확보 전쟁의 최전선에서 벌어지고 있는 미국과 중국 간의 치열한 경쟁

양상을 살펴보고 우리의 대응 전략을 마련해보겠습니다."

핵심 인재 유출 1위, 한국을 떠나는 이유는?

이재용   우리나라 핵심 인재 유출이 심각한 상황이라고 하는데 어느 정도입니까?

길금희   한국을 떠나는 고급 인재들이 계속해서 늘고 있습니다. 미국 국무부에 따르면 지난해 고급 인력 취업 이민 비자인 EB-1·2를 발급받은 한국인은 5,684명이었는데요. 이 수치가 인도와 중국, 브라질에 이어 네 번째였고 인구 10만 명당으로 환산하게 되면 우리나라는 10.98명으로 인도와 중국을 10배가량 앞선 것으로 나타나 국내 핵심 인재 유출이 그만큼 심각하다는 것을 알 수 있습니다.

미국이 발급한 EB-1·2 비자

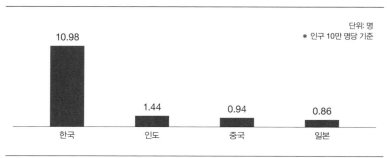

단위: 명
* 인구 10만 명당 기준

자료: 미국 국무부

경제토크쇼 픽

이재용   두 분은 이런 상황에 어떤 의견이십니까?

홍성민   핵심 인재 유출의 현황을 볼 수 있는 통계가 미국밖에 없어서 이 자료를 많이 보긴 하는데요. 미국은 우리나라 유학생들이 가장 좋아하기도 하고 많이 나가기도 합니다. 미국에는 빅테크 기업들이 많기 때문에 관련 일자리들도 많고요. 결국 미국을 중심으로 보면 우리나라의 해외인재 유출 문제는 더 심각하게 보일 수밖에 없습니다. 그렇다고 문제가 없다는 건 아닙니다. IMD에서는 매년 OECD 국가 등 주요 국가들을 대상으로 국가경쟁력을 발표하는데, 그 가운데 인재 유치 및 확보 경쟁력 조사 결과도 있습니다. 이 결과를 보면 우리나라의 경우 2023년 좀 나아져서 60여 개국 중 43위를 기록하고 있습니다. 이것이 우리나라의 현실입니다.

안희철   전 변호사지만 대학 시절 물리학을 전공했습니다.

이재용   아, 그러셨어요?

안희철   네, 그래서 이공계에 친구들이 좀 있는 편인데요. 현실적으로 느끼는 게 많습니다. 선배들이 과거에는 미국에 유학을 가더라도 그곳에 머물지 않고 한국에 다시 들어와서 교수를 한다거나 과학기술 발전을 위해 여러 가지 노력을 하기도 했습니다. 하지만 요즘 미국 빅테크 기업 고위직 연봉이 5억에서 10억 정도가 됩니다. 한국의 교수나 대기업의 연봉이 1억에서 2억 정도 되고요. 단순히 돈이 모든 것을 설명할 수는 없지만 그들 입장에서는 한국으로 다시 돌아오기가 쉽지 않죠. 또 한국의 인재들이 미국에서 제안을 받았을 때에도 미국에 나가지 않을 이유가 거의 없다고 보이거든요.

이재용   인재 유출만 문제인 줄 알았는데 인재 전환도 문제네요. 물리학을 전공하셨는데 변호사가 되셨으니 말이에요.

안희철   아닙니다. (웃음) 그 덕분에 스타트업이나 기술 전문 변호사로 활동을 하고 있습니다.

이재용   그렇군요. 삼성전자에서도 500명이나 엔비디아로 갔다면서요?

길금희   맞습니다. 인공지능 반도체 시장을 주도하기 위해 사실상 엔비디아가 우리나라를 비롯한 전 세계 핵심 인력들을 계속해서 흡수하고 있는 상황인데요. 채용 플랫폼 링크드인에 따르면 엔비디아 임직원 중 삼성전자 출신은 515명으로 집계됐습니다. 비율은 1.7%에 달했는데요. SK 하이닉스 역시 인력 유출이 많은 것으로 나타났습니다. 링크드인에 가입한 엔비디아 임직원 중에 SK하이닉스 출신은 38명으로 나타났는데요. SK하이닉스 입장에서는 AI 시장이 확대될수록 HBM 등 AI 반도체 기술을 보유한 엔지니어 인력이 더 필요한 상황이지만 엔비디아 외 다른 회사로도 계속해서 인력 유출이 발생하고 있는 것으로 알려졌습니다.

뺏고 뺏기는 반도체 인력 전쟁

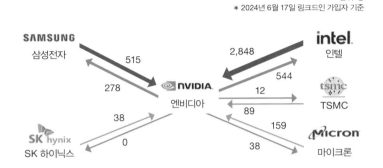

단위: 명
* 2024년 6월 17일 링크드인 가입자 기준

자료: 링크드인

홍성민   전 세계적으로 핵심 인재라고 할 수 있는 인력들은 누구나 데려가려고 합니다. 이것은 삼성전자만의 문제가 아니라 모든 기업들이 서로 빼앗고 뺏기고 하는 상황이고요. 엔비디아처럼 유명하고 더 많은 돈을 주고 좋은 근로 환경을 만들어주면 어쩔 수 없는 것이죠. 또, 과학기술자들에게는 자기가 얼마나 성장할 수 있느냐와 어떤 연구를 할 수 있느냐 하는 것도 상당히 중요합니다. 그 조건들을 충족시켜주는 회사들이 많으니 그쪽으로 갈 수밖에 없는 게 현실이라고 보입니다.

이재용   아까도 잠깐 언급해주시긴 했습니다마는 우리나라와 미국의 이공계 전문직 중위 소득을 비교해봤을 때 거의 두세 배 정도 차이가 나거든요.

한국-미국 이공계 전문직 중위소득 비교

단위: 만 원

한국 중위소득	직종	미국 중위소득
5,623	소프트웨어 개발자	1억 7,900
5,689	화학 엔지니어	1억 5,400
6,946	전기·전자 엔지니어	1억 5,000
2억 7,000	의사	3억 3,000
8,000	약사	1억 8,700

자료: 고용노동부 임금직무정보시스템, 미국 노동통계국 등

안희철　　법률적인 걸림돌도 없도록 제도를 정비하기도 합니다. 미국을 비롯해서 인재를 최대한 유치하고자 하는 나라들은 대폭적으로 비자 문제를 해결했거든요.

이치호　　돈이라는 것 자체가 본인의 자긍심이라고 해야 할까요. 대우 받는 정도와 직결되는 부분이 있기 때문에 그런 관점에서 보는 분들이 많은 것 같고요. 주변에 어떤 우수한 분들과 같이 일할 수 있을 것인가도 중점적으로 봅니다. 예를 들어 노벨상 수상자와 같이 일을 해볼 수 있다든가, 세계적으로 가장 뛰어난 수준의 서비스를 개발하고 있는 사람들과 함께 일해볼 수 있다든가 하는 기회가 되면 좋죠. 또 연구 자율성이라고 할까요? 그런 것도 우리나라보다 미국이 좀 더 보장해주는 측면이 있지 않나 하는 생각이 듭니다. '내가 왜 이런 일을 하고 있어야 하지?'라는 생각은 물론 어느 직장에서나 있을 수 있는 고민이고 아예 없을 수도 없지만 그런 부분을 모든 연구원들이 감당하는 조직 문화로 작용하게 되면 '내가 하고 있는 일이 가치 있는 일인가?'라는 물음에서 점점 벗어나게 되는

경제토크쇼 픽

거겠죠.

법적 분쟁에 기술 유출까지…막을 방법 없나?

이재용　　인재 유출로 인한 법적인 분쟁도 있을 것 같은데 어떻습니까?

안희철　　꾸준히 있었습니다. 하이닉스에서 20년 이상 근무하면서 HBM 설계를 담당했던 핵심 인력이 마이크론 임원으로 이직하면서 인재 유출 문제가 법적으로 크게 번진 사건도 있었고요. 2차전지 양극재 기술 관련해서도 퇴직한 연구원이 중국에 있는 회사로 넘어가면서 기술을 유출시켜 형사 처벌을 받은 적도 있었습니다. 그 외에도 OLED 보상회로 기술 관련해서도 퇴사 직전의 연구원이 중국 회사로 이직을 하려고 하다가 적발돼서 문제가 된 적도 있었고요. 퇴직 전까지 경제적 보상이나 사회적 대우를 받지 못하다 보니까 퇴직한 이후라도 본인이 갖고 있는 지적재산권을 인정받고 싶은 마음에 이직을 하거나 기술이 유출되는 사례가 생기는 것 같습니다.

이재용　　이분들은 생업인데 우리나라에서 보상을 제대로 못받으니 이직하겠다는 논리인데, 막을 방법은 없지 않겠습니까?

안희철　　　그렇죠. 참 어렵습니다. 우리나라에서는 국가핵심기술을 지정합니다. 그래서 외국에 유출하거나 그 기술을 알고 있는 인재가 외국 기업에 가면 문제가 되도록 법을 만들어놓고 있습니다. 하지만 당사자들 입장에서는 평생을 공부해서 지적재산권을 얻었는데 한국에서만 행사가 된다고 한다면 불만이 생길 수밖에 없는 거고요.

이재용　　　국가적인 차원에서 보면 인재와 기술 유출이 국가 경제에 미치는 영향이 크기 때문에 막을 수밖에 없는 거 아니겠어요?

홍성민　　　첨단 분야 기술 개발을 통해 선진국 대열에 오르고 새로운 성장 동력을 만들어내야 하는데 그런 부분에서 조금씩 뒤처질 가능성이 생기는 거죠. 첨단 분야일수록 앞으로 치고 나간 기업들이 거의 모든 걸 다 장악합니다. 핵심 기술인력을 확보하는 경쟁이 전 세계적으로 벌어지는 거고, 과학기술인재에 대한 대우나 연구 환경이 뒤처지는 우리나라가 인재를 지키기 더 어려운 처지가 된 겁니다.

이재용　　　인재 유출 우려가 가장 큰 분야는 어딥니까?

홍성민　　　확실히 첨단 분야가 모두 그렇겠지만 우리가 보유한 기술 중에서도 가장 많이 발전시킨 반도체나 제조업 분야를 유심히 볼 필요가 있습니다. 특히 고령이 되면 대우 문제에서 다툼이 생기는데 이렇게 은퇴를 앞둔 분들을 중국에서 데려가는 케이스도 나타났어요.

이재용   인재 유출도 문제지만 기술 유출도 상당하다고 하는데 어떻습니까?

길금희   산업통상자원부가 공개한 자료에 따르면 국가 핵심 기술을 포함한 전체 산업기술의 해외 유출 적발 사건은 5년간 96건으로 집계됐습니다. 적발 건수도 해마다 증가하고 있는 실정인데요. 업종별로 살펴보면 반도체가 38건으로 가장 많았고요. 디스플레이가 16건, 전기·전자가 9건, 자동차가 9건 등으로 피해 규모만 약 26조 원을 넘기는 것으로 추산됐습니다.

안희철   2023년 삼성전자 전 임원이 반도체 공장 도면을 중국

최근 5년 업종별 산업기술 해외 유출 적발

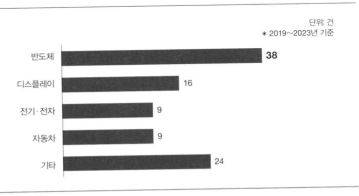

단위: 건
* 2019~2023년 기준

업종	건수
반도체	38
디스플레이	16
전기·전자	9
자동차	9
기타	24

자료: 산업통상자원부

으로 빼돌려서 중국에 복제 공장을 설립하다 적발된 사건이 있었습니다. 이것은 굉장히 심각한 사건이었고요. 현대자동차는 GDL[1]이라는 핵심 부품 개발 기술이 있었는데 협력사에게 이걸 유출하고 협력사가 미국 기업에게 유출하여 문제가 발생하기도 했습니다. LG 에너지솔루션에서도 영업 비밀이 유출돼서 손해가 컸는데요. 유출한 대가로 10억 정도를 수수했다고 알려졌습니다. 한국 한공우주산업에서도 인도네시아 국적의 연구원이 기술을 가지고 외국으로 나가려다 적발된 사례가 있어요. 기술력을 갖춘 기업들의 공통적인 문제이자 산업 분야 유출로 국가적 손실도 커지고 있는 상황입니다.

이재용　　　그렇다면 이렇게 기술을 유출했을 때 처벌 수준은 어느 정도입니까?

안희철　　　산업기술보호법에서는 국가의 안전 보장이나 국가 경제 발전에 중대한 영향을 미치는 기술들을 국가핵심기술[2]로 지정합니다. 반도체, 배터리, 백신 등 세세하게 지정을 해두고 있어요.

안희철　　　이런 기술은 승인 받지 않고 해외로 유출할 경우 국가

1　　GDL(Gas Diffusion Layer). 현대차의 수소전지 시스템의 핵심 부품. 초기에는 독일 업체의 GDL을 사용하였으나 2020년 국내 협력업체와 공동으로 국산화에 성공했고 70명의 전담 연구개발 인력과 556억 원의 연구비를 투자했다.

2　　국가핵심기술. 국내외 시장에서 차지하는 기술적·경제적 가치가 높거나 산업의 성장 잠재력이 높아 해외로 유출될 경우에 국가의 안전보장 및 국민 경제의 발전에 중대한 악영향을 줄 우려가 있는 산업기술로서, '산업기술의 유출방지 및 보호에 관한 법률' 제9조에 따라 지정된 기술을 말한다.

주요 국가첨단전략기술

반도체	15nm 이하급 D램 설계·제조기술 170단 이상 낸드프래시 설계·제조기술 SoC 파운드리 분야 7nm 이하 제조기술 차량·에너지 효율 향상·전력용 반도체 설계·제조기술 등
배터리	고성능 리튬 이차전지의 부품·소재·셀·모듈 제조 및 안정성 향상 기술 고체전해질, 리튬금속 등 차세대 이차전지에 사용되는 부품·셀·모듈 제조기술 고용량 양극재, 장수명 음극재, 신뢰성 향상 분리막·전해액 제조기술 등
백신	치료·예방용 백신 후보물질 발굴 및 제조·생산기술 백신 개발·제조에 필요한 핵심원료 및 원부자재 관련 기술 백신 후보물질 평가를 위한 비임상 및 임상1상·2상·3상 시험 기술 등

핵심기술의 경우 3년 이상의 징역 또는 15억 원 이하의 벌금, 핵심
기술까지는 아니지만 산업기술이라고 판단이 되면 15년 이하의 징
역, 15억 이하의 벌금이에요. 국가 첨단 산업의 경우는 처벌이 좀 더
강합니다. 5년 이상의 유기징역 및 20억 원 이하의 벌금이고요. 이
것 마저도 나중에 집행유예가 되거나 감형되는 경우가 발생하다 보
니 꾸준히 솜방망이 처벌이라는 비판이 있었습니다. 그래서 7년 이
상의 징역이나 60억 이하의 벌금으로 개정해야 한다는 개정안이 계
속 올라오고 있는 상황이에요.

기술 유출 시 처벌법 - 범죄행위, 산업기술보호법, 특별법

범죄행위 (예시)	국외사용목적의 부정취득 사용 공개 행위	
산업기술보호법 제36조	국가핵심기술	3년 이상의 유기징역 및 15억 원 이하의 벌금
	기타 산업기술	15년 이하의 징역 또는 15억 원 이하의 벌금
특별법 제50조	5년 이상의 유기징역 및 20억 원 이하의 벌금	

이재용   유출을 방지하기 위한 대책은요?

홍성민   이런 범죄는 엄하게 처벌해야겠죠. 단, 기술이 아니라 인재 유출 자체를 막자는 취지로 접근한다면 우수한 인재가 오히려 '이곳에 들어가면 발목 묶여서 절대로 못나가겠네. 애초에 다른 곳으로 가자' 하는 생각을 가질 수 있겠죠.

이재용   정말 국가 핵심 산업이면 발을 빼려고 할 수도 있겠네요.

안희철   한 가지 더 짚고 넘어가고 싶은 게 우리나라 핵심 인재들은 계약서를 쓸 때 약정금지 조항[3]을 걸고 하는 경우가 많아요. 예를 들어 삼성에 있던 직원이 애플로 이직을 하고 싶어도 2년 정도는 유예기간을 두고 못가도록 하는 것이죠. 하지만 그 기간이 너무 길면 직업 선택의 자유를 침해할 수 있습니다. 미국의 빅테크 회사들은 경업금지약정 기간을 상대적으로 늘리면서 경쟁 업체의 연봉 수준으로 보상을 해줍니다. 만약 연봉이 3억이라면 5년 동안 경쟁 업체를 가지 못하게 하는 조건으로 5년 동안 15억을 준다는 약속을 하는 거죠. 퇴직한 기간 동안 그 기업이 뒤처지지 않도록 도움을 주는 방식으로요. 하지만 우리나라 같은 경우 근로자가 을의 입장

---

3   약정금지 조항. 주로 교용 계약에서 사용되는 조항으로, 근로자가 퇴직 후 일정 기간 동안 특정 업종이나 경쟁 기업에 취직하거나 창업하는 것을 제한하는 내용을 담고 있다. 일반적으로 '경업금지약정'이라고 불린다.

인 경우가 많죠. 연봉 협상하고 근로 계약을 체결할 때 마지막 페이지에 경업금지약정이 들어갑니다. 사인을 하지 않으면 근로 계약을 체결하지 못하거든요. 보상 규정도 없는데 울며 겨자 먹기로 사인하는 거죠.

이재용　　어쨌든 전문 인력을 계속 키워나가야 할 텐데, 앞으로의 전망치는 어떻습니까. 구체적으로 얼마나 부족해진다는 거예요?

길금희　　네, 이공계 전문 인력이 매년 약 6,000~7,000명씩 쏟아져 나오고 있긴 하지만 정작 기업과 대학 연구 기관에서는 핵심 전문 인력이 부족한 것으로 나타났습니다. 반도체 분야의 경우 향후 10년간 약 12만 7,000명이 필요하다고 하는데요. 현재 상황에서는 7만 명이 부족한 것으로 나타났고요. 인공지능 분야의 연구개발 고급 인력도 2027년까지 1만 2,800명이 부족한 것으로 전망

이공계 특정 분야 인력 부족 전망

구분	부족 시기	부족 인력(명)
반도체	2033년	7만
인공지능	2027년	1만 2,800
클라우드	2027년	1만 8,800
빅데이터	2027년	1만 9,600
나노	2027년	8,400
양자	2030년	2,500

자료: 과학기술정보통신부, 고용노동부

이 됐습니다. 또 클라우드 분야는 1만 8,800명 빅데이터 분야는 1만 9,600명이 각각 부족해질 것으로 전망되고 있습니다.

홍성민　우리나라가 선진국을 잘 따라가는게 중요했던 소위 캐치업 시대에는 기술 개발 목표가 정해지면 그 분야의 인력들을 양성해서 선진국이 개발한 기술을 잘 쫓아가기만 하면 되었습니다. 그러다 보니 과학기술 인력 정책을 펼 때 양성쪽에 초점이 맞춰지는 겁니다. 인력은 많이 나오니 인건비는 싸지죠. 하지만 개발을 할 핵심 인력을 키우는데는 오히려 약해질 가능성이 높지요. 아주 우수한 인재가 없다는 이야기에요. 저희는 이렇게 과학기술인재가 성장하는 길을 '경력개발 경로(Career Path)[4]'라고 부르는데 이 부분을 보완할 생각은 하지 않고 '양성'에만 초점을 맞추다보니까 값싼 대우를 받는 기술인력이 양적으로만 쌓이는 거죠. 부족의 의미는 여러 가지 일 수 있어요. AI 분야의 경우 인재 부족하다고 하지만 채용 공고는 전체의 2~3% 밖에 되지 않습니다. 즉, 첨단 분야에서는 질적으로 우수한 인재 부족을 얘기하는 경우가 많다. 첨단분야는 아직 산업이 충분한 일자리를 만들 정도로 성숙하지 못했다는 이야기도 됩니다. 인재의 양성과 활용이 잘 이루어지는 생태계를 만들어서 양성만 할 게 아니라 좋은 일자리도 많이 만들어 우수한 인재가 유입이 되도록 하고 계속 성장하도록 해야 하는데 그런 부분

4　경력개발 루트(Career Path). 조직 내에서 개인의 경력 성장 경로를 의미. 개인의 적성, 능력, 조직의 필요성을 고려하여 설계되며, 조직과 개인의 목표를 조화롭게 달성하는 것을 목적으로 한다.

이 아쉽습니다.

이재용　　선진국에 이런 측면에서 주목할 만한 사례가 있을
까요?

홍성민　　미국에 비해 AI 등 첨단 분야에서 뒤처져 있는 유럽만
해도 생태계를 만들고 인프라를 갖추어서 연구를 지원해주는 종합
적인 프로그램이 있습니다. EU의 '프레임 워크 프로그램(Framework
Program)'을 들 수 있어요. 인재 교류나 양성을 포함해 연구 및 기술
개발을 위한 가장 거대한 규모의 유럽 공동체 재정지원 프로그램

중국 천인계획 참여 한국학자 13명 현황

한국 소속 기관	중국 소속 기관	연구 분야
서울대	칭화대	양자컴퓨터
성균관대	시안전자과기대	AI 딥러닝
서울대	지린대	나노복합체
포스텍	베이징교통대	위상수학
서울대	푸단대	신약 개발
한국생명공학연구원	연변대	항암제 등
미상	양판그룹	선박 기술
서울대	칭화대	반도체
한서대	얀후이건축공대	나노 복합체
KAIST	충칭이공대	자율주행 센서
미상	중국고압연구센터	고압 물리
미상	칭다오하이얼지능기술연구소	에너지 절약 기술
삼성디스플레이	비전옥스 등	디스플레이

자료: 중국 천인계획 홈페이지 및 중국 관영매체 종합

인데요. 지난 7년간 예산이 총 955억 유로(약 136조 원)에 달합니다. 27개의 유럽연합 회원국과 호라이즌 유럽 준회원국이 호라이즌 유럽을 통해 자금을 지원받을 수 있고 호라이즌 유럽에 가입하지 않은 제3국은 자체 연구비를 통해 참여할 수 있습니다.

길금희　　　중국에서는 해외 인재 유치 프로그램인 천인계획을 들 수 있습니다. 해외 인재들을 적극 유치해서 현지 인재들과 인력을 조성하겠다는 명분 아래 해외 인재를 데려가 문제를 낳고 있는데요. '혁신인재'와 '창업인재' 두 유형으로 나누어 인재를 선발하며 높은 연봉과 연구 자율성 등 파격적인 조건을 제공합니다. 천인계획에 합류해서 중국으로 넘어간 학자들이 몸담고 있는 연구 분야도 양자컴퓨터와 AI 딥러닝, 신약 개발 등 모두 미래 먹거리로 꼽히는 신산업 분야인데요. 천인계획에 합류한 우리나라 사람들의 명단을 확인해보니 서울대와 카이스트 등 명문대 교수로 재직했거나 국내 반도체 대표기업인 삼성전자 등에서 일한 것으로 나타났습니다. 이 기업들의 자산인 중요 데이터가 유출될 수 있다는 우려가 나오는 대목입니다.

첨단 산업 인력 비상…인재 확보 대책은?

이재용　　　그렇다면 인력을 확보하는 대책에는 무엇이 있겠습니까?

안희철   제가 사실 스타트업이나 M&A 쪽 자문을 많이 하다 보니까 드는 생각인데요. 한국 스타트업 생태계가 가장 활성화됐던 게 2018년부터 2년간이었습니다. 그때는 훌륭한 인재들이 스타트업을 설립하면 몇천억에 매각되는 사례가 드물지 않았어요. 하지만 지금은 그게 좀 어려워졌지요. 물론 경기의 영향도 있었겠지만 정책적으로 M&A나 창업 시장을 활성화시키지 못한 점이 작용하지 않았나하는 생각이 들어요. 창업하시는 분들 대부분이 회사에서 연구원으로 근무하는 것 대신 위험 부담을 감수하고 시장에 뛰어드는 거거든요. 그런데 법적으로 규제하는 것들이 많아 안타깝습니다. 지난해 R&D 국가 예산도 대폭 삭감이 됐거든요. 삭감이 된 곳은 연구를 하고 싶어도 하지 못합니다. 당장은 '이 부분을 우선순위에서 앞쪽으로 가져와야 하지 않을까'. 다른 나라와 동일한 연봉 수준을 기업들에 기대하기는 현실적으로 어렵잖아요. 본인들이 원하는 연구를 할 수 있도록 지원해주는 것이 중요할 것 같습니다.

이재용   우리 정부도 고급 인재를 유치하기 위해 톱티어 비자[5]를 신설할 계획이라고 했어요. 이것에 대한 의견은 어떠십니까.

홍성민   우리나라의 비자 제도는 개별적인 제약을 푸는 방식

---

5   톱티어(Top-Tier) 비자. 법무부는 올해 1분기까지 AI, 로봇, 양자컴퓨터, 항공우주 등 첨단 산업 분야의 최우수 인재 유치를 위해 톱티어 비자를 신설할 계획. 글로벌 최상위권 대학의 이공계 학사 학위 이상 소지자나 세계적 기업 연구소 경력자를 대상으로 한다. 이 비자는 발급 요건을 대폭 완화하고, 배우자와 자녀뿐만 아니라 부모에게도 동일한 혜택을 제공하여 정주 여건을 개선한다.

으로 진행이 됐어요. 상황과 조건에 맞는 사람을 대상으로 그때그때 풀어주는 형태이지요. 그러다 보니 너무 복잡하고 다양해서 외국 인재가 선택하기 매우 어렵습니다. 새로 신설되는 비자도 생각만큼 효과가 있을지 의문이에요. 좋은 일자리와 연구 생태계 구축 등 본질적인 해결에 더 집중하고 고민할 시점인 것이죠. 이를테면 '외국 인재가 볼 때 얼마나 매력적인 일자리나 직장인가'가 더 중요한 문제인 것 같습니다. 사실 국내의 기업이나 연구 생태계는 외국에서 오는 훌륭한 인재라고 해도 쉽게 받아들이기 어려울 수 있어요. 그런데 앞으로는 다양성과 협업이 중요한 시대입니다. 외국인 포함해 다양한 사람들이 참여하는 팀의 성과가 잘 나타날 수 있도록 협력의 시너지를 키워가는 직장 문화를 잘 만드는 것도 중요해요.

안희철　　　프랑스도 프렌치테크비자[6]라는 게 있습니다. 이스라엘에도 '스타트업 네이션[7]' 프로그램이란 게 있고요. 우리가 벤치마킹할 사례는 굉장히 많다고 볼 수 있습니다. 인재들의 네트워킹을 국가적으로 만들어주는 프로그램에서부터 비자 제도까지 다양하죠. 하지만 네트워킹의 전제가 되어야 할 조직 유연화가 더 시급한 문제입니다. 한국 기업 입장에서는 외국인 인재와 계약을 체결하기 어

6　　프렌치테크비자(French Tech Visa). 프랑스 정부가 해외 인재를 유치하기 위해 도입한 특별 비자 제도. 외국인 스타트업 창업자, 프랑스 스타트업에 채용된 외국인 직원 등을 대상으로 4년 동안 프랑스 거주 및 취업을 허가해주고 가족 구성원에게도 거주 특권을 확대해준다. 비자 유효 기간 내 이직이 가능하며 자격 충족 시 영구 거주 허가로 연장이 가능하다.

7　　스타트업 네이션. IDF(이스라엘 국방군)의 8200부대는 정보 보안과 사이버 기술의 중심지 역할. 탈피오트 프로그램을 통해 우수 인재를 선발하여 군에서 과학기술 교육 제공. 이스라엘 스타트업 네이션 프로그램은 군복무 경험을 창업으로 연결하고, 정부의 적극적인 지원과 글로벌 지향성을 바탕으로 혁신적인 창업 생태계를 조성하는 데 성공했다.

려운 상황이에요. 근로기준법상 해고가 어렵기 때문에 국내 인재를 채용하는 게 낫지 리스크를 감당하면서까지 외국인 근로자를 선호할 이유가 없다는 겁니다.

홍성민   대학원에서 인재를 키우는 방법도 체계적으로 할 필요가 있어요. 예를 들어 대학의 연구개발 분야는 연구를 전담할 전문가를 고용해서 주로 연구를 수행하면서 그 속에서 석박사 학생들을 전문적으로 키워내는 연구자 훈련시스템으로 바꾸는 거죠. 이런 별도의 시스템을 만들어서 교수 개인의 역량에만 의존해서 연구도 교육도 다 알아서 하게하는 기존의 방식에서는 벗어나자는 거죠.

안희철   유출된 인재들은 그냥 끝이라고 생각들 하시는데 다시 데려오는 '리턴 프로그램'도 만들어야 한다고 생각합니다. 사실 그분들 리스트 확보할 수 있거든요. 국가 입장에서 해외 빅테크에서 일해본 친구들은 정말 핵심 인재인 거예요. 과거 명문대를 만들 때에도 해외 박사나 연구원들을 찾아가 모셔오기도 했습니다.

이재용   아주 좋네요. 인재 유출은 정말 국가 경쟁력과 직결되는 문제이니 만큼 잘 지켜내야겠죠. 국내외 인재들이 성장할 수 있는 토양을 만드는 게 무엇보다 중요하지 않나 하는 생각이 듭니다.

여섯 번째 경제 이야기 '핵심 노트'

- 한국을 떠나는 고급 인재가 계속해서 늘고 있는 상황. 이 수치는 인도와 중국을 10배가량 앞선 것으로 국내 핵심 인재 유출이 그만큼 심각하다는 것을 알 수 있다.

- 세계적으로 핵심 인재라고 할 수 있는 인력들을 서로 뺏고 빼앗기는 상황. 좋은 근로 환경과 높은 연봉으로 유혹하는 미국 빅테크가 늘고 있으며 중국에서는 국가적으로 '천인계획'을 펼쳐 인재 유치에 힘쓰고 있다. 단적인 예로 우리나라와 미국의 이공계 전문직 중위소득을 비교해보면 두세 배 차이가 난다.

- 우리나라에서는 국가핵심기술을 지정해서 그 기술을 보유한 인재가 외국 기업에 가게 되면 문제가 되도록 법을 제정해놓고 있다. 하지만 당사자들 입장에서는 평생에 걸쳐 쌓아온 지적재산권에 대한 보상이 녹록지 않아 불만이 쌓이고 있다.

- 인력 부족은 앞으로 더 심각해질 전망. 하지만 인력 양성에만 초점을 맞추면 핵심 인력을 키울 수 없게 된다. '경력개발 루트'를 만들거나 인프라를 갖추도록 하는 생태계 조성 방안을 생각해볼 시점이다.

- 우리 정부에서도 고급 인재를 유치하기 위해 톱티어(Top-Tier) 비자를 신설할 계획이다. 유출된 인재를 다시 데려오는 '리턴(Return) 프로그램'도 고려해볼 만하다.

▶방송 다시보기

경제토크쇼 픽

PART 3

변화하는 부의 지형도
국가에서 개인까지

인호 고려대학교 컴퓨터공학과 교수

한국을 대표하는 블록체인 연구 최고 권위자 가운데 한 명이다. 고려대학교 전산과학과를 졸업하고, 서던캘리포니아대학교(USC)에서 컴퓨터공학 박사 학위를 받았다. 텍사스 A&M 대학교에서 조교수로 5년간 지냈으며, 2003년부터는 고려대학교에서 가르치고 있다. (사)한국블록체인학회 설립자이자 초대 학회장, 금융위원회 금융발전심의회 위원, 금융감독원 자문위원, (주)신한은행사외이사, 서울시 블록체인 자문위원, 한국예탁결제원·전국은행연합회·한국핀테크협회 자문위원 등을 역임했다. 현재 블록체인국제표준화기구(ISOTC307) 국가대표위원, 금융보안원 자문위원 등으로 활동하고 있다. 또한 고려대학교 블록체인연구소 소장으로 활동하며 20여 명의 교수와 함께 블록체인 기반 기술, 관련한 법과 제도, 의료 정보, 비즈니스 모델 등을 연구하고 있다.

황석진 동국대학교 국제정보보호대학원 교수

금융보안 분야의 전문가로 자금세탁범죄, 가상자산범죄, 딥페이크 범죄, 금융범죄 등을 연구하고 있다. 현재 동국대 국제정보보호대학원에서 자금세탁방지(AML) 전공 책임교수로 재직 중이며, 국민의힘 디지털자산 특위 위원, 여의도연구원 자문위원으로 활동하였고 현재 국민의힘 디지털정당위원회 위원과 디지털자산거래소 공동협의체(DAXA) 자문위원, 경찰청 디지털포렌식 자문위원, 해양경찰청 수사심의위원, 국방부 조사본부 자문위원, 육군 발전자문위원으로서 활동하고 있다. 이외에도 한국자금세탁방지학회 운영위원장, 한국정보처리학회 법률부회장 등을 맡아 금융 및 법률 분야에서도 활발한 활동을 이어가고 있다.

서병윤 DSRV 연구소장

연세대학교 경제학 학사 및 UC 샌디에이고 국제관계학 석사. 2007년 행정고시 합격 후 금융위원회에서 핀테크, 사모펀드, VC, 연금, 보험업 등의 업무를 담당하며 블록체인 기술의 금융서비스 활용방안 연구, 오픈뱅킹 시스템 구축 등의 실무를 총괄했다. 2021년 빗썸경제연구소장을 역임하고 2024년 DSRV에 합류하여 최고사업책임자와 미래금융연구소장을 겸하고 있다. 핀테크산업협회 자문위원, 부산 블록체인 규제자유특구 운영위원 등을 맡아 핀테크 스타트업 생태계 발전에도 기여하고 있다. 또한 고려대학교 블록체인연구소 소장으로 20여 명의 교수와 함께 활동하고 있다.

국가 전략자산으로 떠오른 '비트코인'

인호 | 고려대학교 컴퓨터공학과 교수, **황석진** | 동국대학교 국제정보보호대학원 교수
서병윤 | DSRV 연구소장

"세계 가상자산 시장이 빠르게 커지고 있습니다. 미국에서는 트럼프 대통령이 '국가 전략 비축 자산(Strategic National Bitcoin Stockpile)'으로 비트코인을 보유할 것이라고 밝히면서 더욱 관심이 고조됐죠. 전략자산이란 국가나 조직이 위기 상황이나 불확실성에 대비하고 장기적인 이익과 안보를 위해 비축하거나 관리하는 중요한 자산을 의미합니다. 전통적으로 석유나 금과 같은 자원이 이 역할을 해왔지만 이제 비트코인이 새로운 전략자산으로 떠오르고 있는 겁니다. 비트코인의 전략자산화는 단순히 한 국가의 정책 변화를 넘어 글로벌 경제 질서의 재편을 예고하는 중요한 신호로 받아들여지고 있는데요. 제작진은 미국 정부가 비트코인을 전략자산으로 채택하려는 배경이 무엇인지 자세하게 알아보기로 했습니다. 디

지털 경제 시대에 국가 간 경쟁력과 금융 안보의 새로운 척도가 될 수 있을지, 향후 국제금융 시스템의 변화 방향을 가늠할 수 있는 지표로서 기대해봐도 좋을지 한 번 샅샅이 따져보겠습니다."

암호화폐의 위상, 지금은 어디쯤 왔나

이재용　　가상자산 하면 가장 먼저 떠오르는 게 바로 비트코인인데, 이게 화폐냐 아니냐의 논란은 여전히 존재하잖아요. 어떻게 보세요?

황석진　　금값의 경우 시간이 지나도 일정한 가격 체계를 계속 유지하고 있잖아요. 우상향으로 가다가 조금씩 떨어지는 추세에 있지만 가상자산은 가격 변동성이 너무 커요. 안전자산이라고 하는 것은 가격이 꾸준하게 유지가 되고 투자했을 때 원금을 어느 정도 보존할 수 있다는 전제가 되어야 합니다. 가상자산 시장은 아직까지 부족한 부분이 상당히 많다는 생각이 들어요.

인　호　　금은 인류의 역사와 수천 년을 함께해온 자산이고, 비트코인은 이제 막 15년을 넘긴 신생 자산이니 상대적으로 극초기 시장인 건 분명하죠. 그래서 가격이 크게 출렁이고 변동성이 큰 것은 어찌 보면 자연스러운 현상입니다. 특히, 대형 투자자들이 매수·매도에 나서면 시장 참여자들의 심리가 크게 흔들리고, 그게 그대로 가격 변동으로 이어지거든요. 하지만 이렇게 급등락이 심한 것도 20~30년이 지나면 달라질 가능성이 큽니다. 시간이 흐르면 기업과 국가가 비트코인을 본격적으로 전략자산으로 보유하게 되면서, 비트코인은 지금과는 완전히 다른 위상의 중요 핵심 자산으로 인정받을 수 있기 때문이죠. 왜냐하면 비트코인은 설계상 2140년까지 2,100만 개로 발행량이 엄격히 제한되어 있어요. 이미 1,980만 개가 채굴된 상태고 앞으로 남은 120만 개 정도(약 5.7%)만 115년에 걸쳐 채굴될 예정이니, 공급 측면에서 변동성이 매우 적어집니다.

반면 수요는 계속해서 커져 왔습니다. 개인들은 2017년부터 비트코인을 본격적으로 매입하기 시작했고, 기업들은 비트코인 현물 ETF가 승인되는 2024년을 기점으로 매입하기 시작했습니다. 국가 역시 트럼프 행정부가 임기 내에 비트코인을 취득하기로 공약했고 이것이 실행된다면, 그 뒤를 이어 유럽과 여러 선진국들이 뒤따를 수 있다는 전망도 있죠. 결국 개인, 기업, 국가가 모두 주요 전략 자산으로서 어느 정도 비트코인을 보유하게 된다면 수요 부분도 안정화될 것이며 지금처럼 급등락하는 상황은 많이 완화될 거예요. 그렇게 되면 금과 비슷한 변동성을 가지게 되지 않을까 예상됩니다. 더 나아가 2045년 이후에는 래리 핑크(블랙록 CEO)가 말한 것처럼 '국제적 자산(International Asset)'으로 자리매김할 수도 있습니다. 금이 '디지털 전환(Digital Transformation)'된 버전이라고 볼 수 있는 거죠.

황석진　　가상자산 자체는 초위험군 자산입니다. 다만 지난해 이용자 보호법이 본격적으로 시행됐고 비트코인 ETF 승인 등 제도권으로 편입됐다고 볼 만한 근거는 있죠. 하지만 아직까지 투자자 보호에 대한 부분이 상당히 부족합니다. 일례로 마케팅 용도로 코인 리딩방이나 에어드랍 이벤트 등으로 가상자산을 이용한 마케팅이 여러 가지 문제들을 발생시키고 있어요. 무엇보다 가상자산 종류가 상당히 많습니다. 비트코인 같은 우량주 위주로만 말씀드릴 수는 없어요. 규제 차원에선 모두 아울러야 하기 때문에 가상자산이 안전 자산이 되려면 수량을 줄이거나 조정할 필요도 있고요.

이재용　　비트코인은 중앙 장치가 없기 때문에 통제 자체는 어려운 것 아닙니까?

인 호　　통제는 법이나 사람이 아니라 컴퓨터 프로그램에 의해 이루어진다고 보시면 됩니다. 우리가 흔히 말하는 스마트 계약(smart contract)을 예로 들 수 있죠. 비트코인은 매 4년마다 발행량이 절반으로 줄어들도록(반감기) 짜여 있고, 2140년이 되면 2,100만 개로 발행이 완전히 끝나게 됩니다. 전 세계 수십만 대에 달하는 채굴자 컴퓨터들이 이 프로그램을 동시에 실행하고 있어서 아무도 이를 함부로 바꿀 수 없어요. 반면 달러는 미국 연준(FED) 위원 몇 사람의 결정에 따라 발행량이 적어졌다 늘어났다 하죠. 가령, FED의 M1 통화 기준으로 100년 동안 1조 달러를 풀었는데, 2009년 금융위기 이후 단 10년 동안 3조 달러를 더 찍어냈고, 코로나 사태가 터지자 2020년에서 2022년까지 무려 16조 달러를 추가로 풀었습니

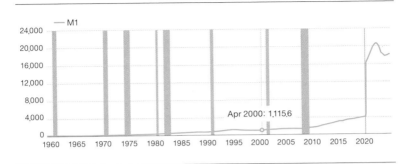

다. 달러 발행 속도가 너무 빨라져서, 달러의 구매력을 심각하게 떨어뜨렸고 지금의 인플레이션에도 큰 영향을 미친 거 아닐까요?

이런 점들을 보면, 중앙은행의 정책보다 스마트 계약으로 움직이는 비트코인을 더 신뢰하는 사람들이 늘어날 수밖에 없습니다. 그래서 2009년 금융위기 직후 등장한 비트코인에 많은 이들이 주목하기 시작한 거예요.

이재용　　두 분 이야기를 종합해보면 아직까지는 과도기인 거 같아요. 그런데 가상자산 시장이 주식시장보다도 고액 쏠림 현상이 심하다는데 정말 그렇습니까?

박수호　　증권거래소의 코스피, 코스닥 시장을 다 제치고 국내 가상자산 거래소 거래액이 더 많았다는 보도가 2022년, 2023년 비일비재했습니다. 2023년 기준 투자자들의 평균 보유액은 893만 원이었고 시가총액으로 환산하면 68조 원 규모입니다. 이 중 10억 이

구간별 가상자산 현황(2023년 말 기준)

가상자산 보유규모 구간	구분	현황	
		계정수(만개)	평균보유액(백만원)
1천만원 이하 보유	규모	711.1	0.65
	비중(총액비중)	92.3%	6.7%
1천만원초과~1억원 이하	규모	51.8	30.48
	비중(총액비중)	6.7%	22.9%
1억원 초과~3억원 이하	규모	5.8	161.42
	비중(총액비중)	0.8%	13.6%
3억원 초과~10억원 이하	규모	1.4	492.57
	비중(총액비중)	0.2%	10.0%
10억원 초과	규모	0.37	9449.39
	비중(총액비중)	0.05%	46.7%
합산	규모	770.44	8.93
	비중(총액비중)	100.0%	100.0%

자료: 업비트·빗썸

상의 고액 자산가들의 비중이 약 46%로 절반에 가까운 것으로 나타났습니다.

이재용   이렇게 고액 쏠림이 심한 이유가 뭡니까?

인 호   물론 '인생 한 방'을 노리시는 분들도 계시겠지요. 또 20·30 세대는 급등의 기회를 잡아보고 싶은 마음도 클 거예요. 집값이 너무 비싸다 보니 상대적 박탈감도 있을 테고요. 가상자산에서 기회를 찾아보려는 거죠. 한 예로 2014년에는 비트코인 가격이 20만 원 정도였는데, 제가 근무 중인 고려대학교에 비트코인 ATM

10억 초과 계좌 소유자 현황

단위: 명, 백만 원

구분	개인 20대	30대	40대	50대	60세 이상	법인 등
이용자 수	185	937	1,297	930	410	2
보유 금액	967,183	6,937,968	12,049,653	13,819,995	1,627,881	246,225
평균 보유액	5,228	7,404	9,290	14,860	3,970	123,1112

자료: 안도걸 의원실, 업비트 자료

기를 설치했었어요. 한 기자분이 취재를 오셔서, 제가 경험해보라고 1만 원을 받아 비트코인을 사서 드렸어요. 그때가 1비트코인이 20만 원 했을 때였어요. 2017년에 비트코인이 2,500만 원이 되었을 때 그 기자분이 저한테 전화를 해서 "그때 제에게 사주신 비트코인 지갑 비밀번호를 잊어버렸는데, 혹시 기억하세요?" 하고 물으시더라고요. 시간이 지나 비트코인 값이 많이 오르니까 그 만 원이 상당히 커졌던 거죠.

박수호　　　그래서 어떤 세대가 가상자산 거래를 가장 활발하게 할지 알아봤는데요. 안도걸 의원실에서 발표한 자료를 보면요. 20·30세대가 가장 많을 것이라는 예상과는 달리 40·50세대가 60%로 가장 거래도 많이 하고 보유 금액도 높았습니다.

황석진　　　만약에 이게 주식이라면 일정 금액 이상 보유하게 되었을 때 신고 대상이 됩니다. 가상자산 시장은 규제 체계가 정비가 안 되어 있다 보니까 쏠림이 있는 것 같아요. 탈중앙화되어 있어서 한계가 있기 때문인데 고액 자산가 입장에선 매력적인 자산으로 취급할 수밖에 없겠죠.

인 호   러시아와 우크라이나 전쟁 때 비트코인 가격이 단기간에 크게 튀었던 적이 있어요. 피난민들이나 부자들이 전쟁 같은 지정학적 위험이 발생했을 때, 금덩어리를 들고 떠나는 건 쉽지 않잖아요? 그런데 비트코인은 단 12개의 암호 문구(시드 구문)만 기억하면 세계 어디서든 내 자산을 꺼내 쓸 수 있습니다. 그래서 지정학적 위협이 높아지면, 부유층이 비트코인을 일정 부분 '비상금'처럼 보유해둔다고 들었습니다. 전쟁이나 위기 상황에도 쉽게 옮겨서 사용할 수 있기 때문이죠.

이재용   그렇군요. 금리가 인하되면 가상자산 시장에 호재로 작용할 것이다라고 하는데, 이건 어떤 관계가 있는 겁니까.

인 호   비트코인을 '위험자산'으로 보느냐, '인플레이션 헷지(hedge) 자산'으로 보느냐에 따라 시각이 달라집니다. 코로나 사태처럼 금융시장이 위기에 몰리면 사람들은 주식과 채권을 팔고 달러를 확보하려고 하죠. 그러면 비트코인도 위험자산으로 분류되어 가격이 급락하기도 합니다.

하지만 위기가 어느 정도 해소되고, 정부가 금리를 낮추어 시장에 유동성이 풀리면 인플레이션 헷지 자산을 찾는 흐름이 나타납니다. 주식·상품뿐 아니라 비트코인 역시 같이 상승하는 경향이 있죠. 실제로 미국은 코로나가 발발한 뒤 단 2년 만에 16조 달러를 풀었는데, 그 결과 물가가 폭등하고 우리가 가진 현금의 구매력은 뚝 떨어졌습니다. 그러자 발행량이 제한된 비트코인으로 자금을 옮겨 인플레이션을 헷지하려는 사람들이 늘어난 겁니다.

여기에 더해, 미국 정부가 부채 문제를 해결해야 하는 상황에서 트럼프 대통령은 범죄로부터 몰수한 비트코인을 팔지 않고 비축하자고 공약했습니다. 그리고 더 나아가 앞으로 5년 동안 1년에 20만 개씩, 총 100만 개의 비트코인을 더 사들여 국가 부채 문제를 해결해보겠다는 전략도 세웠습니다. 현재 미국이 100일에 1조 달러 규모의 채권을 발행하고 있는데, 이를 감당하기가 어려워졌기 때문이죠.

만약 사들인 100만 개의 비트코인 가치가 크게 오르면, 그 평가액이 국가 자산으로 잡혀 부채를 상쇄시켜 채권 발행을 점 더 안정적으로 이어갈 수 있다는 논리입니다. 또한 스테이블 코인(1달러를 담보로 발행되어 가치가 항상 1달러인 코인)을 키워, 그 스테이블 코인 발행사들이 담보물의 대부분(85% 이상)으로 미국 국채를 사도록 유도해 새로운 미국채 수요처를 만들겠다는 의도도 깔려 있습니다. 이렇듯 비트코인이 국가적인 전략자산으로 거론되기 시작했기에, 전반적인 금리와 유동성 흐름에 따라 비트코인 시세도 민감하게 움직이는 것입니다.

'비트코인을 국가 전략자산으로' 속내는?

박수호   엘살바도르를 생각해보시면 이해가 쉽습니다. 2021년, 나입 부켈레 대통령이 당선되어 제일 먼저 비트코인을 법정화폐로 채택했습니다. 당시 부켈레 대통령은 '비트코인 전도사'를 자처하면서 송금 수수료 절약 등 장점을 강조했는데요. 국민의 지지를 모으기 위해 노력했지만 여론은 차가웠습니다. 법정화폐로 채택한지 1년 만에 가격이 반토막이 나면서 원성을 샀거든요. 그런데 이분이 재선에 성공했어요. 그러니까 어떻게 보면 트럼프가 이런 엘살바도르의 상황을 놓고 정책적으로 도움을 받지 않았을까 하는 생각을 많이 합니다.

이재용   미국은 달러 발권 국가잖아요. 그런데 이 위치는 계속 유지하고 싶을 거란 말이에요. 그러려면 비트코인을 완전히 점령하고 있고 싶어 하지 않겠습니까.

인 호   맞습니다. 사실 미국은 처음에 비트코인을 억제하거나 무력화하려고 시도했을 가능성이 큽니다. 달러 발권력이 곧 패권의 근원이니, 탈중앙화된 디지털 자산이 위협적으로 보였겠지요. 하지만 비트코인에는 발행 주체가 없고 중앙 서버도 없으니, 법정 조치나 해킹 같은 방법으로 '체포'하거나 '다운'시킬 수가 없었습니다. 미국이 택한 방안은 탈중앙화된 비트코인을 오히려 제도권 안으로 끌어들이는 것이었습니다. 즉 국가나 국가가 감독하는 금융기관이

도널드
트럼프
- 가상자산 수도 및 초강대국 등극 지원
- 비트코인 전략적 비축 자산 지정
- 비트코인 결제 허용

카멀라
해리스
- 가상자산 업계와 관계 재설정
- 코인베이스, 서클, 리플랩스 등과 대화 추진
- 반(反)기업적 인식 전환 추진

비트코인을 보유하고, 개인 투자자들은 이 금융기관에 비트코인을 위탁·보관하도록 유도해 거래를 중앙화하는 거죠. 이렇게 KYC(고객 신원 확인) 과정을 점차 강화해 익명으로 거래하던 개인 투자자들을 제도권에 편입시키려는 겁니다.

또 다른 구상은 스테이블 코인을 통해 미국 국채에 대한 수요를 창출하겠다는 역발상입니다. 비트코인 가치가 오를수록 디지털 자산 시장도 커지고, 그만큼 스테이블 코인[1]도 늘어나니까요. 이 스테이블 코인을 발행·유통하는 업체가 담보물의 대부분을 미국 국채로 보유하게 되면, 디지털 시대에도 달러 패권을 이어갈 수 있다고 본 것이죠. 특히 최근 중국과 사우디아라비아가 위안화로 석유 거래를 가능케 하려는 움직임에 대응해, 미국이 '디지털 달러'를 무기로 패트로 달러 체제를 보완·연장하려 한다는 해석도 나옵니다. 결국

1　스테이블 코인(Stablecoin). 달러화 등 기존 화폐에 고정 가치로 발행되는 암호화폐를 말한다.

미국 입장에선 비트코인을 완전히 배제하기보다는, 오히려 제도권에 편입시켜 통제력을 확보함으로써 달러 패권을 계속 유지해나가려는 전략인 셈이죠.

이재용　비트코인을 국가 전략자산으로 비축하게 되면 예상되는 잠재적 위험도 있습니까?

인　호　맞습니다. 비트코인을 전략자산으로 삼는 데는 이처럼 미국 내부 사정이나 국제적 변수 등 여러 복잡한 문제들이 얽혀 있어요. 먼저, 정책·규제 리스크부터 보자면, 트럼프 대통령이 비트코인을 국가 전략자산으로 비축하자고 해도 의회가 이를 통과시킬지 불투명합니다. 가령, 트럼프의 임기 중에 정책이 추진된다 해도 다음에 들어선 정권이 전임자의 정책 기조를 유지하지 않을 가능성이 크죠. 한 번 비축한 비트코인을 계속 갖고 있을지, 혹은 '팔아버리고 달러 유동성을 확보하겠다'는 정부가 나올 수도 있으니까요.

두 번째로, 가격 변동성 문제가 큽니다. 비트코인 시세가 오를 때야 좋지만, 떨어지면 여론이 안 좋을 수가 있어요. 또한 너무 가파르게 오르면 달러 발권력을 흔들 수 있어요. 미국이 금값이 지나치게 상승하면 중앙은행이 금을 시장에 풀어 가격을 안정화하듯, 비트코인을 보유 중이다가 시세가 과하게 오르면 일부를 팔아 조정할 가능성도 있습니다. 그러다 보면 '정부의 인위적 시장개입'이 도마 위에 오를 수 있죠.

세 번째는, 미국 정부보다 더 많은 비트코인을 갖고 있는 개인·단체('고래' 투자자)가 존재해요. 특히, 비트코인 창시자로 알려진 사토시 나카모토가 100만 개의 비트코인을 보유하고 있는데 이렇게 한 개인 혹은 그룹이 정부 못지않은 시장지배력을 가질 수 있다는 건, 정부 정책의 신뢰도를 흔들릴 수 있는 위험 요인이 될 수 있습니다.

마지막으로, 지정학적 갈등 측면에서도 복잡한 문제가 생깁니다. 미 국채는 전쟁이 터지면 미국이 동결해버릴 수 있지만, 비트코인은 탈중앙화 특성 때문에 보유 국가가 '오롯이 통제'할 수 있어요. 러시아 등 제재 대상 국가가 비트코인으로 물자를 조달하면, 미국 입장에서는 제재 효과가 떨어지겠지요. 이는 미국이 달러 패권을 유지하는 데 있어 새로운 고민거리가 될 겁니다.

이 모든 상황을 종합해보면, 미국이 비트코인을 전략자산으로 삼는다고 해도, 그 과정에서 여러 난관에 부딪힐 가능성이 큽니다. 한편으론 달러 패권을 유지하기 위해 비트코인을 인정하고 통제 범위 내로 끌어들여야 하지만, 동시에 그 탈중앙성 때문에 달러의 지위를 흔들 수도 있다는 딜레마가 존재하는 거죠..

이재용　　　우리나라의 입장에서는 비트코인을 전략자산으로 고려해야 할 필요성이 있다고 보시나요?

인 호　　　우리나라가 비트코인을 무조건 대규모로 비축하자는 주장보다는, 최소한 '전략자산화 가능성' 정도는 검토할 필요가 있다고 봅니다. 이유는 크게 네 가지예요.

　1) 선진국 동향: 미국이나 유럽 등 선진국이 이미 비트코인을 제

도권 안으로 끌어들이기 시작했습니다. 만약 미국이 비트코인을 국가적 자산으로 관리하면서 새로운 금융 패권을 형성해간다면, 우리도 그런 흐름에서 계속 뒤쳐져 있을 수만은 없겠죠.

2) 디지털 경제 전환: 메타버스, 디지털 화폐 등이 떠오르는 시대이니, 블록체인과 가상자산은 그 기반 인프라가 될 가능성이 큽니다. 비트코인처럼 가장 대표적인 자산을 어떻게 활용할지 미리 연구하고, 제도적·기술적 대비를 해두어야 기회를 놓치지 않을 거예요.

3) 인플레이션 헷지 가능성: 비트코인은 발행량이 2,100만 개로 제한되어 있어서, 장기적으로는 희소성이 부각될 수 있다는 관측도 있습니다. 물론 변동성이 너무 크다는 단점이 있지만, 만약 주요 국들이 조금씩 보유하기 시작하면 우리만 전혀 고려하지 않는 것도 리스크가 될 수 있습니다.

4) 스테이블 코인과 외환관리 문제: 비트코인 같은 자산이 '국가 전략자산'으로 주목받으면, 그 가치가 커질수록 스테이블 코인(달러 기반) 시장도 함께 커집니다. 문제는 대부분 스테이블 코인이 미국 국채를 담보로 발행된 달러 코인이라, 스마트폰 하나로 P2P 거래가 가능하다는 점이에요. 이렇게 되면 한국은행이나 국내 은행들이 외환 흐름을 파악·통제하기가 훨씬 어려워집니다. 이미 동대문 무역 거래에서 달러 스테이블 코인이 상당 부분 쓰인다는 보도가 있었죠. 이런 식으로 외환 관리를 벗어난 거래가 늘어나면, 우리나라 금융당국 입장에서는 상당히 민감하고 부담스러운 이슈가 될 수 있습니다.

결국, '전략자산화'가 실제로 자리 잡기 전에, 우리도 제도·기술·

보안을 포함한 여러 측면에서 대비책을 마련하고 리스크를 면밀히 살펴봐야 합니다. 당장 대규모로 매입할 단계라고 단정할 수는 없지만, 최소한 어떤 영향을 미칠지, 미래 시나리오가 어떻게 전개될지 정도는 진지하게 검토해야 하지 않을까 싶습니다.

통제 할 수 있는 비트코인? 법체계는?

이재용　　비축 전략의 관건은 어쩌면 '통제할 수 있느냐'의 여부일 텐데요. 우리 사회가 통제 가능한 사회로 가는 것은 법 체계가 잡혀 있기 때문이고요. '가상자산 이용자 보호법' 이게 시행된 지 꽤 됐어요. 실효성은 어떻습니까?

황석진　　실효성은 있다고 봐야 합니다. 2021년에 특정 금융 거래정보법이 시행이 됐고 2022년 가상자산 이용자 보호법이 국회를 통과해서 2024년 7월부터 시행이 되었습니다. 기존에는 불공정 거래 행위라든가 시장 교란 행위에 대해 관리할 수 있는 기능이 거의 없었어요. 대부분 사기죄로 성립이 되지 않았는데 지금은 그런 부분이 가상자산 이용자 보호법에 명시가 되어 있습니다. 불공정 행위가 무엇이고 이런 행위를 했을 때 어떤 법적 제재를 받는지 들어가 있는 거죠. 거래의 안전성이라든지 시장 질서를 확립하는 데 많은 기여를 했다고 보고요. 무엇보다 이 법의 큰 목적이 고객의 자산을 보호한다는 데 있기 때문에 안전한 운동장을 마련해주는 것이 중요한 거죠.

이재용　　　정치적 불확실성 때문에 더 미뤄졌지만 그래도 국회
에서는 2단계 입법을 추진 중이고 그중에서도 많은 사람들이 관심
갖는 것이 '그림자 규제'죠. 법인 실명 계좌 금지. 법인은 가상자산에
투자할 수 없다는 건데, 규제를 풀어달라는 목소리가 높단 말이죠.
이건 어떻게 전망하십니까?

황석진　　　우리나라의 가상자산 시장 규모는 전 세계 3위이지만
개인으로 따져보면 1위입니다.
　미국, 일본 다음에 우리나라거든요. 미국과 일본은 이미 법인 투
자가 활성화되어 있고 지난해 비트코인이 1억 원을 돌파했을 때 주
도적인 역할을 했던 것은 미국의 법인들이었습니다. ETF가 제도권
안으로 들어오면서 물량이 많아졌죠. 그래서 우리도 상당히 긍정적
인 입장을 가지고 있고 법인 투자가 허용되어야 한다고 생각합니다.
하지만 법인의 기준이 아직은 모호해요. 현재 법인이 가상자산에
투자하지 못한다고 법에 명문화가 되어 있는 게 아니라 그림자 규제
이기 때문에 시스템 자체는 갖추어져 있어요. 명확한 기준과 체계
가 마련된다면 금방 실행할 수 있지 않을까 전망합니다.

이재용　　　법인의 가상자산 투자가 활성화된다면 개인에게도 이
점이 있나요?

황석진　　　　자본시장법에서는 투자자를 두 가지로 구분합니다. 하나는 전문 투자자, 또 하나는 일반 투자자거든요. 전문 투자자는 보호 대상이 아니에요. 기업이 영리를 목적으로 투자를 하는 것은 일반 투자자와 양상이 다르기 때문에 실패 확률도 낮고요. 자금 규모도 막대해서 검증되지 않은 코인에 무분별하게 투자할 확률도 낮습니다. 그렇다면 코인의 안정성을 담보하는 효과를 낳게 되죠. 다만 투자의 목적이 아니라 자금 세탁의 목적으로 들어온 돈이라면 이야기는 달라지기 때문에 긍정적인 측면과 부정적 측면을 다 따져봐야 합니다. 법인이 투자를 악용할 소지도 있기 때문에 철처하게 관리 감독하는 시스템을 구축해야죠.

이재용　　　　법과 제도가 정비된다면 세금을 제대로 내야 하지 않겠습니까.

인 호　　　　세금 문제는 현실적이고도 복잡한 지점이에요. 가령, 디지털 세계에서 발생한 이익에 과세한다는 개념 자체가 간단치 않습니다. 예를 들어 '리니지'라는 게임이 있어요. 게임상에서 유저들에게 세금을 매기겠다고 한국 정부가 이야기를 한다면 어떻게 매길 것 같으세요? 리니지는 전 세계가 대상이고 유저들은 디지털 세계에서 아이템을 얻어서 이익을 얻은 거잖아요. 그런데 이 세금을 누구에게 내야 하나요? 이것조차 정해지지 않은 거예요.

　결국, 가장 손쉬운 방법은 가상자산이 현물로 바뀌는 접점, 즉 거래소를 통해 이뤄지는 입·출금 과정에서 과세하는 겁니다. 거래소가 원화나 달러와 같은 법정화폐를 다루는 지점이니까요. 다만, 이런 방식이 완벽한 건 아니죠. 해외 거래소로 돈을 빼돌린다면 추적이 어려워질 수도 있고, 제도권 안에서만 세금을 물리면 국내 사업자들에게만 불리할 수도 있습니다. 그래서 과세 기준을 마련하더라도 공정성과 실효성 문제를 계속 고민해야 하는 상황입니다.

이재용　　어쨌든 가상자산은 현물자산이 되어야 세금을 매길 수 있는 거네요? 바꿔 말하면 현물자산으로 바뀌어야 각 정부가 통제할 수 있는 거고요.

황석진　　법정화폐로 교환하지 않으면 아무 의미도 없어요. 물건을 살 때 법정화폐로 교환하기 위해서는 거래소를 반드시 거쳐야 하고 그래서 세금 부과는 가상자산 거래소를 중심으로 이루어질 수밖에 없는데 현재의 세금 제도가 공정하느냐에 대한 논란은 여전히 있습니다. 하지만 소득이 있는 곳에 세금이 있어야 한다는 의견에는 찬성합니다. 최근 비과세 한도를 250만 원까지로 하자는 주장이 있는 것으로 알고 있는데 다른 투자 상품과 비교했을 때 금액이 다소 적은 게 아닌가 싶습니다.

이재용　　거래소 이야기가 나왔으니 수탁 시장도 한번 짚어보죠.

박수호　　수탁 시장에서 기업들이 운영하는 자금 중 일부를 신

가상자산 신탁사업에 뛰어든 5대 금융 및 대형 기관

금융사	기업명	주요 투자사
신한은행	한국디지털자산수탁	코넷, 블로코 등
국민은행	한국디지털에셋	헤시드, 해치랩스 등
하나은행	비트고 코리아	SK텔레콤 등
우리은행	디커스터디	코인플러그 등
농협은행	카르도	헥슬란트, 갤럭시아머니트리 등

자료: 각 사

탁 기관에 맡기게 되면 이익에 대한 이자를 받게 되는데요. '스테이킹'[2]이라는 표현도 있는데 장기간 팔 생각이 없는 개인들도 거래소에 이 자산을 맡깁니다. 그러면 예치된 자산을 운용해서 이익을 남겨서 이자를 지급해주죠. 하지만 국내에서는 기업의 투자를 제한하고 있어서 규제를 풀었을 때 하나의 자산 시장 변동이 일어날 것이다라고 내다볼 수 있겠습니다.

황석진　　　　자산 시장의 주체가 거래업자, 보관업자, 수탁업자 이렇게 분류가 되어 있긴 합니다. 그런데 여기서 이야기하는 것은 운

2　　스테이킹. 자신이 보유한 암호화폐의 일정한 양을 지분으로 고정시키는 것을 말한다. 즉 자신이 가지고 있는 암호화폐를 블록체인 네트워크에 예치한 뒤, 해당 플랫폼의 운영 및 검증에 참여하고 이에 대한 보상으로 암호화폐를 받는 것이다.

용업에 대한 부분입니다. 운용업은 최근에 실패 사례가 있었어요. '델리오'라는 가상자산 핀테크 기업에서 운용을 하다가 수익을 내지 못해서 영업을 중단하게 됐습니다. 만약 5대 금융이라든가 큰 대형기관에서 신탁업에 진출하게 된다면 관련법이 필요하게 되겠죠. 가상자산 자체가 안전자산으로 보기에는 어려운 부분이 있어서 일정한 수익을 낼 수 있느냐에 대한 논란도 여전합니다. 그래서 2단계 법안을 제정할 때 신탁업을 포괄적으로 봐서 가상자산 사업자의 범주를 더 넓힐 필요가 있겠죠.

인 호　　　저는 가상자산 분야에서 평가업이 좀 더 체계적으로 자리 잡아야 한다고 봅니다. 주식시장에서 애널리스트나 리서치 기관들이 기업 가치를 분석하듯, 가상자산 역시 객관적이고 공정한 기준으로 평가를 받아야 하거든요. 코인의 기술력, 프로젝트 팀의 신뢰도, 토큰 경제 구조 등은 제각각이라, 어느 정도 표준화된 가이드라인이 필요하다는 생각입니다.

　제가 2016년에 사단법인 '한국블록체인학회'를 설립했을 때 가장 먼저 한 일이, 바로 이런 블록체인 평가 가이드라인을 만드는 작업이었습니다. 이 가이드라인대로 가상자산을 평가하면, 특정 업체가 임의로 "이 코인은 우량주다"라고 과대평가했다가 나중에 폭락해 투자자들이 막대한 손실을 입는 상황을 어느 정도 줄일 수 있을 것으로 기대했죠. 실제로 루나·테라 사태 때도, 평가 신뢰도 문제 때문에 피해가 커졌다는 지적이 많았잖아요. 그래서 정확하고 투명한 평가 시스템을 확립하는 일이 매우 중요하다고 생각합니다.

이재용   실제 가상자산 시장에서 커스터디[3] 사업을 하고 있는 스타트업 대표님은 어떻게 생각하시는지 궁금한데요?

서병윤   국내에서는 가상자산 시장을 심하게 이야기하자면 '온라인 카지노' 정도로 인식하는 경향이 있습니다. 하지만 저는 지금이 전 세계 금융의 패러다임이 송두리째 바뀌는 중요한 시점이고 이 타이밍을 놓치면 안 된다고 생각합니다. 블록체인이 금융과 결합하는 흐름은 두 가지 형태로 나눠볼 수 있습니다.

첫째는 가상자산이 전통적인 투자 포트폴리오에 편입되는 것입니다. 미국 같은 경우 연기금 등의 기관 투자자, 펀드매니저 등이 주식, 채권, 실물자산 등 기존의 투자 자산군에 더해 비트코인과 같은 가상자산을 포트폴리오에 편입하고 있습니다. 지난 약 10년간의 데이터를 분석해봤을 때 전통적인 포트폴리오에 비트코인을 적게는 1%에서 많게는 10%까지 편입시켰을 때 굉장히 뚜렷하게 포트폴리오 전체의 위험도 대비 기대수익이 높아지는 결과가 나오거든요. 펀드매니저 입장에서 비트코인 강세장이 왔는데 포트폴리오에 비트코인이 없다면 이런 분들의 투자 성과는 상대적으로 크게 뒤처질 수 밖에 없겠지요. 이 때문에 기관 투자자들 사이에서 비트코인 ETF나 이더리움 ETF 등을 포트폴리오에 편입하는 흐름은 앞으로 점점 일반화될 것이라고 봅니다.

---

3   커스터디. 외국 투자가들이 국내 주식을 매입할 경우 자금 및 주식 관리는 물론 환전이나 주식의 매입·매도를 대행해주는 업무를 말한다. 은행들은 커스터디 업무를 통해 환전에 따른 외환 매매수익을 올릴 수 있고 예치 자금을 운용해 이익을 낼 수도 있다.

둘째는 기존의 금융 시스템이 블록체인 기술 기반으로 혁신되고 있다는 점입니다. USDT, USDT처럼 그 가치가 법정화폐에 고정된 가상자산을 스테이블 코인이라고 부르는데요. 최근 달러 기반 스테이블 코인 발행액이 2,000억 달러를 넘어섰다고 합니다. 그리고 중남미나 아프리카 등 기존 금융 시스템이 낙후된 지역에서는 신용카드가 아니라 스테이블 코인이 일반 상거래에서도 널리 쓰이고 있고요. 국내에서도 일부 무역 결제에서 스테이블 코인이 쓰이고 있다는 기사가 나기도 했습니다. 이러한 현상은 기존의 카드사나 PG/VAN사가 구축해놓은 기존의 결제망을 훨씬 더 저렴하고 즉시 정산이 가능한 블록체인 결제망이 대체해나가는 초기 단계라고 보입니다.

업계에 있다 보니 이러한 글로벌 흐름이 너무나 명확히 보이고 있고요. 기존의 스탠스를 바꿔서 적절히 대응해나가지 못한다면 우리의 금융 영토는 점점 축소될 수밖에 없고, 한국의 금융 경쟁력은 후진국 수준으로 낙후될 것이라는 우려가 매우 큽니다.

'CBDC 프로젝트'에 속도내는 중국, 왜?

이재용　　　세계 중앙은행들이 또 디지털 화폐 개발에 집중하고 있는데 우리는 어느 정도 와 있다고 보십니까?

황석진　　　우리나라의 경우 2025년 초에 CBDC[4]와 같은 법정화폐에 대해서 유통이 될 수 있는지의 여부를 테스트합니다. 상당히 늦어지는 느낌은 있어요. 또 가상자산 중에서 '테더' 등 스테이블 코인이 가지고 있는 성격과 비슷하기 때문에 CBDC를 발행한다고 해도 법인 간의 결제 등에는 유용할 수 있겠으나 기축통화라든가 법정화폐의 역할을 대신할 수 있을지는 미지수입니다. 하지만 대세로 CBDC가 굳어지고 있는 환경이기 때문에 이 부분에 대한 조정을 하고 가는 게 바람직하지 않을까 싶습니다.

__인 호__   저는 무엇보다 CBDC에서 프라이버시(Privacy) 문제가 제일 크게 부각될 거라고 봅니다. 현금을 쓰면 사용 내역이 드러나지 않잖아요. 그런데 중앙은행이 발행·관리하는 디지털 화폐라면, 언제 어디서 어떻게 썼는지 소비 흐름을 모두 추적할 수 있습니다. 이를 국민들이 과연 어느 정도 용납할 수 있는지 의문이 남아 있어요. 물론 '익명성을 보장하는 암호화 기술'을 덧씌우자는 의견도 나오겠지만, 정말 그렇게 된다면 제도권 밖의 자금 흐름, 흔히 말하는 '블랙머니'로 CBDC가 사용하게 될 것입니다. 따라서 이것도 쉽지 않은 솔루션입니다. 결국 정부가 편의성·효율성을 내세워 CBDC를 도입하려 해도, 국민 입장에서는 '디지털 화폐가 내 사생활을 얼마나 침해할 수 있는가?'라는 우려를 불식시켜야 세상 밖으로 나올 수가 있겠지요.

---

4   CBDC(Central Back Digital Currency). 중앙은행이 발행하는 디지털 형태의 법정화폐. 법정통화로 실물화폐와 동일한 교환 비율이 적용된다. 가치가 전자적으로 저장되며 이용자 간 자금이체 기능을 통해 지급결제가 이루어진다.

박수호　　CBDC가 결국 국가가 공인하는 디지털 자산이잖아요. 그러니까 국가들도 이제 블록체인 기술에 대한 인정을 했다고 볼 수 있어요. CBDC를 추진한다고 했을 때 일부 가상자산은 호재로 인식하고 올랐단 말이죠. 오르는 이유를 살펴보면 '이 시장이 양성화가 되는구나' '제도권 안으로 들어오는구나' 하고 생각할 수 있기 때문입니다.

이재용　　중국도 디지털 화폐에 역점을 두고 있는 것 같은데 이건 어떻게 해석해볼 수 있겠습니까?

황석진　　중국도 미국처럼 패권 국가가 되고 싶은 거예요. 기축통화가 '왜 달러인가' 라는 것에 대해 상당히 의문을 많이 갖고 있는 나라 중에 하나거든요. 그러니까 위안화를 디지털 기축통화로 만들어보자는 것에 야심 찬 포부를 갖고 있는 거죠. 그래서 2017년에 가상자산 채굴 금지 기조를 아직도 유지하고 있어요. 하지만 CBDC를 만들어서 유통을 상용화해도 시장의 반응은 별로 없습니다. 아무래도 환율에 대한 부분이 크게 작용을 하는 거죠. 해외에 나가 달러로 바꿀 때 변동성이 가장 큰 게 또 위안화거든요. 글로벌 시장의 정합성이라든가 이런 부분은 한계가 있다고 봅니다.

이재용　　가상자산 시장에 영향을 미치는 다른 요소가 있다면 또 뭐가 있겠습니까?

인 호   저는 디지털 전환 자체가 매우 중요한 요인이 될 거라고 생각합니다. 최근 몇 년간 사람들이 인터넷·가상 공간에서 보내는 시간이 오히려 현실 세계보다 많아지는 흐름이 나타나고 있잖아요. 소비와 생산이 디지털 공간에서 이뤄지는 시대에는 국가 간 경계가 희미해집니다. 거기서 다시 달러 패권을 지키기 위한 디지털 달러를 쓸지, 아니면 새로운 디지털 생태계에서 통용되는 새로운 '기축통화'를 쓰게 될지 지켜볼 일입니다. 그 후보 중 하나로 비트코인이 거론되곤 하죠. 물론 CBDC가 각국 정부의 지원을 받으면서 경쟁력을 키울 가능성도 있지만, 이미 탈중앙화된 네트워크와 희소성을 가지고 있는 가치 보존 파워를 가진 비트코인을 대체할 수 있을지 여부는 좀 더 지켜봐야 할 것 같습니다.

이재용   마지막으로 일반 시장 참가자들이 가상자산에 대해 접근성을 높이기 위해서 필요한 건 뭐가 있겠습니까?

인 호   '알고 하자.' 알면 투자, 모르면 투기. 이렇게 생각해요. 결국은 오랫동안 그걸 공부해서 신념을 갖는다면 공포심에 팔아버리거나 올라갈 때 성급해지거나 하는 것들이 덜하겠죠.

황석진   모든 상품들이 마찬가지겠지만 세일즈(Sales)적인 측면이 있고 리스크(Risk)적인 측면이 있어요. 세일즈 측면만 너무 강조하다 보면 자신이 원치 않은 손실을 봐도 하소연조차 못 하는 경우가 많습니다. 꼼꼼히 따져보고 투자해야 해요. 하지만 거기에 대한 자료를 찾아보는 데에도 한계가 있어요. 그에 비해 발행자나 거래소는 많은 정보를 알고 있거든요. 그러다 보니 투자를 하게 되면 거의 운에 맡기는 경우가 상당수죠. 어떤 코인에 대해서 과연 투자를 하는 게 맞는지 아닌지를 확인할 수 있는 기준이 전혀 없거든요. 정보의 비대칭 문제를 해결해야 합니다.

박수호　　　　저는 '글쓰기'가 답이 되지 않을까 싶습니다. '글쓰기'가 뭐냐 하면 줄임말이에요. 글. '글로벌로 통해야 한다.' 쓰. '쓰임새가 있어야 한다.' 기. '기술력이 있어야 한다.' 그래서 계속해서 공부를 해야 한다는 말이겠죠. 지금 주변에도 여러 가지 사례들이 있겠지만 쓰임새와 기술력은 있는데 글로벌이 안 되고 있다라든지. 이런 것들을 면밀히 검토해서 접근해보면 어떤가 하는 생각입니다.

이재용　　　　네, 가상 자산이 제도화를 통해 투명하게 관리될 수 있을지, 또 향후 화폐시장을 주도할 수 있을지 지켜봐야 하겠습니다.

일곱 번째 경제 이야기 '핵심 노트'

* 가상자산의 화폐로서의 위상은 아직까지도 과도기이다. 자산으로서의 변동성이 크기 때문인데 수요와 공급이 확정되면 금과 같은 위상이 될 것이라는 견해도 있다.

- 2023년부터 가상자산 시장의 거래액이 주식시장 거래액을 넘어서는 경우가 생겨났다. 이 중 고액자산가의 비중이 46%로 절반에 가깝다.

- 미 금리가 인하되면 가상자산 시장에는 호재로 작용한다. 유동성이 생겨나면 물가가 오르게 되고 가상자산에 자금이 모이기 때문이다. 미국은 전략적으로 부채를 해결하기 위해 이를 활용하고 있다.

- 엘살바도르는 2021년 비트코인을 법정화폐로 채택하면서 눈길을 끌고 있다. 채택한지 1년만에 가격이 반토막이 나면서 원성을 사기도 했지만 추진했던 대통령이 재선에서 승리했다.

- 과거 비트코인 가격을 오르게 만드는 주체는 개인이었으나 ETF가 승인되면서 기업이 공식적으로 비트코인을 하나의 상품으로 포트폴리오에 추가하기 시작했다. 전문가들은 가까운 미래에는 국가가 비축하게 되는 시대가 올 것이라고 전망한다.

- 우리나라 가상자산 이용자 보호법이 2024년 7월부터 시행되었다. 기존에는 불공정 거래행위라던가, 시장 교란 행위에 대해 처벌할 근거 조항이 명시되지 않았지만 현재는 가능해졌다. 거래의 안전성, 시장 질서를 확립하는데 기여했다.

- 세금 부과에 대해서는 글로벌을 대상으로 하는 디지털 자산이니만큼 통일된 세금체계를 갖기 어렵다. 현재로서는 거래소의 입출금을 가지고 세금을 부과하는 형식으로 진행되고 있다.

- 중국도 CBDC 프로젝트에 열을 올리고 있다. 위안화를 디지

털 기축 통화로 만들겠다는 야심이 있기 때문이다. 하지만 환율에 대한 부담으로 변동성이 큰 위안화를 상용화 하는데는 한계가 존재한다.

- 가상자산 시장에 참여하는 투자자들을 위한 방안으로는 거래소와 발행인의 경우 정보의 비대칭 문제를 해결하고자 하는 의지를 보여야 한다는 주장이다. '알고 하는 투자'를 원칙으로 삼아야 투기를 막고 건강한 시장 참여를 이끌어 낸다는 조언도 있었다.

▶방송 다시보기

안수정 법무법인율촌 파트너

UC 버클리에서 경제학을 전공(B.A.)하고, 뉴욕대(NYU) 로스쿨에서 법학박사(J.D.) 및 조세법학 석사(LL.M.) 학위를 취득했다. 국제조세, 인수합병(M&A), 금융산업(Financial Services Industry) 관련 업무를 수행하며, 폭넓은 국제거래 경험을 보유하고 있다. 한국에서 다수의 주요 부동산 및 기업 M&A 거래에서 주도적인 역할을 담당하며 실무 경험을 쌓아왔다. 미국 뉴욕주 변호사자격을 보유하고 있으며, 미국로펌 모건 루이스(Morgan Lewis) 및 셔먼 앤 스털링(Shearman & Sterling)과 한국의 김앤장 법률사무소에서 변호사로 활동했다. 율촌에 합류하기 전에는 씨티은행 법무팀에서 근무하며 금융법무 분야에서의 전문성을 더욱 확장했다.

이성주 삼성증권 연금본부장 상무

2002년 삼성 공채로 입사한 뒤 증권 투자정보팀 애널리스트로 경력을 쌓았으며, 이후 SNI호텔신라지점과 SNI센트럴지점에서 PB팀장을 맡았다. 삼성증권 SNI판교지점장과 SNI패밀리오피스센터 1지점장으로 활동하며 슈퍼리치들의 자산을 관리했다.

이재경 NH투자증권 PWM사업부 총괄대표

상명여고, 이화여대 국제사무학과를 졸업하고, 씨티은행에서 PB(프라이빗뱅커)로 시작해 삼성증권에서 SNI강남파이낸스 지점장, SNI본부장 등을 역임했다. NH투자증권에 Premier Blue본부 대표로 영입되어 PWM사업부 총괄대표, Retail사업총괄부문 대표 부사장을 맡고 있다.

박수호 매경이코노미 기자

매경이코노미 경제전문기자로 활동 중이며 2017년부터 '슈퍼리치 NOW' 기사를 연재했다. 책 《부의 시선》의 공동 저자로 슈퍼리치의 삶을 취재형식으로 담았고 다양한 창업자와 인터뷰 활동을 해왔다. 성실캠프(성공을 위한 실패담 공유 커뮤니티)를 운영중이며 후배 창업자, 스타트업 준비자들과 인사이트를 공유하고 있다

부자의 기준을 바꾸다: 슈퍼리치의 자산관리법 '패밀리오피스'

안수정 | 법무법인 율촌 변호사, **이성주** | 삼성증권 연금본부장 상무
이재경 | NH투자증권 PWM사업부 총괄대표, **박수호** | 매경이코노미 기자

"한국에 부자는 몇 명이나 될까요? 2023년 KB 금융연구소 자료에 따르면 금융자산 기준으로 10억 원 이상을 가진 대한민국의 백만장자는 무려 45만 6,000명에 달합니다. 자본주의가 고도화되며 부의 크기가 계속해서 증가해왔기 때문인데요. 이쯤 되자 일각에선 '백만장자를 부자로 볼 수 있는가?'에 대한 물음이 이어지고 있습니다. 부자의 사회적 기준이 점차 변하는 모습인데요. 이러한 상황 속 기존의 상식을 훌쩍 뛰어넘는 초고액 자산가, 이른바 '슈퍼리치'가 등장했습니다. 기관마다 차이는 있지만 약 300억 이상의 자산을 보유한 이들을 일컫는데요. 부의 사이즈가 남다른 만큼 이를 관리하는 인력과 방법도 점점 특별해지고 있다고 합니다. 과연 슈퍼리치들이 부의 트렌드를 어떻게 바꾸어가고 있는지, 그들을 전문적으로

상대하는 투자 전문가들과 함께 알아봤습니다."

'백만장자'도 어림없다 슈퍼리치의 세계

이재용　　　전 세계적으로 100만 달러를 가진 자산가, 즉 '백만장자'가 꾸준히 늘고 있다면서요? 어느 정도입니까?

박수호　　　네, 글로벌 투자은행 UBS가 발표한 보고서에 따르면 전 세계 56개국 중 52개국에서 백만장자 수가 증가할 것으로 전망했는데요. 한국의 증가율은 27%로 2028년에 약 164만 명이 될 것으로 예상했고 이 밖에 증가세가 가장 높은 나라로는 대만이 꼽혔습니다. 대만은 세계적인 반도체 호황과 AI 산업 활황에 따라 신흥 부자들이 탄생했고, 경제가 발전하면서 다른 나라 백만장자들도 대만으로 이주할 것으로 전망됐습니다.

백만장자 수 증가 그래프

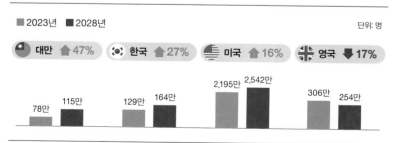

자료: UBS「글로벌자산보고서」, 2024

이재용　　　전 세계적으로 자산이 늘어나면서 이젠 백만장자도 특별히 부자라고 하기 어려운 수준이네요. (웃음) 이런 추세 속에서 초고액 자산가 일명 '슈퍼리치'도 늘고 있다고 하는데 슈퍼리치, 기준은 뭡니까?

이성주　　　슈퍼리치의 기준에 대해서 세계적으로 통일된 기준은 없습니다만 앞서 언급해주셨던 UBS에서는 자산 3,000만 달러 (약 420억 원) 이상 보유한 개인을 UHNWI(Ultra High Net Wealth Investor), 즉 슈퍼리치로 정의하고 있습니다. 국내의 경우 하나금융경영연구소에서는 총자산 300억 이상 또는 금융자산 100억 이상

고액 자산가 규모

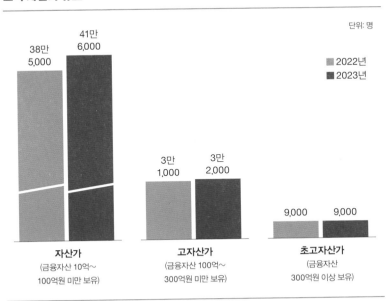

단위: 명

■ 2022년
■ 2023년

- 자산가 (금융자산 10억~100억원 미만 보유): 38만 5,000 / 41만 6,000
- 고자산가 (금융자산 100억~300억원 미만 보유): 3만 1,000 / 3만 2,000
- 초고자산가 (금융자산 300억원 이상 보유): 9,000 / 9,000

자료: KB경영연구소

을 보유한 개인을 슈퍼리치로, KB경영연구소에서는 금융자산을 300억 이상 보유한 개인을 초고자산가로 구분하고 있는데요. 이 기준에 따르면 한국의 슈퍼리치는 2023년 기준 약 9,000명 수준으로 나타났습니다.

이재용　　액수가 어마어마하네요. 슈퍼리치들이 늘면서 이들을 관리하는 패밀리오피스 시장도 커지고 있다고 하는데, 패밀리오피스가 뭡니까?

박수호　　패밀리오피스의 현대적 개념은 19세기 유럽의 거부인 로스차일드 가문이 집사에게 체계적으로 자산을 관리하도록 한 것에서 시작했다고 알려져 있는데요. 고액 자산가들의 자산관리뿐만 아니라 법무·세금·승계 등을 합친 서비스라고 할 수 있습니다. 돈의 역사가 유럽에서 시작된 만큼 유럽에서 점차 발전해 미국의 록펠러 재단처럼 사회공헌과 가문의 전통 등을 고려하는 패밀리오피스로 성장한 것이죠.

이재경　　기본적으로 패밀리오피스는 싱글 패밀리오피스와 멀티 패밀리오피스로 구분할 수 있는데요. 전자는 본인들 가문의 재산만을 운영하는 것이고 후자는 여러 가문의 자금을 위탁받아서 운영하는 것입니다. 최근에는 최소한의 운영 인력을 두면서 UBS 나 골드만삭스 등 대형 금융기관에 위탁해 그 성과에 따라 자산을 다시 분배하는 쪽으로도 패밀리오피스가 발전해나가고 있습니다.

이재용   패밀리오피스 고객으로 주로 어떤 분들이 많습니까?

이성주   저희 삼성증권의 패밀리오피스 고객분들을 분석해 보면 크게 재벌·전문직과 같은 전통 부유층 비율이 50%, 소유 기업의 지분을 매각한 전직 오너 비중이 30%, 유니콘 기업 설립자와 같은 신흥 부유층 비중이 20%를 차지합니다.

이재용   여기 법조계에 계신 안수정 변호사님 계시는데, 변호사님은 혹시 패밀리오피스 고객에 포함되십니까?

안수정   '노 코멘트' 하겠습니다. (웃음)

이재용   기자님께서 실제로 유럽 현지에 가서 패밀리오피스를 취재하셨었다고요?

박수호   룩셈부르크 현지 패밀리오피스 취재를 했는데요. 패밀리오피스에 자산관리를 맡기면 가문의 소유 건물에서 우아하게 자산을 운용하더라고요. 패밀리오피스의 펀드매니저가 회사의 대표 격으로 운용을 하는데, 그 패밀리오피스가 자산 운용을 잘한다는 소문이 돌면 다른 가문도 그 패밀리오피스에 돈을 맡깁니다. 그래서 어쩔 수 없이 패밀리오피스임에도 불구하고 하나의 자산운용사처럼 운영하게 됩니다. 근데 패밀리오피스에 돈을 맡기면 특전이 있습니다. 예를 들면 가문 소유의 전용기가 있다면 이용이 가능하다

룩셈부르크 패밀리오피스 SK

자료: 유튜브 '슈퍼리치맨–SUPER–RICHMAN'

거나 골프장을 소유하고 있다면 골프 코스를 이용할 수 있는 권리 등을 고객에게 제공하는 거죠.

이재용   그야말로 최고급 회원제로 운용하는 거네요.

박수호   그래서 그곳에는 들어올 수 있는 고객의 자격 요건도 굉장히 한정적인데요. 이 사람의 자산을 관리할지 말지 내부 위원회의 회의를 거쳐서 만장일치가 안 되면 통과가 안 되는 그런 곳도 있습니다.

이재용   패밀리오피스의 규모는 어느 정도 됩니까?

안수정   전 세계적으로 패밀리오피스의 운용자금 규모가

경제토크쇼 픽

국내 5대 증권사 패밀리오피스 고액 자산가 자산 규모

* 2024년 6월 기준

패밀리오피스
104조 원

자산 규모 10억 원 이상 고액 자산가
356조 원

자료: 미래에셋·삼성·한국투자·KB·NH투자증권 합산

2022년 기준 약 1조 2,000억 달러 약 1,350조 원을 넘어섰습니다. 이는 사모펀드, 벤처캐피탈의 규모를 넘어서는 수치인데요. 패밀리오피스를 서비스하는 산업의 규모는 2022년 기준 약 37조 정도로 추정되고 매년 7.5%씩 성장해서 2032년에는 2배 규모인 약 70조 원에 달할 것으로 예상하고 있습니다.

박수호　　국내 5대 증권사 패밀리오피스 자산을 합산하면 104조 원에 달하는 것으로 나타났는데요. 일반 고액 자산가의 자산과 합산하면 300조 원을 훌쩍 넘어설 거란 게 시장의 분석입니다. 벌써 삼성증권에서도 보도자료 낼 때 몇 가문 얼마 이렇게 나오더라고요. 앞으론 록펠러 재단처럼 김 씨 재단, 이 씨 재단도 나오지 않을까 싶습니다. (웃음)

이성주　　기자님 말씀처럼 저희 삼성증권에서는 2024년 7월 기준으로 102가문 약 31조 원의 자산을 관리하고 있는데요. 특히 작년에 'SNI 패밀리오피스 센터'가 생긴 이후 상반기에만 20가문, 10조 원 이상이 유치되면서 빠르게 성장하고 있습니다.

이재경　　사실 패밀리오피스의 규모엔 단순히 투자 가능한 자산만 포함돼 있는 것은 아니고 대주주의 지분도 들어가 있습니다. 패밀리오피스를 하고자 하는 분들이 상장사의 오너인 경우가 많고 그분들의 자산을 포함해 패밀리오피스의 규모로 이야기하고 있어서 숫자가 다소 과다 계산되어 있을 수 있습니다. 하지만 연간 성장 속도가 빠르고 규모가 큰 것은 분명합니다.

이재용　　아직 잘 모르겠어요. 패밀리오피스 고객으로 지점장님이랑 거래를 하려면 정확히 얼마가 있어야 하는 겁니까?

이성주　　글로벌 기준이 약 1억 달러(약 1,400억) 정도 되는데 저희도 사실 이 기준에 준해서 패밀리오피스를 운영하고 있습니다. 사실 앞서 말씀해주셨지만 단순 자산만 충족된다고 패밀리오피스 가입이 가능하진 않거든요. 저희도 사회적 평판을 내부 위원회 운영을 통해 고려하고 있습니다.

슈퍼리치의 만능집사 '패밀리오피스'

이재용　　패밀리오피스가 이렇게 주목받고 있는 이유가 뭡

니까?

이성주　　　패밀리오피스를 이용하는 슈퍼리치들은 투자뿐만 아니라 가업 승계, 세무, 부동산, 기업의 경영, 사회공헌 등 다양하고 복잡한 니즈를 갖고 있는데요. 패밀리오피스 고객들은 이러한 니즈를 장기적인 관점에서 연속성 있는 컨설팅을 받기를 원하기 때문에 패밀리오피스를 찾고 있습니다.

이재경　　　부의 규모가 이전에 비해 훨씬 커지면서 이를 체계적이고 전문적으로 관리하고 자신의 자산을 어떻게 후세까지 영위할 것인지를 고민하는 시장이 온 것이죠. 그래서 패밀리오피스의 성장은 양극화의 단면을 담고 있다고도 볼 수 있습니다. 나아가 우리나라를 집중적으로 살펴보면 국내 패밀리오피스의 시작을 M&A 시장의 발달과 떼놓기 어렵습니다. 예를 들면 예전에 기업체를 가업으로 이어받는 것이 당연했을 때는 그 기업체가 말 그대로 패밀리오피스였거든요. 그런데 요즘에는 자신의 기업체의 50~60%의 지분을 자식에게 증여하면 절반 정도인 25~30% 정도밖에 안 되고 탄탄한 기업일수록 시가총액이 높다 보니 지분을 늘리기가 어렵습니다. 또 요즘 자제분들도 가업보단 자신이 하고 싶은 걸 하려는 의지가 강하다 보니 매각을 고려하는 경우가 잦아졌습니다. 이게 금융업의 발달과 맞물린 거죠.

　　M&A는 20~30년 비즈니스 해왔던 것을 한 번에 현금화할 수 있는 시장입니다. 현금화에 성공하고 수천억이라는 거액의 현금이 생

긴 슈퍼리치들은 슬슬 자식이 걱정되기 시작하죠. 말씀드렸듯이 세금 내고 나면 자식은 현금 부자밖에 안 되는데 이걸 잘 지킬 수 있을까? 젊다 보니 사기를 당하진 않을까? 이런 생각들을 하시다가 패밀리오피스에 가입을 합니다. 패밀리오피스에 가입을 하고 자녀들에게 지분을 나눠주면 안전장치가 마련됩니다. 자녀가 여러 명인 경우 자산운용에 있어서 서로 합의해서 운영할 수 있게 하기도 하고 혼자라 해도 패밀리오피스에 정관을 마련해 안정적으로 운영하도록 할 수 있기 때문입니다.

이재용　　　슈퍼리치들은 고민이 없을 줄 알았는데 그것도 아니었네요. 그럼 패밀리오피스의 특징에 관해 설명해주시겠습니까?

안수정　　　자산을 관리하는 것이 패밀리오피스의 업무이기는 하지만, 패밀리오피스가 일찍 발달한 선진국에서는 집안에서 대대로 축적해온 인적 자본, 가문의 평판, 네트워크 같은 사회적 자본의 관리도 패밀리오피스의 핵심역량이라고 봅니다. 유서 깊은 패밀리오피스에서 자주 쓰는 말 중에 "가족들을 위해 돈을 준비하는 것이 아니라 돈에 대비해 가족들을 준비시켜야 한다"라는 말이 있습니다. 물질적인 성공만으로는 충분하지 않다는 사회적 가치를 고려한 것으로 볼 수 있는데요. 이러한 역할을 패밀리오피스가 전문적으로 수행하기 위해 개인 자산관리에 특화된 전문가뿐 아니라 사회공헌, 홍보, 법률, 세제 등의 각 방면의 전문가가 함께 일하고 있습니다.

이재용   돈을 불리는 데만 급급하지 않고 사회 활동이나 공헌에 대한 조언도 받고 있다는 말씀해주셨는데 그래도 슈퍼리치들은 증여, 상속에 대한 세금 관련 문의를 많이 할 거 같은데요. 실제로 어떻습니까?

안수정   실제로 기업을 운용하고 있는 자산가의 경우엔 다음 세대로 기업을 승계하는 것에 대한 고민이 큽니다. 50%에 육박하는 증여, 상속세 부담이 무거운 거죠. 그래서 차라리 사업을 처분하거나 접고, 현금을 물려주는 결정을 하는 경우도 많습니다. 이는 일자리가 부족한 우리 사회로서는 큰 손실이라고 할 수 있는데요. 현재 제도적으로 가업 승계 특례가 마련되어 있어 생전에 가업을 증여로 승계하는 경우 세 부담을 많이 줄여주는데 사실 그 과정이 매우 험난합니다. 그래서 어떤 자산가들의 경우 홍콩, 싱가포르 등 해외로 거주지를 옮겨가기도 하는데요. 특히 다음 세대인 영리치들의 특성은 지적이고, 언어 장벽이 없으며 세계화에 대한 두려움이 없습니다. 그래서 한국의 규제의 장벽을 피해 종종 다른 나라로 이주하는 것이죠.

이재경   세금을 매길 때 세율도 중요하지만 어떤 부분을 세금을 매길 것인가가 더 중요하다고 생각합니다. 지금은 팔지 않은 지분, 지분 가치가 확정되지 않은 지분에 대해서도 세금을 매기고 있는데요. 오너가 기업의 과반 이상의 지분을 갖고 있었다고 해도 자식에게 물려줄 땐 절반 이상의 세금을 내야 하기 때문에 주식이나 경영권의 소유가 일시적으로라도 불투명해집니다. 결국 단순히 오너만의 문제가 아니라 회사의 미래나 경영권이 불투명해지는 것이기 때문에 직원들, 일반 투자자들, 시장이 피해를 받을 수 있는 것이죠. 그래서 저는 개인적으로는 지분을 매매한 뒤에 세금을 거둬들여도 괜찮지 않을까 하는 생각을 갖고 있습니다.

한국 '패밀리오피스' 미래는?

이재용　슈퍼리치 입장에서는 증여 상속에 대한 부담이 있을 것 같은데, 그래서일까요? 우리나라의 부자 순유출 규모가 세계 4위라고 하던데요?

안수정　올해 한국의 고액 순자산 보유자의 순유출 예상치는 1,200명으로 2022년 400명, 2023년 800명에 이어 400명 증가한 수치입니다. 한국의 규제, 세제, 사회적 시각 등의 장벽으로 세계 유수의 패밀리오피스들을 끌어오지 못하고 있습니다.

이재용　홍콩, 싱가포르가 파격적인 세제 혜택으로 글로벌 슈퍼리치 자금을 빨아들이고 있다면서요?

안수정　일단 홍콩, 싱가포르는 상속, 증여세가 없는데요. 소득세, 법인세 자체도 한국보다 월등히 낮은 수준입니다. 더군다나 패

고액 순자산 보유자 순유출 규모

국가	유출 인원
🇨🇳 중국	1만 5,200명
🏴 영국	9,500명
🇮🇳 인도	4,300명
🇰🇷 한국	1,200명
🇷🇺 러시아	1,000명
🇧🇷 브라질	800명
🇿🇦 남아프리카공화국	600명
🇹🇼 대만	400명
🇳🇬 나이지리아	300명
🇻🇳 베트남	300명

밀리오피스 요건을 맞추면 법인세, 소득세가 추가로 면제되거나 인하됩니다. 싱가포르에 설립된 패밀리오피스 중에는 미국 구글 공동 창업자, 마이크로소프트 공동 창업자 등 유수의 자산가들의 오피스도 포함된 것으로 보고됐습니다.

이재용　이렇게 정부 차원에서 패밀리오피스에 공들이는 이유는 무엇입니까?

안수정　싱가포르 정부가 전 세계 자산가들의 패밀리오피스를 유치하는 데 팔을 걷어붙인 이유는 고액 순자산 보유자의 투자

한국, 싱가포르, 홍콩의 세금 비교

단위: %

구분	상속세율	법인세율	배당소득세율
🇰🇷 한국	최대 50 (가업 승계 특례 최대 20)	최대 26.4	15.4 (2,000만 원 초과 최대 49.5)
싱가포르	0	0 (조건 미충족 시 17)	0
홍콩	0	0 (조건 미충족 시 16.5)	0

자료: 인베스트 홍콩, 싱가포르 통화청, 금융투자업계

가 금융시장에 긍정적인 영향을 미치고, 첨단 기술 스타트업 기업에 대한 투자 활성화 등 산업 전반에 미치는 상승 효과가 크기 때문입니다. 이들의 투자 외에도 패밀리오피스를 서비스하는 금융, 법률, 세제, 홍보 등의 우수한 전문 인력 양성이 가능하다는 점도 무시하지 못할 긍정적인 요소입니다. 싱가포르에서도 패밀리오피스에 각종 혜택을 부여하는 대신 충족해야 할 조건 중에 하나로 자국의 자산 운용 전문가를 고용하고 현지 인건비, 임대료, 외부 자문비 등의 비용을 매년 일정 금액 이상 지출할 것을 요구하고 있습니다. 이에 따라 창출되는 일자리도 현지 경제에 상당한 기여를 하고 있습니다. 한국은 교육 수준이 매우 높은 나라이고 패밀리오피스는 이러한 재능들을 활용할 수 있는 굉장히 좋은 영역입니다. 한국도 홍콩, 싱가포르, 두바이 등과 어깨를 나란히 할 수 있었으면 좋겠습니다.

이재용   국내 패밀리오피스가 지향해야 할 방향은 뭐라고 보십니까?

이재경   미국의 몇몇 패밀리오피스들은 사회공헌 사업과 지역사회와 상생할 수 있는 다양한 사회공헌을 하고 있습니다. 우리나라도 앞으로 그렇게 될 거라고 생각하는데요. 왜냐하면 그렇게 하지 않으면 부가 지속적으로 유지될 수 없기 때문입니다. 사회가 건전하게 성장하고, 성장한 사회에 투자해야 결과 역시 좋습니다. 결국 사회 자체가 성장해야 개인의 부도 지켜질 수 있습니다.

이성주   한국 패밀리오피스 시장은 빠른 속도로 성장하고 있고, 슈퍼리치 고객들의 눈높이도 높아지고 있습니다. 저희가 모셔본 100가문의 패밀리오피스 고객들은 각기 다른 니즈를 보유하고 있습니다. 이런 분들을 만족시켜드리고 잘 관리해드릴 수 있는 노하우 쉽게 만들어지지 않습니다. 따라서 장기적인 관점에서 접근하는 것이 중요합니다. 또한, 슈퍼리치들은 국경의 제한 없이 어느 국가에서 가문의 자산을 관리하는 것이 좋은지에 대한 고민도 늘 하고 있습니다. 따라서 이런 고민을 충족해드릴 수 있는 글로벌 수준의 역량을 갖추는 것도 중요하다고 생각됩니다.

안수정   한국 자산가들의 자산 유출을 줄이기 위해, 해외 자산가들의 국내 유치를 위해서 한국의 규제 및 세제를 더욱 합리적으로 갖추었으면 합니다. 그리고 여전히 부에 대한 부정적인 사회적 시선이 존재하는데 자산가들의 기업 운영 투자가 경제 밑거름이 될 수 있는 만큼 보다 실용적인 시각으로 변화하면 좋겠다고 생각합니다.

박수호　패밀리오피스 하면 'Dignity(품위)'를 많이 이야기합니다. 제가 유럽 현지에서 패밀리오피스를 취재하면서 나도 여기에 동참하고 싶다는 걸 많이 느꼈는데 패밀리오피스는 임팩트 투자, 즉 사회문제를 해결하는 데 도움이 되는 투자를 많이 하더라고요. 국내에도 패밀리오피스 시장이 자리 잡으려면 품격을 잘 갖춰야 할 것 같습니다.

이재용　마지막으로 개인 투자자 입장에서 이 슈퍼리치들을 통해 힌트를 얻을 만한 점이 있을까요?

이재경　저는 투자에서 가장 중요한 것은 '시간'이라고 생각합니다. 안타깝지만 거액의 자산가들은 시간과의 싸움에서 절대적으로 유리합니다. 손실을 바로바로 현금화하지 않고 기다릴 수 있는 여유가 있기 때문이죠. 자금의 규모가 작으면 분산이 사실 어렵습니다. 전세를 옮겨야 한다든가 학자금이라든가 자금의 출처가 항상 있기 때문인데요. 따라서 분산이 이루어진다고 해도 시간이 자기편이 되기 어렵죠.

그러나 이럴 때일수록 기본원칙으로 돌아가야 합니다. 규모가 작더라도 10년 정도 쓰지 않아도 될 자금과 몇 년 안에 써야 하는 자금을 확실하게 분류할 필요가 있습니다. 이런 분류 작업이 끝나고 나면 이제는 사실 노력의 영역인데요, 수익률을 극대화할 수 있는 분야들을 정치, 경제, 산업 등의 상황을 보면서 공부해야 하는 것이죠. 그런데 이게 뉴스나 신문을 통해서 다 획득할 수 있는 정보들이기 때문에 거기에 누가 더 관심을 많이 갖냐가 가장 중요한 승패의 요건인 것 같습니다. 그래서 투자하겠다고 마음을 먹으셨으면 나의 모든 관심도를 투자 쪽에 집중하는 노력이 필요하다고 생각합니다.

이재용　　　네, 오늘은 슈퍼리치들의 자산관리와 패밀리오피스의 역할에 대해 알아봤는데요. 단순한 개인의 부를 넘어 우리의 삶, 우리 경제에도 영향을 줄 수 있는 만큼 그 흐름을 이해하는 데 도움이 되셨길 바랍니다.

여덟 번째 경제 이야기 '핵심 노트'

- 백만장자를 넘어 약 1,000억 이상을 보유한 '슈퍼리치'가 새로운 부의 기준을 만들고 있다.
- '패밀리오피스'는 슈퍼리치들의 자산관리뿐만 아니라 법무 세금 승계 등을 합친 서비스이며 부의 성장과 양극화의 단면이라고 볼 수 있다.
- 패밀리오피스는 물질적 성공뿐만 아니라 사회공헌과 임팩트 투자 등의 사회적 평판도 중요하다는 사회적 현상을 반영하고

있다.

- 패밀리오피스 시장의 성장은 첨단 스타트업 기업 투자 활성화 등 산업 전반의 상승 효과, 우수한 전문 인력 양성의 긍정적 요소가 있다.
- 홍콩, 싱가포르 등의 국가는 낮은 상속 증여세, 세제 감면 등의 혜택을 통해 패밀리오피스 유치에 앞장서고 있다.

▶방송 다시보기

경제토크쇼 픽

이준서 동국대 경영학과 교수

고려대학교 경영학과 학사, Syracuse 대학교 경영학(재무) 석사/박사. 현재 동국대학교 경영학과 교수이다. ICU(현 KAIST) IT 경영학부 조교수, 증권선물위원회 비상임위원을 역임했으며, 금융감독원 금융감독자문위원, 우정사업본부 예금자금운용위원, 금융위원회 규제심사위원 등으로 활동하고 있다. 저서로《가격오류와 고유변동성을 반영한 ESG 투자성과 분석》외 연구논문 다수가 있다.

황세운 자본시장연구원 선임연구위원

황세운 연구위원은 자본시장과 금융경제 분야에서 활발히 연구 및 자문 활동을 수행하고 있다. 2012년부터 현재까지 자본시장연구원에서 연구위원으로 재직 중이며, 2025년 한국재무관리학회 부회장을 맡아 학술 및 연구 활동에 기여하고 있다. 또한, 2015년부터 한국개발연구원(KDI) 경제전문가 자문위원으로 활동하며 경제정책 관련 자문을 수행하고 있다. 이전에는 2011년부터 2012년까지 상명대학교 금융경제학과에서 조교수로 재직하며 학문 후속 세대를 양성한 바 있다.

"퇴근 후에 주식 거래한다"
대체거래소가 바꿀 투자의 밤

이준서 | 동국대 경영학과 교수
황세운 | 자본시장연구원 선임연구위원

"2023년 국내 직장인을 대상으로 진행한 한 설문 조사에서 약 86.1%가 주식을 매수 경험이 있다고 답했습니다.[1] 실제로 식사를 하러 회사를 나서기만 해도 주식 투자에 관한 이야기를 나누는 직장인들을 심심치 않게 볼 수 있는데요. 그러나 뜨거운 관심에도 불구하고 국내 주식시장의 매매 가능 시간은 최대 18시, 퇴근 후에 투자를 하기란 불가능한 상황이었습니다. 그래서인지 동일한 설문에서는 업무 시간에 주식을 매매한 경험에 대해 '매우 자주 한다'(12.5%)와 '종종 한다'(64.4%)는 응답 비율이 총 76.9%를 차지했

---

1   HR테크 기업 인크루트는 주식 투자 경험이 있는 직장인 820명을 대상으로 한 주식 투자 현황 설문조사 결과를 발표했다(2023년 기준).

고요. 직장인들의 바쁜 일상을 고려할 때 높은 투자 수익과 높은 업무 성과가 양립하는 것은 쉽지 않아 보입니다. 이번 대체거래소 출범으로 직장인들의 투자 생활에 한 줄기 빛이 비치는 모습인데요. 약 3,000만 직장인의 애환을 풀어줄 대체거래소, 정체가 무엇인지 또 재테크에 어떻게 활용할 수 있을지 전문가들과 함께 알아보겠습니다."

70년 독점 깨고 등장한 '대체거래소'

이재용　　우리가 증권사를 통해 편하게 주식을 매매하긴 하지만 사실 그 뒤엔 '한국거래소'라는 정규거래소가 있었죠. 그런데 이번에 한국거래소를 대신할 거래소가 하나 더 생긴다고 하는데 '대체거래소'가 뭡니까?

이준서　　쉽게 말해 거래 플랫폼이 하나 더 생겼다고 이해하시면 될 것 같습니다. 정규거래소인 한국거래소는 기본적으로 상장 심사의 기능, 그리고 시장 감시 기능, 공시 기능 등을 하고 있습니다. 여기에 더불어 증권 매매의 중개 기능을 수행하고 있는데요. 이번 대체거래소는 종합적인 기능을 수행하기보다 주식 거래 자체에 초점을 맞춘 플랫폼이 생겨난 거라고 보시면 됩니다.

이재용　　우리나라는 약 70년 동안 한국거래소를 통해서만 거래할 수 있는 독점 구조였는데 이렇게 대체거래소가 설립된 배경은 뭡니까?

황세운　　가장 핵심적인 이유는 아무래도 경쟁 체제 도입의 필요성이라고 말씀드릴 수 있을 것 같습니다. 사실 우리 주식시장의 양적 측면을 보면 엄청난 성장을 해왔습니다. 상장 기업 수도 많아졌고 주식 투자 인구도 굉장히 많이 늘었습니다. 이러한 양적 부분의 성장에 발맞춘 질적 성장의 필요성이 지속적으로 제기되어왔고 '경쟁 시스템을 마련하는 것이 가장 효과적인 방법이 될 것이다'라는 결론이 나온 거죠. 이와 더불어 기존 정규거래소의 기능이 다소 경직된 것이 아니냐는 비판적인 여론도 영향을 끼친 것으로 보입니다. 정리하면 경쟁 시스템을 통한 유연한 운영, 거래 체결 속도의 향상 등 투자자들의 기대감이 대체거래소 도입에 있어서 중요한 배경이 되었다고 볼 수 있습니다.

이정호　　실제로 국내 유일 거래소였던 우리 한국거래소는 엄청난 성장을 해왔습니다. 규모 역시 세계적으로 봐도 상당한 수준인데요. 2020년 기준으로 봤을 때 시가총액 기준으로 글로벌 15위권에 해당하는 규모입니다. (자료: 세계 거래소 연맹) 2023년 기준으로 영업이익이 3,805억 원을 기록하기도 했고요. 그리고 코로나19 이후로 개인 투자자들의 주식시장 참여가 급격하게 늘었습니다. 이를 통해 또 거래 수수료 수입이 크게 증가하면서 외형적으로 급성장을 하게 됐는데요. 상황이 이렇다 보니 독점 체제를 포기하고 글로벌

한국거래소 매출액 및 영업이익률 추이

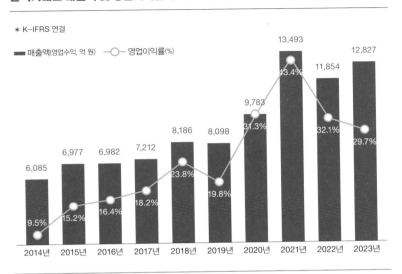

* K-IFRS 연결

■ 매출액(영업수익, 억 원) ─○─ 영업이익률(%)

연도	매출액	영업이익률
2014년	6,085	9.5%
2015년	6,977	15.2%
2016년	6,982	16.4%
2017년	7,212	18.2%
2018년	8,186	23.8%
2019년	8,098	19.8%
2020년	9,783	31.3%
2021년	13,493	43.4%
2022년	11,854	32.1%
2023년	12,827	29.7%

자료: 한국거래소

트렌드에도 발맞춰 이용자의 편익이 상승할 수 있는 다양한 거래소를 운영해야 한다는 목소리가 설득력을 얻은 것으로 보입니다.

이준서　　　1956년에 한국거래소가 설립되었기 때문에 약 70년 만에 '독점 체제가 깨졌다'라고 볼 수 있는데요. 실제로 증권사에서 일하시는 분들 말씀을 들어봤습니다. 정규거래소에서 70년 만에 처음으로 증권사에 방문해서 '뭐 도와줄 일 없습니까?' '시스템을 어떻게 바꿔야 하겠습니까?' 등의 문의를 했다고 합니다. 그러면서 "확실히 독점보다는 경쟁이 낫구나" 이런 이야기를 나눈 것이 기억납니다.

주식시장 시가총액 추이

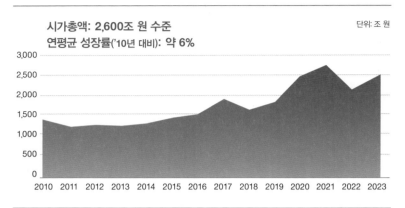

시가총액: 2,600조 원 수준
연평균 성장률('10년 대비): 약 6%

단위: 조 원

자료: 한국거래소

이재용　　　앞서서 대체거래소를 정규거래소에서 주식 매매를 위한 중개 기능만을 따로 떼서 운영하는 기관이라고 설명해주셨는데 그렇다면 이 기능에 있어서 한국거래소와 어떤 차이가 있습니까?

이정호　　　대체거래소가 주식 거래를 위한 중개 업무를 대신할 수 있긴 합니다만 거래 범위에 있어서 비교적 제한적인 부분이 있습니다. 거래 가능 종목은 유동성이 높은 코스피와 코스닥의 상장사 800여 개로 제한됐고 또 거래 비중의 상한도 있어서 투자자가 아무리 늘어난다고 해도 한국거래소 전체 거래량의 15%를 넘길 수 없습니다. 그러나 대체거래소만이 갖는 장점도 있습니다. 대표적으로는 거래시간이 늘어난다는 점을 꼽을 수가 있겠는데요. 대체거래소는 오전 8시부터 오후 8시까지 거래시간을 확대해서 기존 정규거래소보다 긴 거래 시간을 가질 것으로 알려졌습니다. 뿐만 아니라 거래

경제토크쇼 픽

대체거래소 출범 후 거래시간 변화

현행 → ATS 출범 후

현행		
시가	08:30~09:00 (20분간 체결가 표출)	
정규시장	09:00~05:20	6.5 시간
종가	05:20~05:30	

ATS 출범 후		
프리 마켓	08:00~08:50	
시가	08:30~09:00 (10분간 체결가 표출)	
정규시장	09:00~15:20	12 시간
종가	15:20~15:30	
애프터 마켓	15:30~20:00	

공시시간	07:30~18:00

공시시간	07:30~18:00

자료: 넥스트레이드

수수료도 낮추고 호가 종류도 다양화할 예정이어서 일부 투자자들 사이에서는 활용도가 높을 것이라는 예측도 나오고 있습니다.

이준서 구체적으로 설명드리면 대체거래소는 3개의 시장으로 구분돼 있습니다. 정규거래소와 동일하게 운영되는 시간을 '메인 마켓'이라고 하고 메인 마켓 전을 '프리 마켓', 메인 마켓 이후를 '애프터 마켓' 이렇게 구분할 수 있는데요. 우리가 소위 바스켓 거래[2]라고 하는 5개 종목 이상에 대한 2억 원 이상의 매매, 그리고 5,000만

---

2 바스켓 거래. 개별 주식의 거래가 아닌 다수 기업의 주식을 동시에 거래하는 것(IPs, 주선50등)을 나타내는 용어이나 최근에는 IPs(Index Participations)와 혼용하여 사용하고 있다.

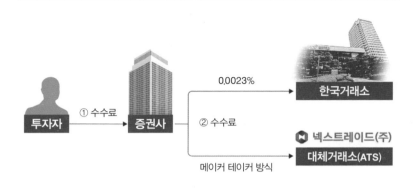

원 이상의 대량 매매에 대해서는 오전 8시부터 오후 6시까지로 거래 시간이 정해져 있습니다.

이재용　　　원래는 직장인들이 퇴근 후에는 주식 매매를 할 수 없으니까 어쩔 수 없이 점심시간, 심지어는 업무 시간을 활용하기도 했는데 거래 시간이 대폭 늘어나면서 이제는 퇴근길에 주식 투자하는 사람이 많아질 것 같아요. 이외에 대체거래소가 생겨나면서 기대하는 효과들은 어떤 게 있습니까?

황세운　　　먼저 말씀해주신 대로 거래시간 확대로 투자자들의 편의를 증가시킬 수 있는 측면이 있습니다. 또 다른 중요한 변화는 수수료 경쟁이 일어날 가능성이 높다는 것입니다. 이미 대체거래소는 '수수료 경쟁을 하겠다'라고 선언한 상태입니다. 물론 한국거래소의 수수료는 0.0023%로 이미 굉장히 낮은 수준입니다. 그러나 대체거래소 측은 '기존보다 최소 20% 많게는 40%까지 수수료를 인하하겠다'라고 밝혔습니다. 거래 체결 속도에 있어서도 기존 거래소 시스템보다는 더 체결 속도가 빠른 시스템을 도입하겠다는 의지를 드러내고 있기 때문에 종합적으로 경쟁 시스템으로 전환되면서 투자자들의 효용을 증가시키는 효과를 기대하고 있습니다.

이준서　　특히 저희가 주목해야 할 부분이 애프터 마켓인데요. 애프터 마켓 같은 경우 유럽 쪽 투자자들이 우리나라 시장에 투자를 할 수 있도록 편의성을 제공하는 역할을 할 것으로 보입니다. 왜냐하면 유럽은 저희하고 여덟 시간 정도 시차가 있기 때문에 애프터 마켓이 열리는 시간이 유럽 입장에서 보면 오전에 해당합니다. 그래서 충분히 해외 투자자들의 투자 기회를 증가시킬 수 있다고 말씀드릴 수 있겠습니다.

이재용　　듣다 보니까 우리 금융계에 많은 영향을 미칠 것 같은데, 대체거래소는 누가 운용하고 수익은 어떻게 배분되는 겁니까?

이준서　　대체거래소는 '넥스트레이드'라는 업체가 운영할 것으로 보입니다. 그리고 수익은 넥스트레이드의 주주들이 증권회사로 구성이 되어 있습니다. 대체거래소에서 벌어들인 수익은 주주들, 즉 증권사들에 배분되는 시스템이라고 이해를 하시면 되겠습니다.

대체거래소, 개인 투자자들에 영향은?

이재용　　투자자들의 편의가 증가하면서 관심을 갖는 개인 투자자들도 많아질 것 같은데요. 투자자들이 어느 거래소에서 거래하느냐에 따라 주식 가격이 달라질 수도 있다면서요?

이준서　　순간적으로 달라질 수는 있습니다. 한국거래소의 호가창과 대체거래소의 호가창이 동시에 뜨기 때문에 동일한 종목에 대해서 한국거래소 가격과 대체거래소 가격이 일시적으로 달라질 수는 있는데 차익 거래를 실현한다는 측면에서 아마 빠른 시간 안에 동일 가격으로 수렴되지 않을까 하는 생각입니다.

이재용　　그러면 투자자 입장에서 크게 신경 쓸 필요는 없겠군요?

이정호　　기본적으로 증권사들은 '최선 집행 의무'를 집니다. 이는 투자자의 주문을 받아 거래소에 넘길 때 가장 좋은 최선의 거래 조건으로 집행해야 하는 의무를 의미하는데요. 지금까지는 한국거래소 독점 체제였기 때문에 이 같은 의무가 큰 의미 없었는데 이제 대체거래소가 등장하게 되면 증권사는 투자자에게 좀 더 나은 조건이 되는 거래소에서 거래해야 할 의무가 생긴 겁니다. 따라서 투자자의 주문을 최적의 경로로 체결할 수 있도록 하는 자동 주문 전송 시스템이 증권사들의 경쟁력이 될 거라는 분석들도 나오고 있는 만큼 개인 투자자분들이 크게 우려할 수준은 아닐 것으로 보입니다.

이재용　　　그것 참 다행이네요. 개인 투자자 입장에서는 대체거래소의 장단점은 어떤 게 있겠습니까?

이준서　　　대체거래소가 생기면서 주문 방식이 다양해졌습니다. 기존에는 시장가, 즉 현재 거래되는 가격으로 매도·매수 주문을 내는 거래 방식과 미리 내가 미리 지정한 금액으로 매매하는 방식 크게 두 가지가 있었었는데 이번에 '중간가 호가'와 '스톱 지정가'가 추가됩니다. 먼저 '중간가 호가'는 팔고자 하는 가격의 가장 낮은 가격, 그리고 사고자 하는 가격의 가장 높은 가격의 격차를 우리가 소위 '스프레드'라고 하는데 그 스프레드의 딱 중간 가격으로 호가를 할 수 있는 제도입니다. 그다음 '스톱 지정가 호가'는 내가 원하는 가격에 접근했을 때 지정 주문이 나가는 제도입니다. 예를 들어 하락으로 인해 손절매[3]를 해야 하는 상황에서 내가 스톱 가격을 11,000원, 지정가를 10,000원으로 정해놨다면 가격이 11,000원이 되는 시점에 10,000원의 지정가 매도 주문이 발생하는 것이죠. 이러한 기존의 정규거래소에는 존재하지 않았던 새로운 형태의 호가 제도가 나타나서 투자자 입장에서는 장점이라고 볼 수 있습니다.

3　　손절매. 투자자가 보유한 자산의 가격이 일정 수준 이상 하락했을 때, 더 큰 손실을 막기 위해 해당 자산을 매도하는 것

황세운　　아직 확정적으로 단점이라고 평가하기는 어렵습니다만 사실 시간외거래, 그러니까 애프터 마켓이나 프리 마켓에서 얼마나 많은 거래자들이 참여할 것이냐에 따라서 시장 변동성이 달라질 수 있습니다. 예를 들어 참여자가 많지 않다면 약간의 수급 변화만으로도 가격이 크게 움직일 수가 있습니다. 물론 충분히 많은 거래자, 투자자들이 프리 마켓이나 애프터 마켓에 참여하게 된다면 시장 변동성 자체도 안정적인 수준에서 유지될 수 있습니다. 그런데 현재로서는 해보지 않아서 확인할 수가 없는 부분이기 때문에 프리 마켓이나 애프터 마켓에서 상대적으로 변동성이 조금 커질 가능성은 어느 정도 염두에 두고 시장의 상황 변화, 시장의 발전 정도를 보고 판단하는 것이 필요하지 않을까 싶습니다.

이재용　　주식시장의 플레이어로 개인 투자자들 외에도 많은 기관 투자자들, 외국인 투자자들도 들어와 있지 않습니까? 그들과 비교했을 때 대체거래소는 어느 쪽에 더 유리하게 작용할 것으로 보십니까?

황세운　　일단 대량 매매가 가능한 부분에 있어서는 기관 투자자들에게 조금이나마 유리한 측면이 있다고 볼 수가 있습니다. 거래에 참여하는 방식이 마켓 메이킹*을 하는 방식으로 거래에 참여하는 경우들도 있고 반대로 시장에서 주어진 가격을 그냥 단순히 받아들이는 방식(테이커 방식[5])으로 시장에 참여할 수도 있을 텐데 시장에서 어떤 기능을 담당하느냐에 따라서 수수료율이 달라지는 방식으로 설계가 될 것으로 보입니다. 그렇게 된다면 대량으로 참여하는 기관 투자자들에게 대체거래소가 상대적으로 조금 더 저렴한 수수료를 제시하게 되지 않을까 싶습니다. 사실 도매 가격이 소매 가격보다 조금 더 유리한 측면이 있는 것이 일반적이라면 비슷한 현상이 대체거래소에도 나타날 수 있다고 이해하면 보다 쉬울 것 같습니다.

이준서　　　우리나라 같은 경우에는 호가라든가, 체결 정보라든가 이런 정보가 제공되는데 미국의 다크풀[6] 같은 경우에는 호가나 거래 정보가 제공이 안 됩니다. 정보가 공개되지 않은 채 대량으로 기관 투자자들이 매매를 하고 있는 상황인거죠. 그래서 미국에선 기본적으로 ATS가 기관 투자자들만을 위한 시장의 역할도 하고 있는 상황이기 때문에 그런 측면에서 보면 기관 투자자들이 비교적 이익을 취할 가능성이 높지 않을까 하는 생각이 듭니다.

이재용　　　대체거래소가 도입되면 아무래도 투자 편의 측면에서

4　마켓 메이킹(Market Making). 매수·매도 호가를 지속적으로 제시하여 시장의 유동성을 높이는 역할. 시장의 유동성을 높여 거래소 운영에 도움을 주므로 인센티브를 제공할 유인이 있음

5　테이커(Taker) 방식. 현재 제시된 매수·매도 가격에 즉시 체결하는 방식. 마켓 메이킹과 반대로 유동성을 소비하는 역할

6　다크풀(Dark Pool). 증권 매매 체결 전에 주문 가격과 수량 등 거래 정보가 공개되지 않는 비공개 거래소

많은 진전이 있을 거 같은데 결국 우리나라 증시가 올라야 모두가 행복한 것 아니겠습니까? 대체거래소의 도입이 우리 증시, 그리고 밸류업 정책에 미칠 영향, 어떻게 보십니까?

이준서   먼저 도입한 해외 국가들의 사례를 보면 거래 대금이나 거래량이 약 10% 정도 증가한 것으로 분석되고 있습니다. 그래서 희망 사항이지만 대체거래소가 도입되면 현재 거래 대금이나 거래량이 한 10% 정도까지는 증가하지 않을까 기대해봅니다. 그러면 아무래도 유동성이 풍부해지고 유동성이 풍부해지면 당연히 가격은 상승할 가능성이 높다고 말씀드릴 수 있겠고요. 그리고 진행되고 있는 코리아 밸류업 프로그램의 중요한 이슈 중의 하나가 정보 비대칭 완화거든요. 그래서 내부에 있는 정보를 외부 투자자들이 얼마나 많이 알 수 있느냐는 것이 밸류업 프로그램의 핵심 중 하나였는데 아무래도 시장이 한 개 더 늘다 보면 기업들의 공시도 더 충실화될 가능성이 있어서 정보 비대칭 완화로 인한 가격 상승 효과도 기대할 수 있다고 말씀드릴 수 있을 것 같습니다.

황세운   저는 한편으로 이 대체거래소를 밸류업 프로그램과는 별개의 사안으로 인식할 필요가 있지 않을까 생각합니다. 물론 유동성 개선 효과는 그 부분은 분명히 이제 가시적으로 나타날 가능성이 높다고 볼 수 있습니다. 그렇지만 이런 부분들은 밸류업 정책에서 핵심적인 문제라기보다는 부수적인 차원이라고 보입니다. 왜냐하면 우리나라의 기업 지배 구조상의 문제점들, 그다음에 기업의 펀더멘털, 이런 것들이 과연 대체거래소의 도입을 통해서 해결될 수 있는 거냐고 생각을 해보면 사실 대체거래소는 이러한 측면을 파고들기 위해서 도입되는 제도는 아니란 말이에요. 대체거래소는 투자자들의 거래 편의성 거래의 효율성, 이런 것들을 개선하고자 하는 목적에서 도입되는 것이기 때문에 방향성 자체에 차이가 있어 별개의 사안으로 봐야 한다고 생각합니다.

K-대체거래소, 안착할 수 있을까?

이재용　　이 교수님이 말씀해주셨다시피 해외 주요 선진국에서는 거래소가 이미 활성화되어 있다고 하는데, 어느 정도 수준입니까?

이정호　　현재 미국과 유럽 일본 호주 등 해외 주요국들은 정규 거래소와 대체거래소가 경쟁하는 복수 거래 시장 제도를 운용 중입니다. 세계적으로 대체거래소의 시장 점유율은 거래금액 기준으로 전체의 11~19%에 달합니다.

먼저 미국의 경우 단일 국가로는 역시 가장 다양한 거래소를 보유하고 있습니다. 2024년 5월 기준으로 65개나 됩니다. 미국의 대체거래소는 어느덧 출범 50주년을 맞이했는데요. 1975년 증권법 개정에 따라 증권 거래 고정 수수료 제도가 폐지된 것이 그 시작으로 볼 수 있습니다. 미국 대체거래소에서 거래 가능한 증권이나 시장

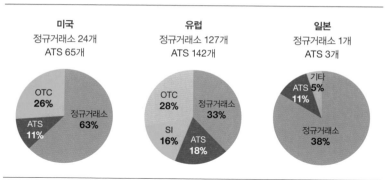

미국, 유럽, 일본 거래소의 개수 및 비중

미국
정규거래소 24개
ATS 65개

OTC 26%
정규거래소 63%
ATS 11%

유럽
정규거래소 127개
ATS 142개

OTC 28%
SI 16%
정규거래소 33%
ATS 18%

일본
정규거래소 1개
ATS 3개

기타 5%
ATS 11%
정규거래소 38%

자료: 금융위원회

점유율에 대한 제한은 따로 없습니다. 역시나 자본시장 선진국답게 모든 걸 시장에 맡기는 셈입니다. 한국 투자자들에게 가장 익숙한 미국의 대체거래소는 블루오션(Blue Ocean) ATS를 꼽을 수 있습니다. 이들은 현지 시각으로 야간에 운영되는 거래소인데 덕분에 한국에 거주하는 투자자들이 미국 주식을 한국의 낮 시간에 거래할 수가 있었습니다. 하지만 지난 8월 5일 블랙 먼데이 때 일방적으로 주문을 취소하면서 또 나쁜 방향으로도 널리 알려지기도 했습니다.

유럽의 경우 정규거래소 외에 금융투자 상품 유통 플랫폼으로 MTF(Multilateral Trading Facility), OTF(Organized Trading Facility) 그리고 SI(Systematic Internaliser)를 두고 있는데요. 이 가운데 MTF가 우리가 도입하는 대체거래소에 가장 가까운 사례라고 보시면 되겠습니다. 2007년에 정규거래소 집중 의무제가 폐지되면서 대체거래소가 등장할 수 있는 법적 근거가 마련됐습니다. 다수 국가의 연합체인 만큼 이 같은 대체거래소의 개수만 100개를 훌쩍 넘기고 있고 거래액 기준 점유율도 18%에 달해서 활발한 모습을 보이고 있습니다.

이제 일본을 한번 살펴보면 국내 대체거래소와 가장 유사한 제도를 PTS(Private Trading System)로 볼 수가 있는데요. 1998년 거래소 집중 의무가 폐지되면서 일본 내 대체거래소가 등장할 수 있게 됐고 이후 2000년대 초까지 10개의 PTS가 설립됐으나 현재는 대부분 폐업하고 3개사만이 남아 있는 상태입니다. 일본의 PTS 거래액은 완만하게 성장을 거듭해오다가 2020년을 기점으로 큰 폭의 성장을 이뤘습니다. 당초 일본의 대체거래소에서는 상장 주식과 채권만 다룰 수가 있었지만 2023년 법 개정에 따라서 비상장 주식이나 토큰 증권 등의 거래도 가능하게 된 겁니다.

각국의 사례를 볼 때 대체거래소의 출범이 반드시 성공으로 이어지리라는 보장은 없습니다. 결국 어떻게 기존과 다른 서비스를 제공하느냐가 관건이 되겠습니다. 따라서 거래 시간에서만 차별점을 두는 것이 아니라 금융 상품의 차별화도 중요하다는 조언이 나옵니다. 기존의 정규거래소에서 다루지 못했었던 토큰 증권이나 NFT 등의 상품을 앞장서서 다룰 필요가 있겠고, 그러기 위해서는 정치권의 관련 법령 개정 등도 시급하다고 볼 수 있겠습니다.

이재용　　　대체거래소가 제도적으로 자리 잡기 위해서는 우리나라도 많은 노력을 해야 할 것 같은데 대체거래소 안착을 위해 필요한 사항은 뭐가 있겠습니까?

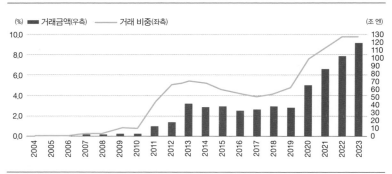

PTS의 상장주식 거래금액 비중 추이

(%) ■ 거래금액(우측) — 거래 비중(좌측) (조 엔)

자료: JSDA

이준서　　가장 먼저 이루어져야 하는 것은 거래 전산 시스템의 안정화입니다. 그래서 현재 대체거래소 측에서도 다양한 회사들과의 공동 개발을 통해 열심히 준비하고 있고 베타 버전을 만들어서 프로그램을 가동해본 상황입니다. 출범했는데 오류가 발생하면 시장 자체의 신뢰도가 한꺼번에 무너지는 상황이기 때문에 철저히 준비해야 합니다. 그리고 무엇보다 중요한 것은 공시 시간이 될 것 같은데요. 현재 6시까지 기업들이 공시를 하게 돼 있는데 저는 개인적으로 대체거래소까지 장이 끝나고 공시를 하는 게 좋다고 생각합니다. 만약 장중에 공시를 하면 굉장히 시장이 출렁거리게 됩니다. 그래서 6시 이전에 공시를 하면 정규거래소에서는 상관이 없지만 애프터 마켓에서는 그대로 반영이 되거든요. 그래서 이 공시 시간의 문제도 다시 한번 검토할 필요가 있다고 생각합니다.

황세운　　초기에 여러 가지 이상 거래들 또는 의심 거래들이 발생할 수가 있을 텐데요. 이러한 이상 거래들을 적출할 수 있는 시스템을 한국거래소와 동일한 수준으로 마련해서 두텁게 투자자 보호 장치들을 설계할 필요가 있을 것 같습니다. 그리고 금융감독원과의 협력 체계도 중요합니다. 시장 감시 체계를 철저히 작동해서 그 결과들을 금융감독원과 긴밀히 협조함으로써 이상 거래 또는 의심 거래가 발생할 가능성을 최소화하는 것이 바람직할 것으로 보입니다.

이재용　　　들다 보니 궁금한데 해외의 사례처럼 우리나라에서도 추후에 두 번째, 세 번째 대체거래소가 생길 가능성이 있는 겁니까?

이준서　　　일단 대체거래소를 운영하려면 금융위에 허가를 받아야 합니다. 예비인가를 받고 또 본인가를 받아야 하는 철저한 검증 절차를 통과해야 하는 거죠. 그러나 요건만 갖춰진다면 그럴 가능성도 충분히 있습니다.

대체거래소와 한국거래소, 공존하려면?

이재용　　　대체거래소 도입이 한국거래소에 미칠 영향은 어떻게 보세요?

황세운　　　기본적으로 한국거래소가 여러 가지 변화를 시도할 가능성이 높아졌다고 평가할 수 있습니다. 또 한 가지 짚고 넘어가

자면 한국거래소의 매출이 어떤 식으로 변할 것이냐를 예상했을 때 일단 경쟁 기관이 나타났기 때문에 일정 부분을 이제 대체거래소가 가져갈 가능성이 높아지고 있는 건 맞습니다. 그렇지만 시간외 거래라든지 애프터 마켓 등 전체적인 파이가 커질 가능성도 높다고 볼 수 있겠죠. 예를 들어 한 10% 정도 파이가 커졌을 때 늘어난 부분은 주로 대체거래소들이 가져간다는 점을 감안하면 한국거래소의 매출이 약간 줄어들 가능성은 있습니다만 오히려 이것이 매출을 유지하도록 할 가능성도 배제하기 어렵습니다. 따라서 매출 부분에 대해서는 파이가 커지는 효과를 우리가 충분히 감안해야 한다, 이렇게 생각합니다.

이재용　　　결국 한국거래소의 독점 문제는 해결이 될까요?

이준서　　　어느 정도까지를 독점이 아니라고 이야기를 하느냐에 따라 다르겠지만 일단 현재 대체거래소의 목표는 10%, 정부에서 총 거래량의 15%까지를 규제로 정해놨기 때문에 그 정도 범위 내에서는 독점 문제가 어느 정도 해결이 될 수 있다고 생각합니다. 그러나 대체거래소에서 거래되지 않는 상품들에 대해서는 여전히 한국거래소의 독점 형태로 지속될 것으로 보입니다. 그래서 취급 상품이나 거래시간에 15%의 제한을 두는 제도도 재검토해볼 필요가 있습니다.

황세운　　　사실 여전히 ETF 같은 경우에는 대체거래소에서 거래가 허용되지 않고 있고 비상장 주식 등 상당 부분 제약이 이어질 가능성이 높아 보입니다. 무엇보다 경쟁이 확대될 수 있는 방향으로 제도적 보완을 해나가는 것이 중요합니다.

이재용 앞서 말씀하신 대로 대체거래소의 거래량을 15%로 제한해놨잖아요. 이걸로 봐서는 한국거래소의 독점적 시장 지배력은 그대로 가져가겠다는 뜻 아닙니까?

황세운 15%를 계속해서 유지하겠다는 선포라기보다는 향후 시장 상황의 변화를 관찰하면서 유연하게 대처하겠다는 것이 오히려 정책당국의 입장이라고 볼 수 있습니다. 그렇기 때문에 15%로 제한하고 있으니까 한국거래소의 독점적 지배력을 보장하는 것이다, 이렇게 평가하기는 어렵다고 생각합니다. 그리고 현실적으로 15%가 완전히 낮은 수치라고 평가하기도 어렵습니다.

이재용 그렇다면 반대로 대체거래소 출범으로 인한 부작용은 없습니까?

이준서 일시적으로나마 정규거래소와 대체거래소 간의 가격 차이가 있다 보니 차익 거래를 하고자 하는 단타 매매가 횡행할 것으로 보입니다. 이것이 가장 큰 문제점으로 지적 되고 있는데요. 하지만 '시장이 기본적으로 효율적이다'라는 전제에서는 두 시장의 가격 차이가 빠르게 일치되게 되기 때문에 시장이 열리고 나서 상황을 지켜보는 게 바람직하다고 보입니다. 또 한 가지 우려할 수 있는 것이 시세 조종입니다. 그런데 시세 조종은 현재 정규거래소 내에서도 제기되고 있는 문제입니다. 우리가 통상적으로 통정 매매, 가장 매매라고 부르는데요. 대체거래소가 도입되면 그 통정 매매나 가장 매매에 대한 법규, 그리고 제재, 규정 등을 더 명확히 할 필요가 있지 않을까 하는 생각입니다. 현재 자본시장법이나 시행령에서 다 규정해놓고 있는데요. 상황마다 디테일한 것까지는 우리가 적용할 수 없는 게 현실입니다. 이러한 상황에서 대체거래소까지 출범하게 되니 법 개정을 통해 더 구체화하고 공론화할 필요가 있지 않을까 하는 생각입니다.

황세운　　　대체거래소는 SOR(Smart Order Routing)이라는 시스템을 통해 더 유리한 쪽으로 주문을 보내도록 자동화되어 있는 상황이고요. 그렇기 때문에 양자 간의 가격 차이가 크게 벌어질 가능성은 사실 대단히 낮다고 평가할 수가 있습니다. 그리고 만약 서로 가격이 일시적으로 벌어지는 그런 상황이 생긴다고 하더라도 5bp(0.05%)~6bp(0.06%) 정도로 아주 작은 틈이 발생할 것으로 보입니다. 게다가 이런 요인들이 시세 조정이라든지 초단타 매매의 증가라는 부작용으로 이어질 가능성이 그렇게 높지 않다고 보는 이유는 5bp 정도의 가격 차이가 발생한다고 하더라도 우리나라는 기본적으로 0.18%의 증권 거래세를 부과하고 있기 때문에 어느 정도 억제력을 가진다고 볼 수가 있습니다.

　　　　　　　　　　　　　　　　　　　　　　　경제토크쇼 픽

이재용　　　마지막으로 많은 분들이 대체거래소를 이용할 것 같은데 이용 시에 주의해야 할 점은 뭐가 있습니까?

이준서　　　정규거래소는 정규 시간이 끝날 때까지 거래가 안 되면 취소가 되는 건데 대체거래소 같은 경우는 '메인 마켓'에서 주문을 낸 것이 '애프터 마켓'으로 그대로 이전됩니다. 이 점은 특히 주의하셔야 될 것 같습니다. 또 한 가지는 대체거래소를 통한 거래를 모든 증권사를 통해서 할 수 있는 건 아닙니다. 프리 마켓, 메인 마켓, 애프터 마켓을 모두 다 이용할 수 있는 증권사가 있는 반면 프리 마켓과 애프터 마켓만 이용할 수 있는 증권사가 있습니다. 일명 조건부 시장 참여자라고 하는데 내가 거래하고 있는 증권사의 홈트레이딩 시스템이라든가 모바일 트레이딩 시스템이 조건부 시장 참여자의 증권사라고 한다면 조금 더 주의를 기울일 필요가 있다는 말씀을 드리고 싶습니다.

이재용　　　주식 투자 환경에 70년 만에 큰 변화가 생기니까 장단점이 뭔지 나에게 유리한 것은 무엇인지 파악하셔서 유용한 방향으로 쓰임이 있었으면 좋겠네요.

아홉 번째 경제 이야기 '핵심 노트'

- 70년 만의 독점을 깨고 대체거래소가 출범한다. 정규거래소인

한국거래소는 기본적으로 상장 심사의 기능, 시장 감시 기능, 공시 기능, 증권 매매의 중개 기능을 수행하는데 이 중 주식 거래를 중심으로 한 중개 기능만을 수행하는 대체거래소가 등장하는 것이다.

- 대체거래소가 출범함으로써 여러 편의가 개선될 예정이다. 대체거래소는 오전 8시부터 오후 8시까지 거래시간을 확대하고, 거래 수수료도 낮추고 호가 종류도 다양화할 예정이어서 일부 투자자들 사이에서는 활용도가 높을 것이라는 예측이 나오고 있다.

- 대체거래소 등장으로 주식의 가격, 거래 수수료는 거래소마다 차이가 있을 수 있다. 그러나 증권사의 최선집행의무(투자자의 주문을 최선의 거래로 집행해야 하는 의무)로 인해 투자자의 부담은 경감 될 것으로 보인다.

- 대체거래소의 한계로 거래 가능 종목은 유동성이 높은 코스피와 코스닥의 상장사 800여 개로 제한됐고 또 거래 비중의 상한도 있어서 투자자가 아무리 늘어난다고 해도 한국거래소 전체 거래량의 15%를 넘길 수 없다. 또한 5개 종목 이상에 대한 2억 원 이상의 매매 소위 바스켓 거래, 그리고 5,000만 원 이상의 대량 매매에 대해서는 오전 8시부터 오후 6시까지 거래 시간이 정해져 있다.

- 대체거래소의 도입으로 우리 증시는 약간의 상승 효과가 있을 것으로 보인다. 해외 국가들의 사례를 보면 거래 대금이나 거래량이 약 10% 정도 증가한 것으로 분석된다. 또한 기업들

의 공시가 더욱 충실화될 가능성이 있어서 정보 비대칭 완화로 인한 가격 상승 효과도 기대할 수 있다. 그러나 우리나라 밸류업의 본질적인 문제가 해결되지 않는다면 지속적인 상승은 요원하다.

▶방송 다시보기

PART 4

대한민국의 현주소
우리가 직면한 과제들

옥우석 인천대 무역학부 교수

프랑스 고등사회과학대학원(EHESS)에서 경제학 박사 학위를 취득하였으며, 산업과 노동시장 간 관계 및 국가 간 정책 비교 연구를 지속적으로 수행해왔다. 주요 저역서로는 《취약계층 고용안전망 연구》(2011, 공저)와 《유럽지역경제론》(2012, 공저) 등이 있다.

노승욱 창업플랫폼 창톡 대표

1984년 경기도 성남시 상대원 시장에서 태어났다. 40년 가까이 순대국밥 식당을 해오신 어머니와 재래시장 상인 아저씨, 아주머니들 품에서 자영업자의 애환을 보고 자랐다. 성남서고와 한양대를 졸업했다. 2011년 3월 〈매경이코노미〉에 현재 창업, 유통, IT 등을 맡았다. KBS1라디오 〈성공예감 이대호입니다〉에서 '노기자의 창업트렌드' 코너에 고정출연 중이다. 2016년 매일경제신문사 노력상, 2017년 4월 한국기자협회 '이 달의 기자상'을 수상했다. 삼성전자, 현대카드, 배민아카데미, 중앙대 산업창업경영대학원 등 여러 곳에서 특강을 통해 최신 창업 트렌드를 전하고 있다. 장사 노하우 공유 플랫폼 '창톡' 창업자 겸 대표. 매경이코노미 창업전문기자 12년 근무 후 매일경제신문사 사내 벤처로 '창톡'을 설립해서 2023년 3월 분사. 장사고수와 소상공인 간 가교 역할을 하고 있다.

서민경제의 바로미터, 자영업이 위험하다

옥우석 | 인천대 무역학부 교수

노승욱 | 창업플랫폼 창톡 대표

　"유명했던 골목길 상점들이 2년을 채 버티지 못하고 문을 닫는가 하면 자영업자 은행 연체율은 11년 만에 최고치를 경신했습니다. '폐업하고 싶어도 가게 문을 닫을 수가 없다'는 자영업자들의 목소리가 커지고 있어요. 엎친 데 덮친 격으로 '계엄 쇼크'까지 터지면서 거짓말처럼 주문이 끊겨버린 상황. 빚의 굴레에서 벗어나지 못하는 악순환에 현장 분위기는 과거와 사뭇 다른 심각성을 느끼게 했습니다. 제작진은 서민경제의 한 축을 담당하고 있는 자영업자의 위기가 경제에 미칠 영향이 상당할 것이라는 전문가들의 예측에 따라 우리나라의 자영업자가 얼마나 되는지부터 살펴보기로 했어요. OECD에 따르면 한국의 자영업자 비율은 남미의 다른 국가들과 함께 가장 높은 국가에 속한다고 하는데요. 선진국과 비교하면 그 격차는 더욱 큽니다. 관광으로 먹고사는 것도 아닌 우리나라에서 600만 명의 자영업자 수가 가능했던 이유는 무엇일까요?"

'자영업자 공화국' 대한민국

이재용　　　방송이 나간 후 통계청에서 발표한 자료에 따르면 자영업자의 비중 20%가 붕괴됐다고 하는데, 1963년 통계 이후 처음이라면서요? (자료: 통계청, 2024 경제활동인구조사)

노승욱　　　네, 19.7%를 기록했다고 합니다. 방송 당시만 해도 600만 명이었는데 563만 6,000명으로 줄어든 거죠. 저는 20% 선이 붕괴됐다는 점은 상징적인 의미가 있다고 봅니다. 폐업이 늘어나고 있고 그 자리에 신규 창업이 일어나지 않고 있다는 뜻이기도 하

자영업자 비중 추이 그래프

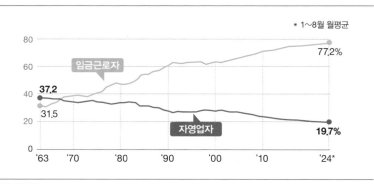

자료: 통계청

경제토크쇼 픽

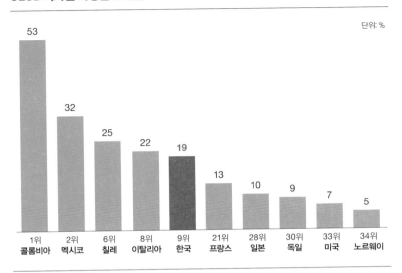

자료: OECD

고요. 뛰어들 엄두를 못 내고 있는 거죠. 그러니까 과포화된 상태가 정상화되는 과정이라고도 볼 수 있습니다. 다만 변화의 속도가 너무 빠르면 경제에 부담이 될 수 있어요. 가계부채랄지, 상가 공실로 인한 부동산 시장에 영향이랄지 말이죠. 장기적으로 봐야 합니다. 선진국의 자영업자 비율을 감안해보면 아직 갈 길이 멀죠.

길금희　　　다른 나라와 비교해보면 OECD 주요국 중에서 노르웨이가 5%로 가장 낮았습니다. 미국이 7%, 독일이 9%, 일본이 10%로 자영업자 비중이 낮은 편에 속했습니다. 우리나라는 남미 국가 등과 함께 자영업자 비중이 가장 높은 나라 중 한 곳으로 꼽혔고요.

이재용　　왜 유독 우리나라에 자영업자가 많은 걸까요?

옥우석　　우리나라의 외식 문화라든지 자영업 부문에 대한 수요가 워낙 큰 측면이 있고 노동시장이 아시다시피 정규직과 비정규직, 낮은 임금을 받는 비정규직 일자리로 구분되어 있습니다. 이렇게 경직된 고용시장에서 밖으로 나간 분들이 이후에 새로운 일자리를 잡는 데 어려움을 겪고 계시지 않나 하는 생각이 듭니다.

노승욱　　미국은 자영업을 기업형으로하는 메가프랜차이지[1]들이 많습니다. 60~70년대까지는 우리나라처럼 생계형 가맹점주들이 많았는데 80년대부터 경기 침체가 오면서 화이트칼라 직장인들이 자영업 시장에 뛰어들게 됐어요. 경영과 회계를 전공한 이들이 프랜차이즈 가맹점을 전문적으로 하게 된거죠. 가장 많이 운영하는 사례를 살펴보니 2000개가 넘습니다.(자료: 2024 MEGA99 RANKINGS) 가맹본사가 아니에요. 가맹점주가 가맹점을 2000개 넘게 거느린다는 거고 이것들이 성장하면서 큰 자본이 들어오고 상장을 하기도 합니다. 자연스럽게 생계형 자영업은 줄어들고 반대로 기업형 자영업, 메가프랜차이지가 큰 축을 담당하게 된거죠. 인구와 산업 구조가 변화하는 측면을 잘 살펴봐야 하는 이유입니다.

1　메가프랜차이지(Mega Franchisee). 법인형 다점포 점주. 1개의 프랜차이즈(본부)에 가맹해 복수의 점포를 경영하거나 몇 개의 다른 프랜차이저에 가맹해 복수의 점포를 경영하는 유형. 일본의 경우 30개 이상 가맹점을 운영하거나 매출액 200억 원(20억 엔) 이상의 기업을 메가프랜차이지라고 정의하고 있다.

이재용   그렇군요. 창업하는데 진입장벽이 있겠어요.

노승욱   우리나라는 창업의 진입장벽도 정말 낮은 편인데요. 예를 들어 프랜차이즈 창업비용 측면에서 봤을 때 미국이나 일본 같은 경우 평균 3억 원 정도는 있어야 창업이 가능하거든요. 그런데 우리나라는 편의점 같은 경우 2,000만~3,000만 원만 있어도 창업을 할 수 있다고 본사에서 꼬드겨요. 소자본 창업을 많이들 하시는데 그런 것들이 창업의 포화도를 높이죠.

이재용   '꼬뜨기다'는 말은 그 정도 자금으로는 무리인데 '일단 시작해보시죠' 하면서 끌어들인다는 말씀이시죠?

노승욱   본사에서는 최저 금액을 말씀하시는 건데 사실상 그렇게 되면 목 좋은 자리는 들어가기 힘들고 기대 매출도 낮은 상황입니다.

이재용   그렇군요. 옥 교수님이 경직된 고용시장을 이유로 꼽아주셨는데 해당하는 분들이 주로 중장년층이잖아요?

길금희   그렇습니다. 우리나라 자영업을 이끄는 중심 세대가 20여 년 만에 40대에서 60대로 바뀌었습니다. 60대 이상 자영업자 비중은 36.4%로 전 세대 가운데 가장 컸는데요. 50대까지 더하게 되면 중장년의 자영업자 비중은 63.7%에 달했습니다. 연구원 측은

연령대별 자영업자 비율

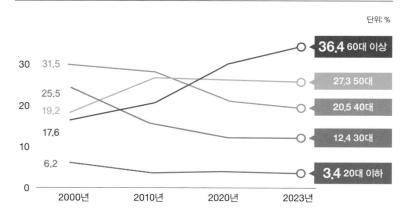

단위: %

자료: 통계청, 한국노동연구원

자영업자의 세대 교체 원인을 '고령화'로 짚으면서 은퇴 세대들이 불안정한 고용 상태에서 자영업으로 대거 유입된 것으로 내다봤습니다.

이재용　　　그렇다면 중장년층이 자영업을 선택하는 다른 이유가 있을까요?

옥우석　　　자영업자의 연소득이 평균 1,938만 원입니다. 월평균으로 하면 약 161만 원이에요. 높지 않은 소득 수준임에도 자영업에 뛰어드는 것이죠. 사실 이전의 생활 수준을 어느 정도 보상해줄 수 있는 일자리를 못 찾다 보니까 스스로 창업을 해서 생계를 유지하고자 하는 경향을 보이는 게 아닌가 싶고요. 두 번째는 아까도 말씀

경제토크쇼 픽

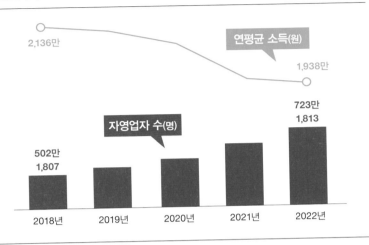

자료: 더불어민주당 양경숙 의원실, 국세청

드렸지만 시장의 일자리들이 사회적으로 좋은 평판을 받는 양질의 일자리가 아니라고 생각하시는 거죠. 눈높이가 다릅니다. 이전에 어느 정도 직장에서 대우를 받고 계시다가 실제로 다른 사람 밑에서 안 좋은 대우를 받으며 일하시는 것을 꺼리게 되고 자영업 시장으로 나서는 게 아닌가 하는 생각이 듭니다.

노승욱 하지만 중·장년 자영업자분들에게 외부 환경이 점점 악화되고 있는 점도 살펴봐야 해요. 요즘 프랜차이즈 일각에서는 45세 이상 점주는 안 받겠다는 이야기도 속속 들립니다. 2030 젊은 자영업자들도 요새 취업이 안 되다 보니까 많이 유입되고 있고 이 친구들이 매뉴얼대로 운용을 잘한다는 측면에서 본사에서 선호하기도 해요. 그러니까 세대간의 경쟁도 함께 일어나는 거죠. 또 하나는 자영업 시장이 과거에는 노동 집약 산업이었다면 요즘은 기술·정보 집약 산업으로 바뀌고 있습니다. 또 앞으로는 차별화된 고유성을 바탕으로 한 '콘셉트 집약' 산업으로 변모해야 합니다. 당장은 배달앱이나 SNS 마케팅 등 온라인 신기술들을 활용해야 가게를 홍보할 수가 있는데 중장년층 분들은 키오스크를 다루는 것도 어려워하시다 보니까 젊은 세대하고 경쟁에서 점점 밀려나고 도태되기 쉽죠.

이재용　　그런데 안타까운 건 경기가 어렵다 보니 문을 닫는 자영업자들이 늘고 있다는 건데요. 구체적으로 얼마나 됩니까?

길금희　　2023년 자영업자 폐업률은 9.5%, 폐업자 수가 91만 1,000명으로 전년 대비 11만 1,000명 급증한 것으로 나타났습니다. 연체율도 높아졌는데요. 2024년 4월 말 국내 은행의 개인사업자 대출 연체율은 0.61%로 2021년 이후 상승 추세에 있어요(금융감독원). 지난 2022년 말부터 금리가 급격하게 오르자 자영업자들이 코로나 19 기간 저금리로 빌린 대출을 제때 갚지 못하고 있는 겁니다. 특히 고령층의 채무 상황 악화 추세가 더욱 두드러졌는데요. 60대 이상 채무불이행 자영업자의 채무액은 평균 약 2억 5,000만 원으로 다른 세대에 비해 가장 높은 수준이었습니다. 60대 이상 고령층의 경우 향후 소득 기반을 마련할 여력이 부족해 영업 한계에 직면한 상태에서도 채무를 늘려 사업을 유지하는 경우가 많은 것으로 보고 있습니다.

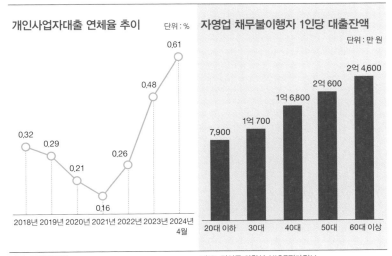

은행권 개인사업자대출 연체율 추이 및 자영업 채무불이행자 1인당 대출잔액 현황

개인사업자대출 연체율 추이   단위 : %

0,32
0,29
0,21
0,16
0,26
0,48
0,61

2018년 2019년 2020년 2021년 2022년 2023년 2024년
4월

자영업 채무불이행자 1인당 대출잔액

단위 : 만 원

7,900
1억 700
1억 6,800
2억 600
2억 4,600

20대 이하   30대   40대   50대   60대 이상

자료: 금융감독원   자료: 김성주 의원실, NICE평가정보

이재용　　　노 대표님은 현장에서 자영업자들을 많이 만나보실 거 같은데, 실제 상황은 어떻습니까?

노승욱　　　사실상 폐업하는 자영업자는 통계보다 훨씬 많을 걸로 예상돼요. "정말 최악이다" "코로나 때보다 어렵다" 이런 말씀들을 많이 하시는데요. 일단 폐업을 하게 되면 지원 제도가 다 무용지물이 되고요. 또 기존에 받았던 대출금을 모두 상환해야 하거든요. 그런데 상환하기가 어려우니까 사업자 등록을 계속 유지하는 거죠. 이를테면 온라인 사업자로 바꾸고 상가 주소를 집 주소로 바꾸고 하는 식으로 유지를 할 수가 있거든요. 그래서 부산의 한 자영업 전문 컨설턴트는 "10년간 폐업 컨설팅을 했지만 요즘처럼 채무 상담

하느라 바쁜 적은 없었다"고 하시더라고요. 저는 첫 단추가 잘못 끼워졌다고 보는 게 빚 때문에 폐업을 못하는 악순환은 코로나 시기를 통과하면서거든요. 선진국들은 코로나 때 자영업자들에게 지원금을 지급하는 형태로 조치를 했고 우리나라처럼 대출을 일으켜서 돈을 빌려주지 않았습니다.

이재용   아, 대출로 지원을 해줬군요. 그걸 모두 갚아야 폐업을 할 수 있는 거고요?

노승욱   미국은 팬데믹실업지원(PUA)[2]과 급여 보호 프로그램(PPP)[3]을 통해 재정 지원을 했습니다. 일본도 최대 100만 엔의 지속화 급부금을 지급했고요.[4] 그런데 우리나라는 대출과 보증 확대를 통한 융자자금 공급을 내용으로 하는 대책들이 주를 이뤘어요. 당시 자영업자들이 '집합 금지'나 '영업시간 단축' 등 정부 규제에 동참을 해줬고 K-방역에도 어느정도 일조했는데 그것에 대한 보상은 따로 없었고요. 금융정책만으로는 한계가 있습니다. 이걸 나중에라도 갚을 여력은 여전히 없기 때문이에요. 그래서 대출 상환 유예가

---

2 팬데믹실업지원(PUA). 실업 보험 혜택을 받지 못하는 자영업자, 프리랜서, 독립 계약자 등을 대상으로 최대 39주의 실업급여를 제공했다. 주당 최소 급여는 각 주 평균 실업 급여의 50%(약 190달러) 수준으로 202년 1월 27일부터 시작돼 여러 차례 연장된 후 2021년 9월 6일에 종료되었다.

3 급여 보호 프로그램. 자영업자와 소상공인들에게 총 9,540억 달러 규모로 저금리 대출을 제공했으며 특정 조건을 충족하면 대출 상환을 면제해주었다.

4 그 밖에 매출이 50% 이상 감소한 자영업자에게 최대 200만 엔의 보조금을 지급했다. 자영업자와 프리랜서 부모에게는 하루 약 4,199엔의 육아 지원금을 제공했다.

만료가 되고 이걸 이제 갚아야 하는 시기에 갚지 못해서 폐업을 하게 되는 분들도 늘어나고 있다고 생각합니다.

이재용   이렇게 장사가 안 된다는 건 내수 경기가 안 좋다는 이야기일 텐데, 이유는 뭐라고 보십니까?

옥우석   기본적으로는 금리 문제겠죠. 고금리가 지속되다 보니까 기업 투자의 기회비용을 상승시키면서 투자 수요를 위축시킬 뿐 아니라 가계도 저축을 하게 돼죠. 그러면서 지갑을 닫게 만들고요. 또 우크라이나 전쟁 이후에 공급망도 문제가 되면서 제조원가 자체가 굉장히 급격하게 상승하고 있어요. 최근 가장 눈에 띄는 점이 수출과 내수가 분리되고 있다는 건데요. 우리나라가 수출 주도형이라고 이야기할 때는 수출이 늘어나면서 발생하는 소득이 다시 내수의 지출로 이어지면서 선순환 구조를 갖게 되는 겁니다. 최근에는 수출이 증가하면서 비즈니스 기회는 확대됐죠. 그런데 투자는 즉각적으로 반응해주는 모습을 보이기 때문에 나은 측면이 있지만 소비는 파급효과가 발생하는 데까지 시간이 많이 소요됩니다. 가계는 소득이 금방 늘었다고 해서 바로 지출하지 않습니다. 어느 정도의 안정적인 소득이 확보될 때까지는 평탄화 시키는 경향이 있기 때문에 당장 소비 변화 폭이 크기에는 어렵지 않을까 예상됩니다.

이재용   그렇다면 자영업 대란이 경제에 미치는 영향은 상당하겠네요.

옥우석　　　가계부채와 관련된 문제가 가장 시급해보입니다. 자영업자들의 가계부채의 구성을 보면 악성 부채가 굉장히 많거든요. 71%가 다중 부채자이고요(한국은행). 다중 부채자인 경우에 연체율도 높고 지급 불능이 되는 확률도 굉장히 높아지기 때문에 이게 방치될 경우에 가계부채 전반적으로 위기를 맞이할 수 있죠.

노승욱　　　경기가 좋아져도 생각해봐야 할 것이 수요가 양극화되고 있습니다. 잘되는 가게만 잘돼요. 소비 패턴도 구조적으로 변화하고 있어서 예전 같은 낙수효과는 기대하기 어렵습니다. 기술 발전도 영향을 미치죠. 예전에는 1등 맛집 줄 서는 게 힘들어서 인근 가게에 다녀오면 됐는데 요새는 줄을 대신 서주는 앱도 나와서 1시간, 2시간을 다른 곳에서 즐기다 오면 되니까 기다릴 수 있는 거예요. 외식의 목적도 단순히 끼니를 때우는 식사가 아니라 미식이나 공간 소비로 이어지고 있기 때문에 손님에게 이런 가치를 제공할 수 없는 일반 식당은 경기가 좋아져도 유효 수요가 예전처럼 늘지 않습니다. 요즘 업계에서는 '밀키트'도 상당히 발달해서 '외식업이 상향평준화됐다'는 말을 많이 하는데 이것도 경쟁 강도를 높이는 요인이 됩니다. 경기 회복에 따라 모든 식당들이 수요를 회복하려면 근본적으로는 각 식당마다 '콘셉트'나 '개성'이 명확해서 '상향평준화'가 아닌 '상향다변화'가 되어야 한다는 거죠.

'더 이상 물러날 곳 없는' 자영업자들

이재용　　　그렇다면 자영업 대란의 원인을 하나씩 짚어보죠. 소비자 입장에서도 물가가 너무 올라서 밖에서 사 먹기가 쉽지 않아요. 자영업자 입장에선 재료비도 만만치 않으니 고충이 이만저만이 아닐 듯한데 어떻게 보세요?

노승욱　　　재정이 악화되니 가계는 외식을 줄이고 회사원들도 더 이상 2차를 안 가죠. 그래서 요즘 자영업자분들은 8시에서 9시 정도면 문을 닫고 배달 라이더 아르바이트를 합니다. 그 정도로 버

2019년 대비 2023년 매출액 증가 업종

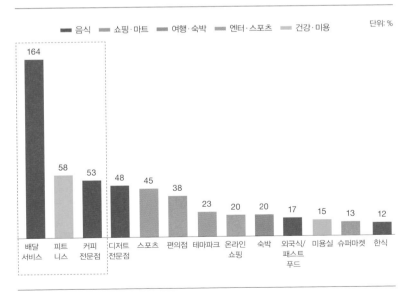

자료: KB국민카드

티기 힘든 거죠. 식자재, 인건비, 월세를 3대 비용이라고 하는데 이걸 다 충당해야 하니까요. 그런데 식자재는 수요나 공급에 따라서 들쭉날쭉하잖아요. 그럴 때 소비자들이 '식자재 원가가 떨어졌는데 왜 가격을 안 내리느냐'라고 타박하시는데 다른 비용들은 올라가다 보니까 그동안 비용 상승분을 이제 좀 상쇄하는 부분이 있다고 이해해주시면 어떨까 합니다.

이재용 　방금 자영업자분들이 가게 문을 닫고 배달 아르바이트를 한다고 하셨는데 그만큼 배달 수요가 많잖아요?

길금희 　코로나 때 외출을 못 해서 급증했던 배달 수요가 지금까지 이어지고 있습니다. 배달 서비스 매출이 2019년과 비교해서 무려 164%로 크게 늘어난 것으로 조사됐어요. 더구나 국내 주요 배달 어플 업체들이 시장 점유율을 높이기 위해서 무료 배달 등 할인 경쟁을 펼치고 있어서 이용자의 유입은 계속해서 이어지고 있는 상황입니다.

이재용 　말씀하신 대로 '무료배달'이 소비자 입장에선 좋지만 자영업자 입장에선 수수료 부담이 크죠. 정치권에서도 배달업계 상생안을 마련하고 있고요.

노승욱 　네, 예를 들어 약 2만 원의 치킨을 판다고 가정해봤을 때 자영업자분들이 배달앱에 내야 하는 돈이 배달비를 포함해

주문금액대별 배민1플러스 요금제 개편 전후 비교   단위: 원

주문금액	1만 원	1만 5,000원	2만 원	2만 5,000원
중개이용료	980(680)	1,470(1,020)	1,960(1,360)	2,450(1,700)
업주부담배달비	2,900(3,200)	2,900(3,200)	2,900(3,200)	2,900(3,200)
결제정산이용료	300(300)	450(450)	600(600)	750(750)
부가세	418(418)	482(467)	546(516)	610(565)
총액	4,598(4,598)	5,302(5,137)	6,006(5,676)	6,710(6,215)
차이	변동없음	165, 3.2%인상	330, 5.8% 인상	495, 7.9% 인상

서울 지역 기준, 괄호 안은 개편 전
자료: 금융감독원 전자공시시스템

6,000원 정도가 됩니다. 한국 프랜차이즈 산업협회가 금액대별 배달앱 비용을 추산해봤는데 1만 원은 46%, 2만 원은 30%, 3만 원은 24.7%의 배달 관련 비용이 점주에게 전가된다는 발표도 있었어요. 그러면 이 6,000원에서 자영업자 본인이 부담을 할 것인지, 아니면 소비자에게 배달료를 전가시킬 것인지 비중을 정할 수 있어요. 일부 배달앱들이 그러니까 무료배달이나 1,000원 정도 받는 가게들이 상단에 노출되죠. 결국 자영업자는 배달료를 손님에게 전가하지 못하고 울며 겨자 먹기로 6,000원을 다 부담할 수밖에 없는 겁니다. 품목별로 계산을 해보면 2만 원 정도의 단가로 치킨을 팔아서는 남는 게 없어요. 배달앱 수수료와 라이더 비용이 30~40%, 식자재비가 20~30% 되고 인건비가 20%, 월세가 10%, 전부 계산해보면 많이 남아봐야 10% 정도 됩니다.

옥우석　　　배달 플랫폼에 대해서는 순기능과 역기능 두 가지 모두 살펴볼 필요가 있습니다. 배달 플랫폼이 생겨난 과정을 추적해

보면 쉽습니다. 우리가 어렸을 때의 중국집을 상상해보죠. 소위 '철가방'이라고 해서 동네마다 배달원이 고용이 되어서 배달일을 대행했죠. 그러다가 인건비가 올라가니까 동네에서 배달원들을 모아 관리하면서 배달 서비스를 시작했어요. 이게 고도화되면서 플랫폼이 나오게 된 거고요. 그래서 사실상 경영 효율화에 도움이 될 수 있는 하나의 제도와 기술이긴 합니다. 하지만 공정거래의 측면에서 보면 두 가지 서비스를 한꺼번에 묶은 끼워팔기로 볼 수 있어요. 예를 들어서 예전에 마이크로소프트가 OS 체계에 인터넷 익스플로우를 끼워서 같이 출시했을 때, 마이크로소프트는 효율적이라고 주장을 했지만 미국의 반독점 당국은 그렇지 않다고 판단한 게 대표적인 사례잖아요. 마찬가지로 배달과 주문을 같이 묶어서 독점을 계속 유지하도록 하는 것이 앞으로 소비자 시장이나 자영업 시장에 바람직한 것인가에 대한 논의와 법률적인 검토들이 필요한 게 아닌가 싶습니다.

이재용　　그렇군요. 요즘엔 소비 성향도 달라져서 어중간한 곳에는 돈을 잘 안 쓴다고도 해요. 오히려 큰돈이 들어가는 곳에 한번에 쓴다는 얘기도 있고요?

길금희　　네, 맞습니다. 아예 저렴하거나 아니면 날 위한 소비로 목돈을 한꺼번에 쓰는 경향을 보이는 건데요. 3대 백화점의 해외 유명 브랜드 매출은 2024년 1~2월 전년 동월에 비해 6%대 증가하다가 3월에는 13.9%나 급증했습니다. 1분기 해외여행객 수도 742만 명으로 67억 4,000만 달러를 지출했고요. 전년 동기 대비하면 각각 49%, 19% 증가한 수치입니다.

이재용　　　자영업자 입장에서는 이 현상을 어떻게 봐야 하고 어떻게 반영해야 할까요?

옥우석　　　최근에 자영업이 영세화되고 있다거나 부실화되고 있다고 할 때 솔루션으로 쉽게 언급되는 게 '경영 효율화'인데요. 뭐 틀린 이야기는 아니지만 그게 다일까 하는 생각을 합니다. 효율성이 가장 첫 번째가 되면 규모의 경제 측면에서 소상공인들은 절대로 대형마트나 대기업하고 경쟁을 할 수 없거든요. 그러니까 결국 경쟁력은 자신의 차별성에서 오는 거고 차별화된 서비스에서 오는 겁

해외 유명 브랜드 백화점 매출 증감률과 1분기 해외여행 지출

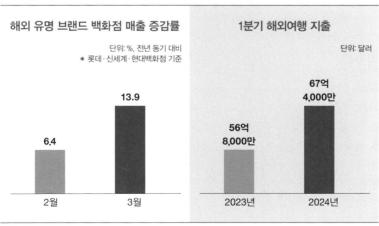

자료: 산업통상자원부

니다. 대기업이 표준화된 서비스를 제공할 때 자영업에서는 그것이 커버하지 못하는 시장을 노려야 하는 거죠. 그래서 자영업에 뛰어드실 때도 '커피숍이나 한번 해보면 어떨까'라고 하면서 뛰어드는 게 아니라 '콘텐츠'라고 해야 할까요? 내가 고객에게 무엇을 제공할 것인지를 분명히 하고 창업을 하셔야 한다고 당부드리고 싶어요.

노승욱　　최근에 판교 쪽에서 카페로 대박을 낸 분이 있는데 이분의 사례를 한 번 보면요. 회전율이 떨어져서 커피만 팔아서는 매출을 일으키기 어렵기 때문에 베이커리나 디저트 쪽을 어떻게 가져가야 할지에 초점을 맞췄습니다. 그래서 다른 카페들은 베이글이나 도넛에 집중할 때 이분은 프렌치 토스트로 차별화를 했습니다. 경기도에서 프렌치 토스트를 주력으로 파는 카페는 없었고 이런 것들이 또 익스테리어⁵에 반영이 됩니다. 그러니까 우리 가게가 이런 콘셉트라는 것을 외관으로도 드러나게 하면서 손님을 유입시키는 거죠.

길금희　　문턱에서부터 들어가고 싶게 만드는 그런 외관이 중요해지겠네요.

노승욱　　맞아요, 그동안은 외관보다는 인테리어에 집중하는

5　익스테리어(Exterior). 건물의 외관을 디자인하는 일. 실외 장식이라고도 하며 '인테리어(Interior)'와 대비되는 뜻으로 사용한다.

분위기였다면 요즘은 인테리어 비용을 조금 절약해서 익스테리어에 더 투자하는 경향이 나오고 있습니다.

옥우석　　　사실 서비스업이라는 게 뭔지 자세히 살펴볼 필요가 있어요. 예전에 가정에서 만들어서 공급하던 것들을 소득수준이 올라가다 보니까 가정에서 외주화시킨다고 봐야 하거든요. 지금은 없지만 옛날에는 있었던 것 중에 '사랑방'이라는 게 있어요. 보통 동네 가게가 그런 역할을 하곤 했죠. 그런데 요새 소상공인들을 지원해주는 제도를 보면 '키오스크'를 장려하는 측면이 있는데 이게 하나의 트렌드라고도 보이지만 다른 한편으로는 거기에 너무 의존할 필요는 없다고 봅니다. 모든 가게가 키오스크로 주문하고 로봇으로 서빙한다면 사실 그 집은 몇 번 가고 나서 다시 찾아갈 이유는 되지 못하죠. 저 같은 경우도 자주 찾는 집은 사장님과 인사를 나누고 사람의 정이 느껴지는 곳이거든요. 맛이나 외관으로 승부를 하겠다고 하시는 분들도 계시는 거고 이 동네에서 사랑방 역할을 하시겠다는 분들도 있을 수 있죠. 그것도 하나의 '콘셉트'가 될 수 있습니다.

600만 자영업, 생존의 길은?

이재용　　　자영업 위기에 대해 정부에서도 대책 마련에 나섰죠. 핵심 과제로 자영업 구조개혁을 꼽았는데 구체적으로 어떤 내용입

니까?

길금희　　　근본적인 체질 개선을 위한 구조개혁을 말하는 겁니다. 경쟁력이 낮거나 이미 폐업한 자영업자들이 안정적인 임금근로자로 취업할 수 있도록 지원하고, 사업 유지를 원하는 자영업자에 대해서는 현금 지원은 최소화화되 경영 효율화를 위한 기술 지원을 확대할 것으로 보이는데요, 가령 인건비 직접 지원 대신 장기적으로 비용을 줄일 수 있는 키오스크 도입을 돕는 식입니다.

옥우석　　　우리나라의 자영업 비율이 높다 보니까 이 기회에 구조조정을 해서 비중도 점점 낮추려고 방안을 낸 것 같아요. 그렇지만 저는 선후가 좀 바뀐게 아닌가하는 우려가 듭니다. 예를 들어 일자리를 늘리겠다는 방안은 납득될 만한 일자리가 없기 때문에 창업을 하는 수요가 많아지는 것이거든요. 이분들에게 취업을 유도한다는 것이 얼마나 실효성이 있을지는 미지수고요. 폐업 지원과 관련해서는 '새출발기금'⁶이라는 대응책도 마련했는데 신청 절차가 복잡하기도 하고 무엇보다 이 혜택을 받고 나면 그다음에 대출을 받을 수 없는 굉장히 큰 신용 불이익이 있습니다.

6　새출발기금. 2020년 4월~2024년 6월 중 사업을 영위한 개인사업자 또는 법인 소상공인이 보유한 금융권 대출에 대해 새출발기금 신청을 통해 상환기간은 늘려주고 금리 부담은 낮추되 채무상환이 어려운 차주에게는 원금조정을 도와주는 채무조정 프로그램

노승욱　　　자영업자 총량제[7] 이야기도 나오더라고요. 그렇지만 직업 선택의 자유를 침해할 수 있기 때문에 수요를 간접적으로 조절할 수 있는 방법을 찾아야 할 것 같습니다. 신도시 같은 경우에 상가 공급 비율을 줄이면 창업할 수 있는 용지가 줄어들게 되면서 자연스럽게 공급이 줄어들게 되거든요. 그렇지만 건설업계 입장에서는 경쟁 입찰 방식으로 분양되는 상업용지가 분양가를 훨씬 높게 받을 수 있기 때문에 신도시를 보면 상업용지가 많을 수밖에 없어요. '세종시는 프랜차이즈의 무덤이다'라는 이야기가 나올 정도로 공급 과잉이었던 시절도 있었습니다.

이재용　　　세종시에 프랜차이즈가 많습니까?

노승욱　　　제가 기자로 활동할 당시 세종시장을 인터뷰한 일이 있었습니다. 저희 어머니도 당시 세종시에서 장사를 하셨거든요. 주거 대비 상업용지가 너무 많아서 자영업자들이 1년도 못 버티고 망하는 사례가 늘어난다는 지적에 대해서 의견을 물었습니다. 그 부분에 대해서는 인정하시더군요. 상가 공급은 경제성장기에는 자연스러운 과정이었지만 이제는 인구가 점점 줄어들고 있고 온라인 수요로 넘어가고 있는데 패러다임의 변화에 대응하지 못하고 그저 관성적으로만 반응하고 있는 거죠.

7　　자영업자 총량제. 자영업자의 수를 일정 수준으로 제한하거나 관리하려는 정책 개념. 직업 선택의 자유를 침해할 수 있다는 우려와 함께, 헌법 및 자유시장경제 원칙과 충돌할 수 있다는 비판도 받고 있다.

이재용 　　한편 민주당에선 '민생회복지원금'이라고 해서 지역화폐로 지급하자는 의견인데요. 도움이 될까요? 재원 조달에 대한 비판적 시각도 있는데요.

옥우석 　　내수가 극도로 위축돼 있는 상황에서는 일시적이고 단기적인 처방으로 의미가 있습니다. 하지만 과거 사례를 들어보면 인천에서 '인천e음'[8] 프로모션을 진행한 적이 있어요. 한 달 동안 캐시백을 올려준 건데 이게 일상적으로 쓰는 게 아니다 보니까 음식점이 아니라 학원비라든지 목돈으로 지출이 되는 거예요. 정작 필요한 곳에서 효과를 발휘하지 못하는 거죠. 민생회복지원금도 일시적인 효과일 텐데 똑같은 액수를 지원한다면 타깃을 좁게 한다든지 정밀하게 실효성을 높이는 방안을 고려해봐야 합니다.

노승욱 　　지원 방법의 효율성을 비교해보는 것도 방법일 것 같아요. 지역화폐를 통해서 간접적으로 지원해주는 것이 아니라 그냥 현금으로 돌려주는 방법도 있고요.

이재용 　　전 국민에게 주는 것이 아니고 자영업자들에게 몰아서 지원해주자는 말씀이시죠?

8　　인천e음. 인천 지역경제 활성화를 위해 전국 최초로 만들어진 모바일앱과 선불카드가 결합된 인천사랑 전자상품권

경제토크쇼 픽

노승욱　　　이를테면 일정 매출 이하의 자영업자분들에게 지원을 해주겠다는 기준을 마련한다든지, 코로나의 부채를 탕감해준다든지 하는 방안들이 직접 지원이 될 수 있는 방안이고요. 보통 자영업자들의 매출을 살펴보면 평균 20% 정도가 순이익으로 남거든요. 그런데 지역화폐 10만 원을 자영업자들에게 쓴다고 하면 그들이 손에 쥐는 돈은 2만 원에 불과합니다. 단순 계산하면, 자영업자에게 10만 원을 선별 지원했을 때보다 지원 효과가 5분의 1로 줄어드는 셈이죠. 그래서 직접 지원도 고려해봐야 한다는 거죠.

옥우석　　　자영업자들의 경쟁 환경이 공정한지도 들여다봐야 해요. 예를 들어 대형마트에 가면 흔히 '원 플러스 원'[9] 프로모션을 흔히 볼 수 있잖아요. 저는 개인적으로 이걸 좀 규제해야 한다고 봐요. 소위 '덤핑'[10]에 가까운 거고 소비자들이 적정 가격이 뭔지 알 수 없고 혼란스럽게 만드는 것 중에 하나라고 생각합니다. 자영업은 본질적으로 대기업이나 대형마트에 비해서 더 높은 비용 부담이 발생할 수밖에 없는데 이 경쟁 체계 속에서도 불공정한 측면이 남아 있다면 불리한 거죠.

이재용　　　공정한 경쟁 환경 말고도 자영업하기 좋은 환경이란

9　　원 플러스 원(One Plus One). 편의점이나 대형마트의 할인 행사의 일종. 특정 해당 물품 1개 구매 시 1개를 공짜로 더 주는 것
10　　덤핑(Dumping). 채산(수입과 지출을 맞추어 계산하는 것)을 무시하고 저렴한 가격으로 상품을 대량으로 파는 일. 이 행위로 무역시장을 교란시키기 쉽다.

어떤 걸까요?

옥우석　　지금 일본 키지조치[11]라는 지역이 성공 사례로 꼽히는 데요. 행정은 조력자로서만 역할을 하고 커뮤니티의 디자인을 지역 상인들에게 맡겼다는 점이 주효했습니다. 우리나라는 이를 토대로 배울 점이 있을 것 같아요. 자영업에 대한 주무 부서들은 대부분 지원 부서로 머물러 있고요. 지역 정책이나 산업 정책과 결합돼 있는 경우는 굉장히 드문 것 같습니다. 이게 산업 정책이 되어야 한다고 생각하는 이유는 공동체 차원에서 역량이 마련되어야 하고 리더십도 그 안에 담겨져야 하기 때문이에요. 그러려면 그릇이 되는 어떤 '체계'가 만들어져야겠죠.

노승욱　　선배 창업가의 노하우가 후배 창업가로 전달되는 경로도 전무합니다. 미국과 우리나라를 비교해보면 문화적 차이가 큽니다. 미국의 경우 맥도날드를 오픈하려면 9개월 정도 교육을 받아야 해요. 그에 비해 우리는 교육을 2주도 채 받지 못합니다. 자영업자 대부분이 보통 전 재산을 바쳐서 창업을 하세요. 그런데 제대로 된 교육을 받을 곳이 없는 것이죠. 소상공인시장진흥공단에서 컨설팅을 해주긴 하지만 장사 경험이 없는 컨설턴트가 대부분이라 이 분들에게 실질적으로 도움을 받긴 어려워요. 성공한 선배 창업가가 후배 창업가를 멘토링하는 백종원 대표 같은 사례들이 계속 나오

11　일본 키지조치. 일본 도쿄도의 지역. 1980년대부터 '지역 만들기' 중심 상업 커뮤니티 형성

도록 지원을 할 필요가 있습니다.

이재용   네, 우리 경제의 고질병으로 지목되는 자영업의 위기, 이번에 그 악순환을 끊을 수 있도록 근본적인 대책이 마련되길 바라봅니다.

열 번째 경제 이야기 '핵심 노트'

- 자영업자 공화국이라고 불리는 '대한민국'. OECD 주요 국가 별 자영업 비중을 살펴보면 남미 국가 등과 함께 자영업자 비중이 높은 나라 7위를 기록했다.
- 퇴직 후 재취업이 어려운 '경직된 고용시장'과 '낮은 창업 진입 장벽' 등이 자영업자 증가로 이어지고 있다.
- 2023년 자영업자 폐업률은 9.5%로 전년 대비 11만 1,000명 급증했다. 자영업자들의 가계부채 구성을 보면 악성 부채가 많아 연체율이 높고 지급 불능 확률도 높기 때문에 가계부채 전반적으로 위기를 맞이할 수 있다.
- 최근 '무료배달' 앱이 늘면서 자영업자들의 수수료 부담이 커지고 있다. 온라인 구매가 늘어나는 등 소비 트렌드의 변화를 따라가지 못하는 실정이다.
- 정부에서 추진하는 자영업 구조개혁과 야당의 민생회복지원금 정책은 각각 장기적·단기적 대안은 될 수 있겠지만 근본

대안으로는 부족하다. '정책적 상상력'이 필요한 시점.

- 전문가들은 지역 상권을 위한 공동체의 노력이 필요하다는 점에서 일본의 키지조치의 사례를 제시했다. 선배 창업가의 멘토링을 활성화하여 실질적인 노하우가 전수될 필요성도 덧붙였다.

▶방송 다시보기

경제토크쇼 픽

유재언 가천대 사회복지학과 교수

유재언 교수는 가천대학교 사회복지학과에서 교수로 재직 중이며, 아이오와 주립대학교에서 인간발달가족학 박사 학위를 취득했다. 한국노년학회 대외 협력이사로 활동하고 있으며, 과거에는 보건복지부 고령친화혁신추진단 위원과 한국보건사회연구원 고령사회정책연구센터 부연구위원을 역임했다. 또한, 보건복지부의 돌봄경제 육성전략 수립 연구책임자로 활동했으며, 저출산고령사회위원회 전문가 자문단에서도 활동했다. 유재언 교수는 고령화 사회와 노인 복지 분야의 전문가로, 다양한 학술 연구와 정책 자문 활동을 통해 사회에 기여하고 있다.

홍춘욱 프리즘투자자문 대표·이코노미스트

연세대학교 사학과를 졸업한 뒤 고려대학교 대학원에서 경제학 석사, 명지대학교에서 경영학 박사 학위를 받았다. 1993년 한국금융연구원을 시작으로 국민연금 기금운용 본부 투자운용팀장, KB국민은행 수석 이코노미스트 등을 거쳐 현재는 프리즘 투자자문 대표로 일하고 있다. 2016년 조선일보와 에프앤가이드가 '가장 신뢰받는 애널리스트'로 선정했으며, 수년간 부동산 및 금융 분야, 국제 경제 전망을 아우르는 전문가로서 각종 미디어의 1순위 인터뷰 대상자로 손꼽혀 왔다. 저서로는 《투자에도 순서가 있다》,《돈의 역사는 되풀이된다》,《50대 사건으로 보는 돈의 역사》 외 다수가 있다.

700만 베이비부머가 온다, 새로운 생존전략 '욜드 경제'

유재언 | 가천대 사회복지학과 교수

홍춘욱 | 프리즘투자자문 대표·이코노미스트

"고령화 문제는 나와는 너무 먼 미래의 이야기일까요? 2050년 인구 절반이 노인이라는데 아직 체감이 잘 안 됩니다. 고유 대명사가 된 것처럼 아무런 감각이 없어지는 단어는 이미 많은 언론들이 통과의례처럼 다루는 주제가 됐습니다. 분명 중요한 주제인데, 제작자 입장에선 너무 어려워진 단어. 우리는 어떻게 하면 색다른 시각을 제공할 수 있을까. 또 보는 이들이 만성화된 이 문제를 가장 시급하게 느끼되 전문가들은 현실적인 대안을 제안해볼 수 있을지 서로가 서로에게 답변을 요구하며 시뮬레이션했습니다. 그러던 중 저희는 욜드(Yold)라는 단어를 발견했습니다."

'욜드'라는 단어, 들어보셨나요?

이재용　　　고령인구가 늘고 있다는데 체감이 잘 안 돼요. 아마도 시각적인 이유도 있는 것 같은데 다시 말해서 노인인데 노인 같지가 않아요. 이른바 '욜드'가 많아졌기 때문이라는데, 정확히 그 뜻이 뭡니까.

이정호　　　욜드(Yold)라는 말이 완전히 최근에 생긴 말은 아니고요, 몇 년 전부터 사용되던 말인데 영(Young)과 올드(Old)의 줄임말입니다. 말 그대로 젊은 노년층을 말하는데요. 좀 더 건강하고 부유하며 사회적·경제적인 영향력이 큰 노년층을 말합니다. 그런데 이들이 재산을 소비하기보다는 저축을 늘려가고 있다고 해요. 한국은행에 따르면 2035년까지 가계 씀씀이가 해마다 0.7%씩 감소할 걸로 나타났는데요. 기대수명이 연장되면서 노후 소득에 대한 확신이 없으니까 그 부담 때문에 저축을 늘려가고 있는 것으로 보입니다.

이재용　　　두 분은 이런 현상의 원인에 대해 어떻게 보고 계십니까.

유재언　　　우리나라에서는 너무나 당연하게 생각하지만 중·고령자의 75~80%가 부동산으로 자산을 가지고 있습니다. 그런데 미국 같은 경우에는 금융자산 비중이 되게 높고요. 유럽 국가 같은 경우에는 연금 비중이 높거든요. 그 얘기는 똑같은 자산을 가지고 있더

고령가구의 자산 구성

단위 만원, %

연도	순자산	총자산	실물자산	부동산	그외	금융자산
2016	30,767	34,946	83.8%	80.8%	3.0%	16.2%
2017	33,676	37,787	83.6%	80.0%	3.6%	16.4%
2018	33,571	37,830	83.6%	80.3%	3.3%	16.4%
2019	34,954	39,426	83.0%	80.2%	2.8%	17.0%
2020	41,048	45,615	83.7%	80.9%	2.8%	16.3%
2021	45,364	50,289	85.1%	82.4%	2.7%	14.9%

자료: 통계청, 「가계금융복지조사」, 2017~22.

해외 주요 국가 고령가구의 자산 구성

	이탈리아 ('16)	독일 ('17)	핀란드 ('16)	호주 ('18)	노르웨이('20)	영국 ('19)	미국 ('19)
부동산	75.8	73.0	71.4	67.9	65.8	60.4	38.7
기타 실물	10.7	9.7	3.8	10.2	6.1	15.7	19.1
금융자산	13.4	17.3	24.8	21.8	28.0	23.9	42.2

자료: 룩셈부르크 소득연구의 LWS(Luxembourg Wealth Study) DB.

라도 미국이나 유럽에 계신 노인분들은 그것을 쓸 수 있는 소비 여력이 큰 거죠. 그런데 우리나라에 1주택을 가지고 계신 분들께서는 자산은 크지만 충분하게 소비를 할 수 있는 소득은 적어서 우리나라의 소비시장은 점점 줄어든다고 할 수 있겠고요.

이재용 이탈리아나 독일도 부동산 비율이 꽤 높은데요?

유재언 이곳들도 우리나라와 비슷합니다. 이탈리아 같은 경우도 가족 중심 국가라 부양의 책임을 가족이 지게 됩니다. 각 나라마

세대별 노인빈곤율(2016~21년)

(%)	2016	2017	2018	2019	2020	2021
30년대 후반 출생	59.5	58.1	57.5	56.2	55.4	56.3
40년대 전반 출생	51.5	51.3	52.2	56.4	51.2	51.3
40년대 후반 출생	34.7	37.1	40.3	42.5	42.2	44.5
50년대 전반 출생	23.3	24.7	25.8	26.5	27.3	27.8
50년대 후반 출생	15.5	16.8	16.3	17.8	18.4	18.7

-●- 30년대 후반 출생 -●- 40년대 전반 출생 -▲- 40년대 후반 출생 -◆- 50년대 전반 출생 -■- 50년대 후반 출생

자료: 통계청, 『가계금융복지조사』, 2017~22를 이용하여 저자 계산.

다 연금 제도가 잘되어 있는지도 따져볼 문제고요.

홍춘욱　　특히 베이비붐 세대[1]들은 1970년대 중학교 평준화 조치로 진학률이 오르면서 부를 축적하기 유리하게 됐죠. 2023년 노인가구의 연간소득을 살펴보면 3,469만 원, 금융자산 규모는 4,912만 원, 부동산 자산 규모는 3억 1,817만 원으로 각 항목별로 2020년 조사 대비 큰 폭으로 증가했어요. (자료: 보건복지부 노인실태조사) 조사를 시작한 이후 지속적으로 증가하고 있다고 합니다. 이분들이 살아온 배경을 보면 이해가 쉬운데요, 1990년대에는 정보통신 혁명이 왔는데 이때 베이비붐 세대가 30대였죠. 젊은 세대들이

1　베이비붐 세대. 한국전쟁 이후 출생한 세대로 1955~1963년에 태어난 세대를 뜻함. 약 700만 명으로 전체 인구의 약 14%를 차지. 베이비붐 세대만 봤을 때 700만 명이고, 연도별 출생아 수가 점차 늘어나던 1970년대 초반까지 보면 두 배 더 많은 1,500만명까지 넓게 보는 견해도 있음

변화에 민감하잖아요? 이에 대처하면서 자산을 늘리는 속도가 더욱 빨라졌고요. 자료를 보면 1930년대에 태어나신 분들의 노인빈곤율은 무려 50%가 넘습니다. 그에 비해 우리나라 '58년 개띠'의 노후빈곤율은 18%에 불과하죠.

이재용　　　말씀하신 대로 우리나라 고도성장기에 성장 그래프를 같이 타고 올라간 세대가 바로 베이비붐 세대라고 할 수 있죠. 이를테면 부동산 폭등도 몇 번 겪었고요. 주식 폭등도 몇 번 겪으면서 부를 축적할 수 있는 기회가 여러 차례 있었다고 합니다. 문제는 이분들이 지갑을 닫고 있다는 거죠. 이게 우리 경제에 얼마나 영향을 미치겠습니까.

유재언　　　자료를 보면서 설명드릴게요, 2019년부터 베이비부머 세대들이 본격적으로 은퇴하기 시작했어요, 이전에는 경제성장률이 높았는데 점진적으로 낮아지고 있는 상황이죠. 물론 베이비부머의 은퇴 때문만은 아니겠지만 연관이 있다고 봐요. 한국은행에서 전망한 두 번째 자료를 보시면 2차 베이비부머 세대[2], 그러니까 앞으로 은퇴할 분들의 평균 소비성향까지 하락세를 보이고 있어요. 그러니까 앞으로 우리나라 GDP는 점진적으로 낮아질 수밖에 없다고 봅니다.

2　　2차 베이비붐 세대. 한국에서의 베이비붐 세대란 주로 1955년생에서 1974년생까지를 일컫는데 1차 베이비붐 세대(1955~1963년생)와 2차 베이비붐 세대(1964~1974년생) 로 나뉜다.

　　　　　　　　　　　　　　　　　　　　　경제토크쇼 픽

한국 가계의 연령대별 경상소득 추이(2017~2021)

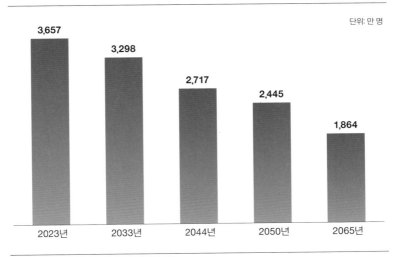

단위: 만 명

3,657 — 2023년
3,298 — 2033년
2,717 — 2044년
2,445 — 2050년
1,864 — 2065년

자료: 한반도미래인구연구원, 〈2024년 인구보고서〉

홍춘욱 50대 가구의 소득이 얼마냐면 약 6,600만 원, 꽤 높죠. 가구 소득이니 오해하시면 안 됩니다. 그런데 65세 이상 가구 소득은 2,500만 원에 불과합니다. 참고로 우리나라 전체 평균 소득은 5,000만 원이고요. 자녀가 대학을 갈 나이이기도 하고 인생에서 가장 지출이 많은 나이가 50대잖아요. 소득이 높음에도 불구하고 15년 사이 소득이 확 줄어드는 거죠. 이것이 핵심입니다.

유재언 맞아요. 60세 정년이라고 하지만 주된 일자리에서 퇴직하는 나이는 50대 초중반이란 말이죠. 소득이 급감하니까 소비까지 잠급니다. 청장년 이하 세대는 인구도 적고 자산도 적은데 자산을 가장 많이 가지고 있는 분들이 소비를 안 하면 내수경제는 침체

한국은행 국민계정

경제성장률															
	1990	2000	2010	2011	2012	2013	2014	2015	2016	2017	2018	2019	2020	2012	2022	2023
경제 성장률	9.9	9.1	6.8	3.7	2.4	3.2	3.2	2.8	2.9	3.2	2.9	2.2	−0.7	4.3	2.6	1.4

출처: 한국은행, 「국민계정」

평균 소비 성향[1][2]

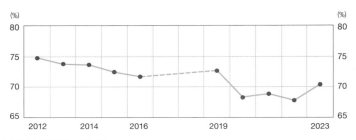

주: 1) 소비지출 / 처분가능소득 * 100
    2) 2017~18년에는 평균소비성향 시산에 필요한 조사항목이 생략되었음
자료: 통계청 가계동향조사

될 수밖에 없습니다. 그러니 노년기에 접어드는 베이비부머들이 경제활동, 생산활동, 소비활동을 할 수 있도록 해줘야 하죠.

베이비부머의 생존 전략 '고용 확대'

이재용   그래서 베이비붐 세대의 고용을 확대해 소비 여력을 키워야 한다는 얘기가 나오고 있는 거잖아요. 노동시장 상황은 어떻습니까?

한국, OECD국 취업자 평균연령 전망

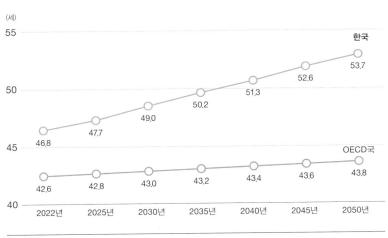

(세)

연도	한국	OECD국
2022년	46.8	42.6
2025년	47.7	42.8
2030년	49.0	43.0
2035년	50.2	43.2
2040년	51.3	43.4
2045년	52.6	43.6
2050년	53.7	43.8

자료: OECD, 통계청, SGI

이정호　　　　네, 생산가능인구[3]가 2023년 4,657만 명에서 2044년 2,717만 명으로 1,000만 명 가까이 줄어들 것으로 전망되고 있습니다. (한반도미래인구연구원, 2024년) 인구 자체도 줄고 있는 데다 베이비붐 세대까지 은퇴하며 이후에도 일할 사람은 계속해서 줄어들 것으로 보이는데요. 연구원은 "생산가능인구 감소가 소비 활력을 떨어뜨려 내수시장 붕괴를 불러오고 노인 부양 부담이 커져 경제성장 속도가 급속히 둔화하면서 장기 저성장이 굳어질 것"이라고 진단했습니다.

이재용　　　　실제 60대면 아직 한창 일할 나이라며 퇴직 후 재취

3　　생산가능인구. 생산활동이 가능한 15세~64세에 속하는 경제성장의 핵심 기반이 되는 인구

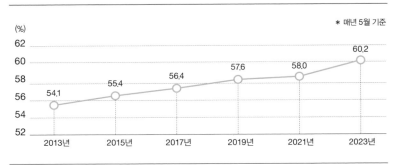

고령층(55세~79세) 경제활동 참가율

(%)　　　　　　　　　　　　　　　　　　　　　　* 매년 5월 기준

62

60　　　　　　　　　　　　　　　　　　　　　　　60.2

58　　　　　　　　　　　　　57.6　　　　58.0

56　　　　　　56.4

54.1　　55.4

54

52

　2013년　　2015년　　2017년　　2019년　　2021년　　2023년

자료: 통계청

업하시는 분들도 많더라고요. 자료를 보시면 우리나라 취업자의 평
균연령도 올라가고 있는데, 2030년에 50세를 넘어서고, 2050년에
53.7세를 기록할 것으로 예측이 됐습니다. OECD 국가가 43.8세라
는 것을 감안해보면 열 살가량 높게 나타난 거라는데, 어떻게 봐야
합니까?

유재언　　　청년 세대에서는 좋은 일자리 경쟁이 더욱 치열해지
고 있어요. 과거에 비해 대기업과 중소기업, 정규직과 비정규직 간
임금 격차가 커지고 있기 때문인데요. 그로 인해 청년기에 좋은 일
자리에 진입하기 위해 준비하는 기간도 너무 길어지고 있어요. 물
론 청년 세대만의 문제는 아니고 기혼 유자녀 여성의 재취업도 늘어
나고 있어요. 주변만 둘러봐도 맞벌이가 흔해지고 있죠. 10년 전에
는 홑벌이가 다수였는데 말이죠. 여기에 더해서 50~70대 초반 경제
활동 참가율도 점점 높아지고 있는데 정부의 노인 일자리 사업으로
노인의 10%를 지원하고 있고, 또 그렇지 않더라도 70대 초반까지는

열악한 처우에서라도 어떤 일이든 하고 계세요. 아마 그게 반영된 것이 아닌가 생각됩니다.

홍춘욱   지방과 수도권의 노령가구의 자산 차이도 들여다봐야 해요. 수도권 노령가구의 자산은 65~69세에 정점에 도달해요. 지방 노령가구의 경우는 55~59세로 10년이 빠르죠. 축적된 자산의 차이와 근로자로서의 지위 차이, 주된 일자리로부터의 퇴직 연령 차이 등이 복합적으로 작용했을 겁니다.

이재용   실제 고령층의 경제활동 참가율은 어때요?

이정호   네, 고령층 경제활동인구는 932만여 명으로 처음으로 60%를 넘어선 것으로 집계됐는데요. 노인 10명 중 6명은 일하거나 적극적으로 구직 활동을 한다는 의미입니다. 또한 고령층 가운데 3명 중 2명꼴로 앞으로도 일을 계속 하고 싶어 하는 것으로 나타났는데요. 평균 73세까지 일하고 싶어 하는 것으로 조사됐습니다.

유재언   OECD 국가 노인에 비해 우리나라 노인의 역량이 특별히 더 높지 않은데도 불구하고 경제활동 참가율이 유난히 높은 건 아까도 말씀드렸듯이 소득이 매우 적기 때문이에요. 이분들의 연금 소득이 갑자기 높아질 일은 없을 거라 자산을 소득으로 전환하는 큰 변화가 이뤄지기 전에는 생계를 위해 일하는 분들이 많을 수밖에 없습니다.

이재용　　　그렇군요. 그런데 말씀을 들어보니 고령자들이 재취업을 해도 일할 수 있는 분야가 제한적일 것 같은데요?

유재언　　　그동안은 저위기술, 저부가가치 산업 위주로 취업한 것이 사실이지만 앞으로는 전문성을 가진 베이비부머 중고령자가 일할 수 있는 분야가 늘어나야만 하고 그렇게 될 수밖에 없다고 생각해요. 이를테면 이분들에게 재교육 기회를 제공한다면 현재의 노동시장에서 필요로 하는 역량까지 갖추도록 할 수 있다고 봅니다. 다만 호봉제가 그대로 이어지는 상황에서는 재교육을 받거나 그대로 정년이 연장될 가능성은 높지 않아 보여요.

홍춘욱　　　한국은 전형적인 연공서열 시스템이 작동해왔죠. 제가 대형 금융사에 있을 때만 해도 같은 기수에서 대표가 나오면 그 이상 나이인 분들은 다 나가야 합니다. 제 친구가 이번에 대표가 됐더라고요. (웃음)

이재용　　　아니, 검찰조직도 아닌데요.

홍춘욱　　　남아 있으면 불편해하고 눈치 없다는 소리 들어요. 성과보수 받아가는 30대들이 즐비한 금융권조차 이런데 임원의 세계에 가면 어려운 경우가 많다는 거죠. 이게 우리나라의 연공서열의 단면입니다. OECD 가입 국가들 중에서 고용된 지 10년 된 사람과 20년 된 사람의 연봉 격차가 한국이 1위에요. 이런 시스템은 파괴적

늘어나는 고학력 고령자들

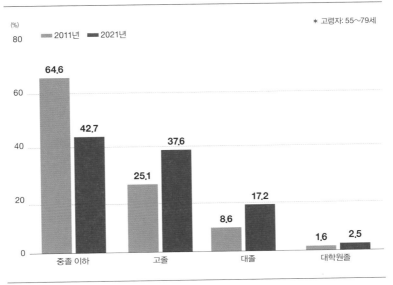

혁신이 발생하지 않은 산업에 적합합니다. 생산성이 근속에 의해 좌우되는 산업에서 연공서열은 아주 좋은 시스템이지만 파괴적인 혁신이 발생한 산업, 대표적으로 자동차, 금융, 정보통신 산업에서 연공서열 시스템은 기업의 판관비 부담을 높이고 근로자 간의 갈등을 키우죠. 또 은퇴한 근로자가 이전과 같은 연봉을 받는 게 거의 불가능합니다. 월 550만 원 이상을 받은 이가 재취업을 할 때의 월급은 이전의 46.8%에 불과하니까요. 기업들 입장에선 경력자들의 눈높이를 맞춰주기 어렵죠.

유재언　　　연공서열 시스템이 유독 두드러진 분야가 바로 공무원 조직이나 공기업이에요. 그러면 정부가 먼저 그 역할을 해줘야겠죠. 요새 청년들이 어렵게 공무원 시험을 치고 그 사회로 들어가지만 본인이 일하는 만큼 보상을 받지 못한다는 패배감에 적응을 하지 못하고 스스로 걸어 나오는 경우들도 많아지는 것 같아요. 직무에 대한 진단이나 성과에 대한 시스템이 지금보다는 더 체계화되어야 합니다. 무조건 호봉제를 없애자고 하는 것도 터무니없는 주장이죠. 제가 있는 대학도 교원과 교직원으로 나누어봤을 때 행정직의 성격을 갖고 있는 분들은 보통 보직 순환을 하고 그 업무의 성과가 자신만의 노력으로만 평가될 수 없는 부분이 분명히 있기 때문에 연공서열 시스템의 특성을 가지고 있는 것이거든요. 하지만 저와 같은 교원들은 자신의 성과를 측정하는 도구가 세분화되어 있습니다. 연구를 몇 점 이상 하느냐, 연구에서는 논문을 몇 편이나 쓰느냐, 인용 지수가 몇 점이냐 등 성과를 정량화해서 수치로 매기거든요.

이재용　　그렇군요. 고학력·고숙련 고령층이 늘고 있기도 하죠?

이정호　　네, 2011년 약 65%였던 '중졸 이하'가 2021년엔 약 43%로 줄어든 반면, 고졸과 대졸은 각각 약 38%, 약 17%로 늘었습니다. 보건복지부가 발표한 노인실태조사 결과에서도 노인들의 교육수준이 해가 지날수록 높아지는 것을 확인할 수 있는데요. 은퇴 전 고숙련 일자리에서 일한 경험이 있는 고령층의 비율도 증가해 인적 자본 수준이 과거보다 높게 형성됐을 가능성이 큰 것으로 나타났습니다.

유재언　　　그래서 이분들에게 재교육 기회를 제공한다면 현재의 노동시장에서 필요로 하는 역량까지 갖추도록 할 수 있습니다. 예를 들어 네이버 같은 경우에는 '에버영코리아'[4]라고 해서 네이버에서 재직하다가 퇴직한 사람들을 대상으로 일자리를 제공하고 있는데요. 네이버 맵을 보면 길거리에 보이는 사람들 초상권을 침해하지 않기 위해서 '블러링'[5] 처리를 해야 하는데 이런 업무를 도와주시기도 하고 완전히 새로운 것을 개발하는 업무보다는 이런 쪽으로 시간을 들여서 할 수 있는 일들, 경험과 노하우를 살려 멘토링이나 컨설팅의 역할도 해주시거든요. 이렇게 다양하게 활동을 하실 수 있도록 교육과정들도 만들어져야 하기 때문에 저도 이 분야를 연구하고 있습니다.

이재용　　　그렇군요, 그래서 최근 노동계를 중심으로 정년을 연장해달라는 요구가 세계적으로 확산하고 있다고 해요. 이정호 기자가 취재해 오셨죠?

이정호 네, 우리보다 먼저 초고령사회로 진입한 일본은 정년 연장에 대한 논의도 먼저 시작했습니다. 일본의 현재 정년은 65세인데요. 우리보다 5년이 더 긴데, 이 기준을 70세로 더 연장하는 방안이 논

4　　에버영코리아. 2013년 설립돼 55세 이상 시니어들에게 기업형 일자리를 제공. 2024년 기준 300여 명의 시니어 직원이 서울·강원권 2개 센터에서 근무하며 네이버 거리뷰 라벨링, 온라인 모니터링 업무를 수행하고 있다.
5　　블러링. 개인정보가 담긴 사람 얼굴이나 번호판을 지우는 작업.

의되고 있는 겁니다. 이게 사회 구성원의 동의를 얻는다면 우리와 10년이 차이 나게 되겠죠. 아예 정년이 없는 나라도 있습니다. 미국과 영국이 대표적인데요. 미국의 경우 '정년을 설정하는 것도 하나의 차별이다'라는 이유로 지난 1986년, 정년제를 일찌감치 폐지했고, 영국 역시 2011년 정년제를 폐지했습니다.

이재용　　두 분은 정년 연장에 대해 어떤 의견이십니까?

유재언　　한 직장에서 오래 근무할수록 급여가 높아지는 호봉제를 그대로 둔 상태에서는 정년 연장이 해법이 될 수는 없다고 생각합니다. 왜냐하면 양질의 일자리에서 청년 세대와 상충하고 있기 때문인데요. 당연히 양질의 일자리인 대기업, 공공기관에 정년을 늘리게 되면 청년 세대의 일자리는 줄어들 수밖에 없습니다. 하지만 앞으로 5년 정도가 지나면 노동시장에 진입하는 청년 세대 인구가 급감하는 시기가 오는데 그때가 되면 지금보다 인력난이 심해져서 정년 연장에 호의적인 사회 분위기로 전환될 수는 있겠죠. 다만 저는 노동시장에 잔류하는 게 곧 정년 연장을 의미하지는 않는다고 생각해요. 재고용이나 전직 등 다양한 방법을 생각해봐야죠.

홍춘욱　　저도 동의합니다. 이제 막 노동시장의 10년 불황이 끝났는데 여기서 정년 연장을 하게 된다면 청년층에 대한 사다리 걷어차기라고 봅니다.

이재용　　하지만 앞서 일본의 사례를 봤잖아요. 우리나라와는 어떻게 다른 겁니까?

유재언　　제가 이번에 일본에 출장을 다녀오면서 다시 한번 확인을 해봤는데요. 일본 정부의 공식적인 정년은 65세나 70세가 아닙니다. 일본 정부는 법적 정년을 60세로 두고 기업이 자율적으로 65세, 70세까지 고령자의 정년을 연장하든 재고용을 하든 위탁업무 계약을 하든 사회공헌 사업을 하도록 권고하고 있어요. 이건 뭘 의미하냐면 60대 이상에서는 호봉제가 적용되지 않는다는 뜻이고 기업이나 노동자의 선호에 따라서 결과 차이도 크다고 생각합니다. 무슨 말이냐면 청년 세대 진입이 적어서 고령자의 역량이 충분히 발휘될 수 있는 기업에서는 정년을 연장하기도 하고 재고용을 하기도 하지만 신체활동이 많거나 참신한 아이디어가 중요한 곳에서는 고령자 고용을 적게할 수밖에 없는 것이죠. 일본은 이미 20여 년 전부터 초고령사회에 진입했고 그 기간이 길어져 호구지책으로 고령자 노동력이 필요하다는 데 사회적으로 합의와 암묵적인 공감대가 있었기 때문에 가능했다고 봅니다. 우리나라는 그에 비해 구인난보다는 취업난이 심하다고 하는 상황이고 당장 적용하기에도 무리가 있다고 생각해요.

베이비부머의 생존 전략 '부동산 자산 유동화'

이재용　　　앞서도 소비 위축으로 이어지는 이유로 부동산 자산 비중을 언급했잖아요. 고용 확대가 아닌 다른 해법은 없습니까?

홍춘욱　　　주택연금을 통해서 자산의 유동화를 유도하는 것이 바람직하지 않을까 생각합니다. 홍보를 강화하면서 인센티브를 주는 거죠.

유재언　　　그런데 주택연금이 활성화되기 위해서는 몇 가지 조건이 필요합니다. 주택연금이 그동안 좋은 제도였음에도 불구하고 막상 이용을 하지 않았던 이유는 부동산 가격이 계속 올라갈 때는 주택연금에 가입되어 있는 분들이 손해를 보는 구조로 되어 있어요. 특히 서울 등 수도권은 아파트 평균 가격 자체가 워낙 높기 때문에 공시가격 기준을 초과해서 가입하지 못하는 분들이 많았어요. 또 물가 상승률보다 주택 가격 상승률이 더 높으면 사람들이 가입을 안 하죠. 그러니까 내가 나중에 주택연금에 가입해서 받는 돈보다 주택 가격 상승률이 점점 높아지면 결국은 끝까지 집을 가지고 있는 것이 이득이잖아요. 주택 가격이 안정적으로 올라가야 가입률이 높아집니다. 2022년에서 2023년 주택 가격이 많이 상승했을 때 주택연금 가입자 수가 제일 많았거든요.

이재용　　　주택연금 가입 대상 조건이 어떻게 돼죠?

주택연금 이용자 현황 그래프

평균 연령주
72세

평균 월지급금
122만원

평균 주택가격
387백만원

사례 | 70세, 6억원 집 한 채 주택연금
으로 매월 얼마 받을까?

종신지급방식,
정액형

월지급액
1,773천원

(2024.03.01 기준)

주택연금 연간 누적가입자수

단위: 명, 최초 가입시점, 부부 중 연소자 기준

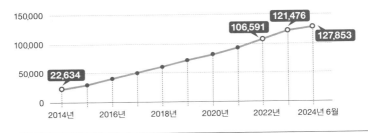

자료: 한국주택금융공사

홍춘욱   공시가격 반영비율이 매년 조금씩 바뀌고 있는데 예전에는 9억 원이 상한액이었다면 지금은 12억입니다. 또 만 65세부터였던 가입 조건이 최근에 만 55세 이상이면 가입이 가능해지도록 바뀌었습니다. 또 하나 말씀드릴 게 있다면 예전에 비해 금리가 많이 올라갔어요. 금리가 올라가면 주택연금 수령액도 올라갑니다. 저는 개인연금이나 퇴직연금, 자산관리 종합자산관리계좌(ISA)에 대한 정부의 세제 혜택이 필요하다는 생각입니다. 일본 같은 경우엔 NISA[6]를 시행하고 있는데 새로운 ISA제도라고 해서 적립액의 한도가 없이 무제한 납입이 가능하도록 하거든요.

유재언   그렇지만 세제 혜택은 문제의 본질 중 큰 비중을 차지하긴 어렵다고 보고요. 더 중요한 것은 금융자산의 비중을 높이는 것이어야 합니다. 예를 들면 퇴직연금의 경우 퇴직하기 전까지 계속 납입이 되잖아요. 그런데 그게 지금의 구조는 원금 보장형이라고 해서 거의 수익이 나지 않는 형태로 가입을 하고 계시거든요. 그래서 어떤 상품에 나의 퇴직연금이 들어가 있느냐, 어떤 방식으로 가입되어 있느냐를 따져보고 바꿔보는 것이이 더 큰 영향을 줄 수 있겠죠.

이재용　　마지막으로 초고령화 사회를 맞이한 베이비부머 세대들을 위해 한 말씀씩 해주신다면요.

홍춘욱　　지금 당장 나이가 좀 들었다 하더라도 절세 삼총사(연금저축, IRP, ISA)는 가입하셨으면 좋겠습니다. 조금씩만 우리가 노력해서 연금 수령 연령만 한 해 늦춰도 자산은 복리로 불어나거든요. 나이 들어서 연금을 인출하면 세금도 낮아요. 이런 제도들이 있다라는걸 확인하시고 꼭 가입하셨으면 좋겠습니다.

유재언　　경기도에서 처음으로 베이비부머 관련된 부서를 새로 만들었어요. 그게 우리나라에 있는 광역시도 중에서는 최초거든요. 그만큼 베이비부머 은퇴와 관련해서 정책적인 지원을 하는 일들에 지자체에서도 관심을 갖기 시작한 거고요. 저도 방송이 나간 이후

6　일본 소액투자 비과세제도 NISA. 주식 거래 이익에 세금을 부과하지 않는 제도로 올해부터 연간 투자 상한액 인상, 비과세 기간 무기한

로 요청이 와서 공무원들을 대상으로 한 특강을 더 활발하게 다니고 있습니다. 일본에서도 '단카이 세대'라고 해서 그들의 정년을 연장하여 일을 계속 하실 수 있도록 다양한 직업 경로를 만들고 평생교육을 신경 써서 하고 있고요. 정부 기관은 하루 빨리 정책들을 정비하고 베이버부머 세대 여러분들은 교육과 지원에 대한 관심을 놓지 말아야 해요.

이재용　　　네, 고령화 위기를 기회로 바꿀 수 있도록, 경제도 살리고 노후도 준비할 수 있도록 개인적·사회적 차원에서 노년을 다시 생각해볼 수 있는 기회가 되길 바라봅니다.

열한 번째 경제 이야기 '핵심 노트'

- 욜드(Yold)란. 젊은 노년층을 말한다. 'Yong(젊은)'과 'Old(늙은)'의 줄임말로 베이비부머의 은퇴가 가속화 되면서 숫자는 더 늘어날 것으로 보인다.
- 중·고령자의 75~80%가 부동산으로 자산을 보유. 다른 나라의 경우에 금융이나 연금 비중이 높아 소비 여력이 높다.
- 우리나라는 700만 베이비부머의 은퇴와 함께 생산가능인구가 급속도로 줄어들 전망. 한반도미래인연구원에 따르면 "경제성장 속도가 급속히 둔화하면서 장기 저성장이 굳어질 것"이라고 진단하기도 했다. 베이비부머의 고용 확대와 자산 유

동화의 필요성이 제기되고 있다.

- 해외에서는 정년을 연장하는 추세다. 일본의 경우 70세로 연장하는 방안이 논의 중이지만 전문가들은 고령화가 한창 진행 중인 일본과는 다르다며 정년 연장이 자칫 청년들의 사다리 걷어차기가 될 수 있다는 우려를 내비쳤다.
- 부동산 자산을 유동화 하기 위해서는 주택연금 제도를 활용할 필요가 있다. 그 밖에 개인연금이나 퇴직연금, 종합자산관리계좌(ISA)에 대한 세제 혜택을 주는 방안도 거론된다.

▶방송 다시보기

최샛별 이화여대 사회학과 교수

예일대학교 사회학 박사. 현 한국문화사회학회장 차기 한국 사회학회장. 연구 관심 분야는 문화사회학, 예술사회학, 대중문화연구, 문화예술정책이며 현재 한국 사회 세대문화연구, 문화 자본과 상징적 경계에 대한 연구, 한국 문화정책연구를 수행 중이다. 주요 저서 및 역서로는 《문화사회학으로 바라본 한국의 세대연대기: 세대간 문화경험과 문화갈등의 자화상》(세종도서학술부문 우수도서, 한국 연구재단 우수성과), 《예술의 사회학적 읽기: 우리는 왜 그 작품에 끌릴까》, 《문화사회학으로의 초대: 예술에서 사회학으로》, 《현대문화론: 문화사회학자가 본 일본의 현대사회》, 《문화분석: 피터 버거, 메리 더글라스, 미셸 푸코, 위르겐 하버마스》, 《만화! 문화사회학적 읽기》, 《예술사회학: 순수예술에서 대중예술까지》 등이 있다.

이창민 한국외국어대학교 융합일본지역학부 교수

고려대학교에서 경제학 학사와 석사 학위를 받은 후 일본으로 건너갔다. 이후 도쿄대학교에서 경제학 석사와 박사 학위를 받고, 도쿄공업대학교 사회공학과(현재 경영공학계)에서 교수 생활을 시작했다. 그러나 2011년 3월 11일 동일본 대지진과 그로 인한 후쿠시마 원전 사고를 경험하면서 10년에 가까운 일본 생활을 접고 2014년부터 한국외국어대학교로 옮겨 국제지역대학원 일본학과 교수로 재직하고 있다. 저서 및 역서로는 《아베노믹스와 저온호황》, 《제도와 조직의 경제사》, 《제2차 세계대전 전 동아시아의 정보화와 경제 발전》, 《지금 다시 일본 정복》 등이 있다.

권정윤 서울대학교 소비트렌드분석센터 연구위원

서울대 소비자학 학사, 석사, 박사. 세대별 소비 특성, 가족 내 소비의 전이, 물질소비와 경험소비 등의 주제를 연구하며, 가전·여가·식품 등 여러 산업군의 기업들과 소비자 조사를 수행해왔다. 한화손해보험, 파리바게뜨, 삼성생명 등과 세대별, 산업별 트렌드 도출 프로젝트를 진행했으며 《트렌드 코리아》 시리즈, 《대한민국 외식업 트렌드》, 《스물하나, 서른아홉》를 공저했다.

"혼자가 낫다" 1인 가구 1,000만 시대, 고립인가 독립인가

최샛별 | 이화여대 사회학과 교수, **이창민** | 한국외국어대학교 융합일본지역학부 교수
권정윤 | 서울대학교 소비트렌드분석센터 연구위원

　"'혼술' '혼밥' '혼영'… 요즘엔 '혼자'라는 단어를 떠올리면 쓸쓸함보다 여유로움이 먼저 생각나는데요. 그래서일까요? 주변에서 '혼자가 낫다'는 말이 자주 들려옵니다. 취업을 준비하느라 여유가 없는 20대, 일찍이 비혼을 선언한 30대, 그리고 이미 결혼한 40대까지 혼자 사는 삶에 대한 인식이 확실히 예전과는 달라졌다는 것을 느끼고 있는데요. 자료를 살펴보니 이러한 인식의 변화는 사실이었고 특히 젊은 층으로 갈수록 급격해졌습니다. 그런데 청년 세대의 이야기를 자세히 들어보니 이러한 변화를 트렌드나 유행 같은 단어들로 설명하기엔 다소 부족한 측면이 있어 보였는데요. 과연 "혼자가 낫다"는 이들의 외침이 진정한 '나'를 꿈꾸는 독립일지, 혹은 각박한 현실 속 어쩔 수 없는 고립일지, 더불어 1인 가구가 우리 사회를 어

떻게 바꾸어 가고 있는지 꼼꼼히 살펴봤습니다."

'나 혼자 산다' 1,000만 시대, 청년만 3배 늘었다

이재용　　1인 가구 관찰 예능 프로그램이 인기를 끈 지도 오랜 시간이 흘렀죠. 드디어 1인 가구 1,000만 시대가 현실로 다가왔습니다. 5가구 중 2가구가 혼자 사는 셈인데, 그런데 그중에서 특히 청년층 1인 가구가 늘고 있다고요?

길금희　　네, 지난해 통계청이 발표한 자료에 따르면 2023년 기준 1인 가구의 비중은 전체 가구의 35.5%로 나타났는데요. 연령대별 1인 가구는 70세 이상이 19.1%로 가장 큰 비중을 차지했고, 뒤이어 29세 이상이 18.6%를 차지했습니다. 청년층인 29세 이하와 30대만 놓고 보면 전체의 35.9%를 차지했는데요. 1인 가구 중 세 집 걸러 한 집이 청년층인 셈입니다.

이재용　　우리나라의 청년층 1인 가구가 늘어나는 이유, 뭐라고 보십니까?

최샛별　　먼저 가치관의 변화 때문입니다. 한국 사회는 기본적으로 가족 중심주의, 집단주의적이었습니다. 옛날만 해도 '아버지가 누구시냐?' '뉘 집 아들, 딸이냐?' 이런 말을 많이 했는데요. 서구

1인 가구 비중, 연령대별 1인 가구 비중 통계청 인구주택 총조사

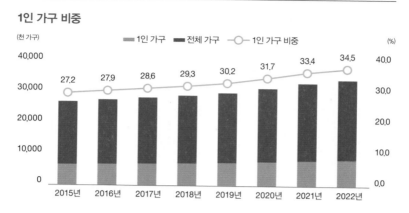

1인 가구 비중

(천 가구)　　　　　■ 1인 가구　■ 전체 가구　○ 1인 가구 비중　　　　　(%)

	2015년	2016년	2017년	2018년	2019년	2020년	2021년	2022년
1인 가구 비중	27.2	27.9	28.6	29.3	30.2	31.7	33.4	34.5

연령대별 1인가구 비중

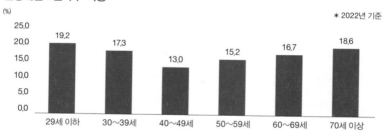

(%)　　　　　　　　　　　　　　　　　　　　　　　　* 2022년 기준

29세 이하	30~39세	40~49세	50~59세	60~69세	70세 이상
19.2	17.3	13.0	15.2	16.7	18.6

자료: 통계청

사회는 기본적으로 개인 정체성을 직업에서 찾았다면 한국은 가족이었던 것이죠. 그런데 이게 급격하게 바뀌었습니다. 현재 젊은 세대들을 미-제네레이션(Me-Generation)이라고 얘기합니다. 개인주의적이고 독립적인 삶을 중요시하는 세대라는 것이죠. 이들은 혼자 사는 삶에 대해 많은 가치를 부여하고 있습니다. 또 다른 중요한 이유로는 경제적인 문제가 있는데요. 이전과 달리 평생직장의 개념이 없어지고 고용 불안정 상태에 있는 사람들이 많아졌기 때문에 '혼자

경제토크쇼 픽

살 수밖에 없는 사람'도 늘었다고 볼 수 있습니다.

권정윤　　　1인 가구 수 자체가 늘어나는 것도 중요하지만 누군가와 같이 살고 있는 사람들도 1인 가구처럼 살아가고 있다는 사실을 주목해볼 필요가 있습니다. 단순히 인구구조의 변화라기보다 삶의 양식 자체가 개인화되는 것이 트렌드라고 볼 수 있는데요. 일례로 과거에는 결혼에 대한 조건으로 경제적 여건, 낭만적 사랑이 중요한 요소였던 반면에 이제는 자아실현도 빼놓을 수 없게 되었거든요. 그러니까 예전에는 부부가 서로 자신을 희생하면서 사는 게 당연했다면 이제는 희생보다는 내가 그것까지 포기하면서 결혼을 해야 할까? 이런 생각을 하는 사람들이 많아진 거죠.

이재용　　　말씀해주셨듯이 요즘 청년들과 대화를 나눠보면 결혼에 대한 생각도 예전과는 많이 달라진 것 같습니다. 결혼이 필수가 아닌 선택이라고 생각하는 청년들이 많아졌는데요. 실제 청년 세대 혼인 비율은 얼마나 됩니까?

길금희　　　청년 세대 혼인율은 지속적인 감소 추세에 있는데요. 2020년 기준 청년 세대 81.5%가 미혼 상태로 나타났습니다. 성별로 보면 남자는 86.1%, 여자는 76.8%가 미혼 상태이고 연령별로 30~34세 청년 2명 중 1명 이상이 미혼으로 20년 전보다 3배 높은 56.3%를 기록했습니다. 또한 20대의 약 67%, 30대의 약 61%가 '결혼하지 않고 독신으로 사는 것'에 대해 동의한 것으로 알려졌습니다.

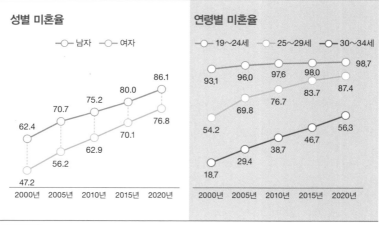

성별 미혼율

―○― 남자 ―○― 여자

86.1
80.0
75.2
70.7
62.4
76.8
70.1
62.9
56.2
47.2

2000년 2005년 2010년 2015년 2020년

연령별 미혼율

―○― 19~24세 ―○― 25~29세 ―○― 30~34세

98.7
98.0
97.6
96.0
93.1
87.4
83.7
76.7
69.8
54.2
56.3
46.7
38.7
29.4
18.7

2000년 2005년 2010년 2015년 2020년

자료: 통계청

이재용　　5명 중에 4명 정도가 미혼 상태라는 건데, 청년들이 결혼하지 않는 이유가 뭡니까?

최샛별　　사실 이 정도면 왜 결혼하지 않느냐가 아니라 왜 결혼해야 하는가를 물어야 하는 게 아닐까 싶습니다. 흥미로운 점은 조사 결과들을 살펴보면 청년들 가운데에서도 남성과 여성 간에 차이가 있었는데요. 남성의 경우에는 결혼하지 않는 가장 주된 이유로 경제적으로 불안정(20.1%)을 꼽은 반면 여성은 혼자 사는 것이 더 행복할 거 같아서(17.6%)를 꼽았습니다. (자료: 한반도 미래 연구원)

권정윤　　결혼 관련해서 물론 집값 상승이라든지 경제불황 같은 실질적인 어려움도 있습니다만 청년들의 인식 속에 결혼이라는 허들이 높아졌다는 것도 중요한데요. '결혼하려면 이 정도는 갖춰야 해'라는 기준이 굉장히 높아졌습니다. 그러다 보니까 1인 가구를 유지하는 자체만으로도 버거운데 현재의 삶에서 더 충족시켜야 할 것들이 많아지게 된 거죠. 그래서 청년들에게 결혼이 더 어려워진 부분이 있다고 생각합니다. 또 결혼을 대체할 사회적 관계가 많아졌습니다. 온라인상에서 맺는 관계들, SNS에서 보는 일상이나 브이로그 같은 것들도 유사 사회적 관계라고 본다면 이제는 직접 대면하지 않더라도 세상과 소통할 수 있는 창구가 많아졌거든요.

이재용　　　　예전과 비교했을 때 청년들이 사회와 관계 맺는 방식 자체가 달라졌다는 거군요?

권정윤　　　　네, 인덱스 관계[1]라고 해서, 옛날에는 친구를 단순히 '친하다 vs. 안친하다' 이렇게 나누었다면, 이제는 세분화돼서 '온라인에서 취미를 공유하는 친구' '실제로 만나서 일상을 공유하는 친구' 이런 식으로 관계의 스펙트럼이 넓고 촘촘해졌습니다. 따라서 이제는 온라인에서도 양질의 다양한 관계를 맺을 수 있어 굳이 결혼의 필요성을 느끼지 못할 여지가 많아진 것이죠.

이재용　　　　출산과 육아에 대해서도 가치관 차이가 있을 것 같은데 어떻습니까?

1　　인덱스 관계. 타인과의 관계에 색인을 붙여 전략적으로 관리하는 관계 맺기 방식

최샛별　　　출산에 대해서도 남성과 여성 사이의 인식 차이가 큰 것으로 나타났는데요. 먼저 출산 의향을 물어본 조사에서 '의향이 없다'는 응답자는 성별로 여성(52.9%)이 남성(33.1%)보다 높았습니다. 그 이유를 살펴보면 여성의 경우엔 아이를 낳을 필요성을 느끼지 못해서(13.9%)가 가장 컸고 뒤이어 자녀를 돌봄-양육할 경제적 여유가 없다(12.7%)는 경우가 많았습니다. 이에 비해 남성의 경우엔 고용 상태-직업이 불안정하다고 느껴서(17.9%)가 가장 컸고 뒤이어 자녀를 돌봄-양육할 경제적 여유가 없다(16.0%)는 경우가 많았습니다. 남성은 혼인에 대한 조사와 마찬가지로 경제적인 이유를 주로 고려한 모습이고 여성의 경우엔 심리적인 부담감이 출산을 결정하는 중요한 요인으로 작용하는 모습입니다. (자료: 한반도 미래 연구원)

권정윤　　　성별로 인식 차이가 발생하는 건 "남녀 역할의 경계가 점점 사라져가는 과도기적 현상이다"라고 생각합니다. 여성의 경우 특히 젊을수록 자신의 커리어를 개발하는 게 기본값이 되었는데 남성의 경우에는 가정적인 남편이 되는 것이 아직 그만큼 자연스러운 일은 아니라고 보이거든요. 현재 젊은 세대 여성들은 어린 시절부터 전통적인 남성적 역할까지 해야 한다고 배우고 자랐지만 반대로 남성들은 전통적인 여성적 역할을 함께 해야 한다고 장려되지 않았기 때문에 기대하는 역할 간에 미스매치가 발생하고 있는 것으로 볼 수 있습니다. 사회학에서 그렇게 분석하기도 해요.

이재용　　　높은 미혼율과 낮은 출산율 하면 떠오르는 나라가 또

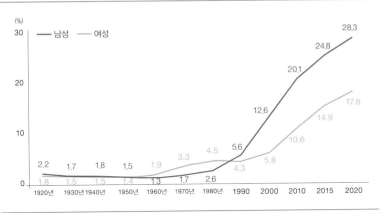

자료: 국립사회보장·인구문제연구소 인구통계자료집(2023)개정판을 바탕으로 주식회사 크로스 마케팅 작성

있죠. 바로 일본입니다. 이 교수님, 일본은 청년 세대 미혼율이 얼마나 됩니까?

이창민　　먼저 일본에서는 결혼을 청년들의 이벤트라고만 보지 않습니다. 그래서 일본에서는 생애 미혼율(만 50세 시점에 미혼인 사람의 비율)이라는 지표를 중요하게 생각하는데요. 1990년대까지 남녀 생애 미혼율이 모두 5% 전후로 비슷했습니다. 그런데 2000년대부터 급속히 수치가 증가해 최근 조사를 보면 남성 같은 경우 28.3%, 여성은 17.3%까지 늘었습니다. 지금의 추세가 이어진다면 2030년엔 남성은 3명 중 1명, 여성은 4명 중 1명이 평생 독신으로 살 것으로 내다보고 있습니다.

이재용　　일본 청년들이 결혼을 기피하는 이유, 우리와 비슷합

니까?

이창민　　일본은 우리나라와 비슷하면서 다르다고 할 수 있는데요. 25세 이상의 일본인을 대상으로 미혼인 이유를 물어본 설문조사에서 25~34세 남성의 43.3%가, 여성의 48.1%가 '적당한 상대가 없어서'를 선택했습니다. 이것을 뒤집어 말하면 절반 이상이 만약 이상적인 상대를 찾으면 머지않아 결혼해도 괜찮다고 생각하는 것이거든요. 일본은 우리나라에 비해 육아나 교육에 대한 부담이 상대적으로 적습니다. 그래서 일본엔 결혼을 못 한다기보다 안 하는 사람이 비교적 많다고 볼 수 있죠. 더불어 일본의 고도성장기 때에만 해도 표준 가족 개념이 있었습니다. 일본의 사회보장제도가 이 개념에 맞춰 설계되었는데요. 표준 가족은 정규직인 아빠, 전업주부인 엄마, 그리고 자녀 두 명으로 이루어져 있습니다. 표준 가족에선 여성이 결혼하면 곧 전업주부가 되기 때문에 수치상으로 25세까지는 여성 취업률이 올라가다가 갑자기 떨어지는 것이죠. 그리고 아이를 다 키우고 나서 30대 후반부터 다시 오르기 시작합니다. 육아를 마친 여성들이 비정규직 노동시장으로 들어오는 거죠. 이렇게 해서 여성의 취업률에 M자 커브가 만들어지게 되는 건데요. 아베노믹스가 들어오면서 M자 커브가 많이 줄어들게 됩니다. 우머노믹스를 펼치면서 여성들을 다시 노동시장으로 유턴시키는 정책들을 내놓았기 때문인데요. 여성의 사회 진출이 확대되면서 남성과 여성들의 경제적 격차가 줄어들고 '결혼이 필수가 아닌 선택이다'라는 가치관의 변화가 확대되었습니다.

이재용　　　결혼에 대한 가치관이 바뀐 건 우리나라뿐만이 아니군요. 이 교수님은 결혼하지 않고 혼자 사는 삶에 대해 어떻게 생각하십니까?

이창민　　　저는 이미 결혼했기 때문에 혼자 사는 삶이 뭔지는 상상이 안 됩니다만, 결혼하지 않고 사는 삶의 장단점을 살펴보자면 우선 장점은 의사결정에 있어서 본인이 원하는 것을 할 수 있고 가족 부양에 대한 부담도 줄어들 수 있겠죠. 반대로 단점은 이제 외로움이나 건강관리 어려움 등을 꼽을 수 있는데 요즘에는 이런 단점들이 크게 의미가 없는 거 같아요. 예를 들면 결혼하면 안 외롭나요? (웃음)

이재용　　　(웃음) 교수님 혹시 외로우세요?

이창민　　　저는 그렇지 않은데, 주변에 보면 결혼해도 주말 부부라든지 기러기 부부, 또 결혼해도 따로 사시는 분들도 계시거든요. 이런 것들을 보면 혼자 사는 삶의 장점은 명확하고 단점은 점점 의미가 퇴색되는 것이 아닌가 싶습니다.

이재용　　　그렇군요. 지금까지 설명해주셨듯이 결혼하지 않고 사는 1인 가구는 계속해서 늘고 있습니다. 그래서 결혼 문화도 달라지고 있다고 하는데, 어떻게 달라지고 있습니까?

길금희　사회적으로 개인주의가 심화하고 더 이상 인적 매개체가 큰 힘을 발휘 못 하면서 최근에는 전문적으로 데이트를 주선해주는 업체에 등록하거나 온라인에서 직접 원하는 이성을 찾을 수 있는 '소개팅 어플'이 인기를 모으고 있습니다.

이재용　소개팅 어플 규모가 어떻게 됩니까?

길금희　소개팅 어플 규모는 무섭게 커지고 있습니다. 시장조사 업체 스태티스타에 따르면 지난해 기준 전 세계 데이팅 앱 시장 규모는 79억 달러에서 올해는 81억 달러, 2027년이면 87억 달러(약 10조 8,800억 원) 규모로 커질 것으로 전망되고 있는데요. 국내 시장에서도 올해 말까지 약 3,507만 달러, 우리 돈으로 471억 원 규모에서 오는 2028년에는 약 489억 원 규모까지 성장할 것으로 점쳐지고 있습니다. 사용 규모로 따져보면, 2028년이면 국내에서 580만 명이 데이팅 앱을 이용 중일 거라는 전망입니다.

이재용　규모가 대단하네요. 소개팅 어플의 어떤 점이 청년층에 매력적으로 다가온 겁니까?

길금희　소개팅 어플은 내가 원하는 기준값을 설정하면 키와 직업, 학벌, 심지어 얼굴까지 고를 수 있어 효율성을 중시하는 요즘 세대들의 니즈를 제대로 반영했다고 볼 수 있습니다. 그러니까 애초에 마음에 들지 않는 이성은 거르고, 자기가 원하는 조건, 스타일에

데이팅 앱 시장 성장 규모 전망

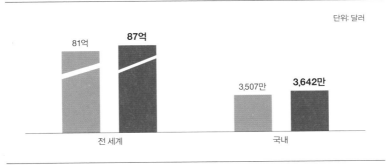

단위: 달러

81억   87억

3,507만   3,642만

전 세계   국내

자료: 스태티스타

부합하는 이성만 만나겠다는 실용주의가 이 결혼 풍속에도 고스란
히 녹아들게 된 겁니다.

이재용   저희 세대는 사랑이 밥 먹여주는 줄 알았잖아요. (웃
음) 그런데 요즘 청년들은 그게 아니라는 걸 너무 일찍 깨달은 것
같습니다. 이제는 이성 간의 만남에서도 실용성을 추구하게 된 우
리의 청년들, 두 분은 어떻게 보셨습니까?

이창민   제 전공이 경제학인데요. 이 경제학자 중에 1992년에
노벨상을 받은 게리 베커라는 분이 계십니다. 이분이 결혼, 출산, 육
아 전부 경제학적으로 분석을 했는데요. 그 관점을 빌리자면 만남
에 있어서 실용성을 추구한다는 것이 비인간적으로 보일 수도 있지
만 효율성은 높다. 이렇게 볼 수 있을 것 같습니다. 결혼이 하나의
종착점이라고 보면 탐색비용이라는 게 발생하잖아요. 상대를 만나
고 알아가는 데 시간적 정신적 비용이 드는데 어플을 이용하면 이

탐색비용이 줄어드는 것이죠. 다만 이게 성립하려면 거기에 올라와 있는 정보의 신뢰성이 높아야 하는데 그 부분에선 의문 부호가 찍힙니다.

최샛별　　　이전 세대 같은 경우에는 온라인에 있는 정보를 믿지도 않았기 때문에 온라인을 통해서 누군가를 만난다는 것에 대해 두려움이 있었다면 디지털 네이티브로 불리는 지금의 세대는 그러한 부분에서 거부감이 비교적 적은 것이 소개팅 어플의 흥행에 영향을 미친 것으로 분석할 수 있을 것 같습니다.

권정윤　　　소개팅 앱의 인기 때문인지 또 아주 최근에는 이런 인위적인 만남에 피로감을 느낀 사람들이 많이 생겨나고 있기도 합니다. 그런데 또 본인들이 원하는 기준은 여전히 있기 때문에 취미나 취향을 통해 어느 정도 필터링된 모임을 만들어서 만남을 주선해주는 서비스도 생겨나고 있습니다. 말하자면 '자연스러운 인만추[2]'인 거죠.

이재용　　　청년들 대부분이 도심 생활을 하는 것도 미혼율에 영향이 있다면서요?

길금희　　　네, 성균관대의 구정우 교수에 따르면 청년 세대들이

2　인만추. '인위적인 만남 추구'의 약자

혼자 사는 데 불편함을 비교적 적게 느끼는 이유로 '극도의 도심 생활'을 꼽았는데요. 혼자 생활하는 데 불편함을 느끼지 않는 환경이 조성되면서 대인관계의 중요성이 극도로 줄었다는 겁니다. 실제 통계청 자료에 따르면 2000년 49.1%였던 수도권 거주 청년 비중은 2005년 처음으로 50%를 넘어선 뒤 2020년엔 53.8%까지 늘었는데요. 구 교수는 "미국의 경우 도심보다 외곽에 거주하는 인구가 많아 외로움을 느끼고, 혼자 사는 데 불편함도 많다 보니 결혼하고 자녀를 갖는 경우도 훨씬 많다"고 전했습니다.

이재용　　트렌드에 맞춰서 요즘에는 1인 가구 맞춤형 상품이나 서비스도 쏟아지고 있는데요. 눈에 띄는 소비문화는 어떤 게 있습니까?

최샛별　　먼저 1인 가구의 소비 트렌드를 두고 여러 가지 신조어들이 만들어졌는데요. 1인 가구 소비자를 향해서 '싱글슈머'라고 한다든지 자신의 건강, 여가 등에 자유롭게 소비하는 '포미족', 그리고 이러한 현상들을 다 합쳐 '솔로 이코노미(Solo Economy)'라고 부르기도 합니다. 이 '솔로 이코노미'의 가장 큰 특징은 자기가 원하는 서비스에 원하는 만큼 소비할 수 있다는 것인데요. 그래서 개인의 선호에 맞춘 맞춤형 프리미엄 서비스가 계속해서 만들어지고 있습니다.

이창민　　1990년대까지만 해도 일본의 소매업이나 소비 구조를

권역별 청년 세대 비중

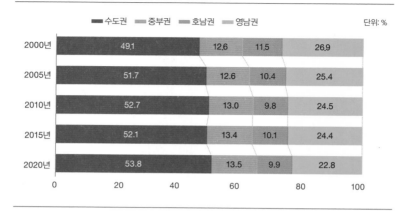

	수도권	중부권	호남권	영남권	단위: %
2000년	49.1	12.6	11.5	26.9	
2005년	51.7	12.6	10.4	25.4	
2010년	52.7	13.0	9.8	24.5	
2015년	52.1	13.4	10.1	24.4	
2020년	53.8	13.5	9.9	22.8	

보면 가장 성장세가 두드러졌던 업종이 첫 번째 백화점, 그다음에 대형 슈퍼체인, 마지막으로 패밀리 레스토랑, 이 세 가지였습니다. 이 업종들을 잘 살펴보면 일본의 소비가 가족 중심이었다는 것을 알 수 있는데요. 그러다가 2000년대부터 1인 가구가 급격하게 늘어 나자 이젠 일본의 대형마트나 편의점에서도 결혼하지 않은 독신 가구, 혼자 사는 노인 등 '1인 가구'를 타깃팅한 상품이 쏟아져 나오고 있습니다. 아까 최 교수님도 말씀해주셨듯이 일본에서도 개인의 기호에 맞춘 서비스들이 인기를 얻고 있는데요. 대표적으로 여성 전용 헬스클럽이 있습니다. 여성 전용 헬스클럽은 이제 독신 여성 또는 고령자 여성이 주로 다니는데 '3M'이 없다고 얘기하거든요. '3M'이 뭐냐면 맨(Man)·미러(Mirror)·메이크업(Make-up)입니다. 그래서 우리나라에도 이런 개인의 기호를 반영한 맞춤 서비스들이 많은 인기를 얻을 것으로 보입니다.

권정윤　　　유통업계에선 1인 소비에 맞춘 소용량 소포장이 완전한 대세가 되었습니다. 더불어 우리나라도 편의점이 어마어마하게 성장을 했습니다. 지금 유통업계에서 편의점이 거의 1등인 상황이고, 편의점에서 누가 이렇게 소비하나 살펴보면 의외로 젊은 사람들이 아니라 중년층 남성이 밥을 제일 많이 사 먹습니다. 구매력이 큰 중년층에서 1인 가구가 점차 증가하고 있기 때문이죠. 또 가전업계에서는 '가전(Home appliance)'이라는 말보다 '컨슈머 어플라이언스(Consumer appliance)'라는 말을 많이 씁니다. 제품들이 이젠 개인을 타깃으로 하고 있다는 건데요. '가전(家電)'이 아니라 '개전(個電)'이 된 거죠. 주거 형태도 많이 변했는데요. 단순히 소형 평수의 주택이 늘어나는 것뿐만 아니라 최근 증가하는 공유주거 주택에서는 커뮤니티 공간을 만들어서 입주민들을 서로 묶어주고 연결해주는 서비스가 점점 많아지고 있습니다. 이런 곳들 대부분이 고소득 1인 가구들을 타깃으로 하기 때문에 '비슷한 소득수준의 사람들을 만나고 싶다'라는 니즈도 채워주고 있는 것이죠.

혼자 사는 청년들…무엇이 문제일까?

이재용　　　1인 가구가 늘어나면서 새로운 소비 트렌드가 생겨나고 있는데, 1인 가구의 소비 지출 비율도 달라졌을 것 같은데요?

길금희　　　통계청이 발표한 자료에 따르면 지난해 1분기 도시 근

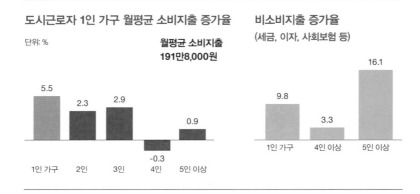

도시근로자 1인가구 월평균 소비지출 및 비소비지출 증가율

도시근로자 1인 가구 월평균 소비지출 증가율

단위: %

월평균 소비지출
191만8,000원

5.5   2.3   2.9   -0.3   0.9

1인 가구   2인   3인   4인   5인 이상

비소비지출 증가율
(세금, 이자, 사회보험 등)

9.8   3.3   16.1

1인 가구   4인 이상   5인 이상

로자 1인 가구의 월평균 소비지출은 191만 8,000원으로 지난해 같은 분기 대비 5.5% 증가했습니다. 2인 이상의 다인 가구들과 비교했을 때 가장 높은 증가율을 보였는데요. 특히 필수재로 분류되는 식료품이나 비주류 음료에 대한 지출 증가세가 두드러진 것으로 나타났습니다. 또한 세금, 이자, 사회보험 등 생활비 외 지출인 비소비지출 증가율이 9.8%로 5인 이상 가구(16.1%)에 이어 두 번째로 높고 4인 이상 가구(3.3%)와 비교하면 3배 이상 높은 수준입니다. 이는 청년층을 중심으로 한 1인 가구의 채무가 늘면서 금리 부담이 커진 결과로 보입니다.

이재용   혼자 사는 청년들은 아무래도 경제적 부담이 더 클 거 같은데 최 교수님 어떻습니까?

최샛별   1인 가구는 생활비와 주거비 등을 모두 혼자 부담해야 하므로 경제적 어려움을 겪을 가능성이 높습니다. 특히 청년들의 경우에는 고용 안정성이 낮은 경우가 많으므로 갑자기 경제적 어려움을 겪는 경우도 많죠. 기존 정책적 지원 체계가 소위 정상 가족 중심으로 설정되어 있다 보니 사회복지 정책의 수혜 범위에서 제한되거나 제외될 수 있어 이들이 복지 사각지대에 놓일 가능성이 굉장히 높은 상황입니다.

이재용　　　일본에서 혼자 사는 청년들의 경제적 어려움은 없습니까? 한국과 비교했을 때 어떻습니까?

이창민　　　지금 말씀 들어보니까 일본 청년들이 비교적 사정이 나은 부분이 있는 것 같습니다. 일단 일본은 부동산 가격이 비교적 안정적입니다. 보통 안정적인 직장을 얻으면 보통 30년 만기 주택담보대출이 100% 나옵니다. 또 최근 일본의 금리가 많이 올랐지만, 여전히 2024년 10월 변동금리 기준으로 약 2.6%이기 때문에 비교적 부담이 낮습니다. 물론 한국과 일본 청년들의 임금 수준은 역전됐습니다. 일본은 실질임금이 감소하고 있어서 한국 청년들이 임금을 더 많이 받지만 문제는 고용의 안정성입니다. 일본은 대학교 3학년 때부터 취업 활동을 시작해서 4학년 1학기쯤 되면 기업에 내정이 됩니다. 그런데 그 내정률이 점점 올라가서 4학년 12월이 되면 98% 정도 됩니다. 일본 실업률이 2.5% 내외로 유지되고 있기 때문에 사실상 완전고용 상태인 거죠. 임금은 낮아서 청년들이 여유가 있다고 할 수는 없지만 그래도 어찌저찌 삶을 꾸려갈 수 있는 상황

대학생 내정률

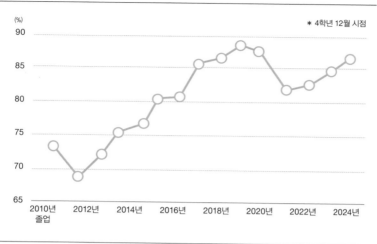

(%)
* 4학년 12월 시점

90

85

80

75

70

65

2010년 졸업　2012년　2014년　2016년　2018년　2020년　2022년　2024년

자료: 후생노동성, 문부과학성

이라고 볼 수 있습니다.

이재용　　우리나라는 부동산 시장이 폭등 혹은 폭락할 때 뭐 소외감이라든지 상실감을 느끼는 청년들이 많다. 이런 얘기들을 많이 들었는데 일본의 청년들은 보다 미래를 꿈꾸기 좋은 환경이군요? 그렇다면 한국의 1인 가구가 가장 어려움을 많이 느끼는 부분은 뭡니까?

길금희　　1인 가구가 느끼는 가장 큰 어려움은 '균형 잡힌 식사'가 약 43%로 가장 높게 나타났고 뒤이어 '아프거나 위급할 때 혼자서 대처해야 한다', '가사 등을 하기 어렵다' 순으로 나타났습니다. 성별로 느끼는 어려움은 조금 달랐는데요. 남성의 경우 '균형 잡힌 식사', 여성의 경우 '아프거나 위급 시 혼자 대처'를 가장 어렵다고 느끼는 것으로 나타났습니다.

이재용　두 분 모두 유학 생활을 하신 걸로 아는데, 혼자 살아본 경험 없으십니까? 내용에 공감이 되세요?

이창민　저는 일본으로 유학을 간 당시, 급성 맹장으로 병원에서 수술을 받은 적이 있었는데요. 당시에 보호자도 없고 수술에 동의해줄 사람도 없고 입원 기간이 좀 길어지니까 '아, 정말 이래서 결혼해야 하는구나'라는 생각을 강하게 했던 기억이 납니다

1인가구 생활상 어려움

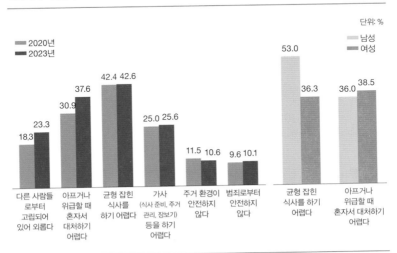

단위: %

2020년
2023년

남성
여성

다른 사람들로부터 고립되어 있어 외롭다: 18.3 / 23.3
아프거나 위급할 때 혼자서 대처하기 어렵다: 30.9 / 37.6
균형 잡힌 식사를 하기 어렵다: 42.4 / 42.6
가사 (식사 준비, 주거 관리, 장보기 등)을 하기 어렵다: 25.0 / 25.6
주거 환경이 안전하지 않다: 11.5 / 10.6
범죄로부터 안전하지 않다: 9.6 / 10.1
균형 잡힌 식사를 하기 어렵다: 53.0 / 36.3
아프거나 위급할 때 혼자서 대처하기 어렵다: 36.0 / 38.5

자료: 여성가족부, 〈2023 가족실태조사〉

최샛별　저는 미국에서 유학 생활을 했는데요. 감정 기복이 없는 편인데 혼자 살면서 처음으로 날씨에 따라서 이렇게 기분이 달라질 수 있구나! 이런 것들을 알게 됐던 시간이었습니다.

'청년 고독사' 벼랑 끝의 은둔·고립 청년들

이재용　퇴근하고 아무도 없는 집에 들어가면, 굉장히 적막함, 쓸쓸함을 느끼거든요. 그래서인지 최근 청년층 1인 가구의 외로움, 고립 문제가 심각해지고 있다고 하는데 최 교수님 어떻습니까?

최샛별　2023년 5월 연구에 따르면 최대치로 추정을 한 거긴 하지만, 약 54만 명 정도가 고립감을 느끼고 있다고 결과가 나왔고요. 아예 방 밖으로 나오지 않는 고위험군의 경우 최소 500명이 넘는 것으로 나타났습니다. 고립된 청년 세대의 경우 대졸자 여성이 많은 것으로 집계되었는데요. 한창 취업하고 사회활동을 시작할 24~34세의 나이에 고립·은둔을 경험한 비율이 높은 것으로 나타났습니다. (자료: 2023년 보건복지부)

이재용　고립·은둔 청년이 늘어나고 있는 이유가 도대체 뭡니까?

최샛별　말씀드렸듯이 지금 고립되어 있는 청년 대부분이 고학력자입니다. 경제가 어려워서 취업 및 구직활동에 소요하는 시간 및 비용이 많이 증가하고 있어 청년 세대가 사회와 고립될 가능성이 높아지고 있습니다. 고학력 청년들이 취업에 실패했을 경우 주변의 기대에 부합하지 못했다는 인식이 청년들 스스로를 '패배자'로 인식하게 하는 측면이 있고요. 또 청년 세대 전반적으로 뭘 해도 안 될 것 같다는 무기력감이 팽배해진 상황입니다. 가장 많이 배운 세대이지만, 이들이 사회로 진출할 즈음 시작된 세계적인 경제불황으로 인해 사회적으로 성공할 가능성은 매우 적어졌기 때문이죠. 이는 전 세계 공통적인 현상이기도 합니다.

이재용　　　사실 고립·은둔 청년이 우리나라에만 있는 건 아니잖아요? 일본 같은 경우엔 사회적 문제로 떠오른 지 좀 됐지 않습니까? 이 교수님, 일본의 고립·은둔 청년 상황은 어떻습니까?

이창민　　　일본은 고립·은둔 청년들에 대한 정의가 있습니다. 집 밖으로 6개월 이상 연속해서 나가지 않는 사람을 히키코모리라고 하는데 여기서 또 범주가 네 가지로 나뉩니다. 첫 번째 유형으로 자신의 방 밖으로 한 번도 나가지 않는 사람, 두 번째 유형으로 자신의 방 밖으로 나가는데 집 밖으로는 한 발짝도 안 나가는 사람, 세 번째 유형으로 집 밖으로 나가는데 편의점 정도만 가는 사람. 네 번째 유형으로 편의점 그리고 자신의 취미, 그러니까 빠칭코[3]나 인터

3　　빠칭코(일본어). 일본 도박 게임의 하나. 쇠구슬을 사서 기계에 넣고 손잡이를 빠르게 움직여 가

넷 카페 정도 가는 사람, 가장 넓은 의미의 히키코모리[4]까지 포함하면 일본에는 지금 약 160만 명 이상의 히키코모리가 있는 것으로 추정하고 있습니다. 처음 일본 정부에서는 등교를 거부하는 학생이 히키코모리가 된다고 생각했는데 연구를 해보니까 그게 아니었습니다. 일본의 취업 방학이라고 해서 1990년대 후반부터 2000년대 초반에 굉장히 취업이 안 되는 그런 시절이 있었습니다. 당시 일본 국내 청년 실업률이 10% 내외로, 대졸자 취업률은 55.8% 정도 됐었죠. 그 시점에 히키코모리가 대량 만들어진 겁니다. 당시에 버블경제가 붕괴한 이후 일본의 기업들이 경영난에 시달렸습니다. 그래서 대대적으로 기업들이 정리해고를 하면서 신입사원 채용을 확 줄였던 거죠. 그래서 아예 노동시장으로 진입을 못 한 사람이 많습니다. 그런데 일본 사회는 우리랑 좀 달라서 한 번 진입 못 하면 역전이 어렵습니다. 그러니깐 졸업생이 계속 올라오면서 이들이 취업시장에서 완전히 밀려나게 된 거죠. 당시에 히키코모리가 된 사람들이 이제 시간이 흘러 중장년층이 됐습니다. 현재 일본에서 가장 심각한 문제로 떠오른 게 바로 이들인데요. 80대 부모가 50대 히키코모리 자녀를 부양해야 하는 상황이 생겨나고 있습니다. 냉정하게 보면 이게 우리의 미래 모습이 될 수 있습니다.

이재용　　국내에 사회적으로 고립된 청년들이 많아지다 보니

　　며 그 기계 속 구멍에 쇠구슬을 넣으면 점수를 얻는다.

4　히키코모리(引ひき籠こもり). 오랜 기간 집에 틀어박혀 사회와의 접촉을 극단적으로 기피하는 행위, 혹은 그런 사람을 지칭하는 일본의 신조어.

　　　　　　　　　　　　　　　　　　　　　　경제토크쇼 픽

고립·은둔 청년이 실제 원하는 도움

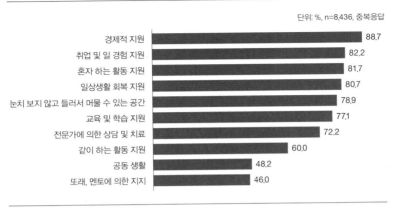

단위: %, n=8,436, 중복응답

항목	값
경제적 지원	88.7
취업 및 일 경험 지원	82.2
혼자 하는 활동 지원	81.7
일상생활 회복 지원	80.7
눈치 보지 않고 들러서 머물 수 있는 공간	78.9
교육 및 학습 지원	77.1
전문가에 의한 상담 및 치료	72.2
같이 하는 활동 지원	60.0
공동 생활	48.2
또래, 멘토에 의한 지지	46.0

자료: 여성가족부, 〈2023 가족실태조사〉

청년 고독사에 대한 우려도 커지고 있다면서요?

길금희　　네, 고독사 발생 건수는 매년 늘고 있는데요. 전체 사망자 수에서 매년 고독사가 차지하는 비중은 1% 정도로 추정되고 있습니다. 고독사에 대한 우려는 30대에서 가장 높았는데요. 본인의 고독사 가능성을 약 40%로 가장 높게 우려하는 것으로 나타났습니다. 전문가들이 꼽은 청년 고독사의 공통점은 취업난, 경제적 빈곤, 관계 단절이었습니다. (자료: 2023 한국보건사회연구원)

이재용　　혼자 사는 청년들의 고립·은둔 문제에 대해 어떤 정책이 필요하다고 보십니까?

최샛별　　일본 사례에서 저희가 살펴봤듯이 현재 청년들의 고립·은둔 생활이 장기화될 수 있기 때문에 정책적으로라도 개입을 해서 하루 빨리 해결해야 한다고 생각합니다. 한국 사회의 고립의 원인으로는 '능력주의'와 '강박감'을 꼽을 수 있는데요, 특히 은둔하고 있는 한국 청년 세대의 경우 구직 과정에서 좌절하고 은둔하게 되는 경우가 많은 만큼, 취업과 관련한 도움이 절실합니다. 2023년 최초로 진행한 고립·은둔 청년 실태조사에서 고립·은둔 청년의 80.8%는 현재 상황에서 벗어나길 원한다고 답변했고 가장 필요하다고 생각하는 정책도 경제적 지원(88.7%)에 이어 취업 및 일 경험 지원(82.2%)이 두 번째로 높았습니다. (자료: 보건복지부) 한국의 고립·은둔 청년들은 경제적으로 스스로 자립하고 싶은 욕구가 매우 큰 거죠. 그럼에도 불구하고 현재의 어려운 경제 상황 앞에서 좌절 감을 갖고 은둔 하고 있는 상황이기 때문에 이들의 높은 학력 수준을 활용할 수 있는 다양한 정책이 필요합니다.

청년 1인 가구를 위한 대책은?

이재용　　청년층 1인 가구가 지속적으로 늘어나고 있고, 이들이 나이가 들면 노년층 1인 가구가 되는 등 1인 가구의 비중은 계속 늘어나게 될 텐데 관련 제도나 정책 상황은 어떻습니까?

최샛별　　1인 가구 증가로 인한 인구구조의 급변이 예고되지만, 제도적 개선은 그에 비해 더딘 상태입니다. 우리 사회가 1인 가구 지

1인 가구 정책 수요

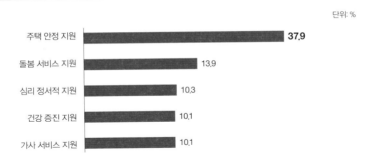

단위: %

주택 안정 지원	37.9
돌봄 서비스 지원	13.9
심리 정서적 지원	10.3
건강 증진 지원	10.1
가사 서비스 지원	10.1

자료: 여성가족부, 〈2023 가족실태조사〉

원 필요성을 심각하게 받아들이지 않기 때문인데요. 기존 정책으로
는 1인 가구를 품을 수 없습니다. 기존 정책적 지원체계가 소위 '정
상 가족' 중심으로 설계되어 있기 때문입니다. 1인 가구는 혼자 산
다는 공통점을 가지지만 연령, 성별, 소득수준에 따라 매우 다양한
정책 수요를 가진 대상입니다. 따라서 각 집단 특성에 맞는 정책 수
립이 필요합니다.

이재용   1인 가구에게 가장 필요한 정책은 어떤 겁니까?

길금희   1인 가구가 필요한 지원 정책에 대해 '주택 안정 지원'
이 37.9%로 세대 불문 가장 높은 것으로 나타났습니다. 특히 30세
미만은 '주택 안정 지원' 응답 비율이 70.5%로 집계돼 모든 세대 가
운데 가장 높은 것으로 나타났는데요. 저연령층으로 갈수록 주거
불안정 비율이 높기 때문으로 해석됩니다.

이재용　　청년층 1인 가구와 관련해 어떤 정책이 시급하다고 생각하십니까?

최샛별　　일단 정책 기조 자체가 변해야 할 필요가 있습니다. 청년 1인 가구에 대해서 논의가 될 때 늘 거론되는 것이 출산율에 대한 부분인데요. 출산율을 위해서는 '청년 1인 가구보다는 결혼한 신혼부부에 대한 도움을 더 늘려야 된다'라는 식의 단편적인 사고에서 벗어날 필요가 있습니다. 이게 동반되어야 하는 부분이지 청년 1인 가구를 지원하는 정책을 한다고 해서 출산율이 낮아지는 게 절대 아니거든요. 오히려 이들이 경제적으로 자신들이 힘을 갖게 됐을 때 결혼이라는 것도 꿈꿀 수 있는데 마치 모든 청년 1인 가구들이 자발적으로 1인 가구를 선택했다는 식으로 생각하는 기조가 바뀌어야 합니다. 혼인과 출산을 거부, 포기하는 것에는 나름의 사정이 존재합니다. 이미 조사에 나온 것처럼 취업 및 일 경험에 대한 지원이 필요하고요. 주거비용에 부담을 느끼는 만큼 이를 지원해주고 또 사회적 관계를 맺을 수 있는 연결망을 제공하는 서비스도 도움이 될 것으로 보입니다.

이재용　　먼저 겪었고 지금도 겪고 있는 일본의 사례에 비교해서 한국이 더 늦기 전에 '이런 정책 정도는 필요하다' 하는 게 있으면 말씀 부탁드립니다.

이창민　　저는 모든 정책을 아울러서 가장 필요한 것 딱 한 가지만 꼽으라고 하면 '일자리'입니다. 일자리야말로 최고의 복지거든요. 일본은 지난 20년 동안 자민당, 민주당 정권이 바뀌면서 모든 실험을 해봤습니다. 자민당이 할 때는 비정규직 일자리를 늘려보기도 하고 민주당이 됐을 때는 모든 일자리를 정규직화하겠다고 해서 무리해서 법안을 바꿔보기도 했는데 이 10~15년간의 사회 실험의 결론은 뭐냐 하면 정규직이든 비정규직이든 하여튼 일자리가 가장 중요하다는 겁니다. 급여가 꾸준히 나와야 계획이 서고 집도 마련할 수 있고 결혼도 할 수 있고 문제가 풀리는 것이거든요. 그래서 우리는 사회적 컨센서스가 필요합니다. 어떻게 하면 일자리를 늘리고 확보하고 잡셰어링(Job Sharing) 할 것인가 하는 그 지점에서 많은 고민을 해야 한다고 봅니다.

이재용   자의든 타의든 혼자 사는 청년들의 삶이 고립이 되지 않도록 정부의 세밀한 정책 마련이 필요해 보이네요.

열두 번째 경제 이야기 '핵심 노트'

- 청년층 1인 가구가 증가하는 이유는 개인의 정체성을 가족에서 찾던 과거와 달리 현재에는 개인적이고 독립적인 삶에 더 많은 가치를 부여하고 있기 때문이다. 더불어 경제불황이 지속되며 고용 불안정 상태에 놓인 사람들이 많아져 혼자 살 수밖에 없는 상황에 놓인 인구도 늘어났다.

- 결혼에 대해 부정적인 인식이 늘어나는 것과 달리 소개팅 어플은 흥행하고 있다. 2028년이면 국내 약 580만 명이 데이팅 앱을 이용 중일 것으로 추정된다. 젊은 세대의 실용주의적 성향이 이성 간의 만남에까지 이어진 것으로 볼 수 있다.

- 1인 가구의 고립 문제는 점차 심각해지고 있다. 최대 54만 명 정도가 고립감을 느끼고 있는 것으로 나타났는데 고립된 청년 세대의 경우 특히 대졸자 여성들이 많은 것으로 나타났다. 이들은 가장 많이 배운 세대이지만 부모 세대와 달리 세계적인 경제불황으로 인해 사회적으로 성공할 가능성은 적어져 세대 전반에 무기력감이 비교적 증가했다.

- 일본은 일찍이 고립 문제를 겪어 현재 약 160만 명의 히키코모리가 있는 것으로 추정된다. 현재 일본 내에 8050 문제가 대두되고 있는데 이는 80대 부모가 50대 히키코모리를 부양해야 하는 문제를 가리키며, 히키코모리 생활의 장기화, 고령화로 인해 발생한 문제이다. 우리나라도 머지않아 이러한 문제가 대두될 가능성이 높다.

- 2023년 고립·은둔 청년 실태조사 결과 경제적 지원 및 취업 관련 지원이 가장 필요하다고 답변했다. 이는 청년들이 자립하고자 하는 욕구가 매우 큼에도 어려운 경제 상황 속에서 좌절감을 느끼고 은둔하고 있다고 볼 수 있다. 따라서 청년 1인 가구를 위한 지원으로 일자리 등 각종 정책과 인식의 변화가 매우 중요하다.

▶방송 다시보기

이창무 한양대학교 도시공학과 교수

현재 한양대학교 공학대학 도시공학과의 정교수로 재직 중인 이창무 교수는 서울대학교 도시공학과를 졸업하고 펜실베니아대학교에서 도시 및 지역계획학 박사학위를 취득하였다. 도시 경제, 부동산과 도시계획 분야 등의 다양한 분야에 관심을 가지고 학술연구를 진행중에 있으며, 도시계획 접근방법에서 물리적 계획과 사회경제적 계획을 통합시켜 현실에 접목하는 실용적인 학문을 추구해오고 있다. 주요 저서로는 《한국 부동산 임대시장의 새로운 해석》 등이 있으며, 도시 및 부동산경제 분야와 관련한 논문을 해외 학술지에 13여 편, 국내 주택학회, 국토계획, 부동산학 연구 등의 학술지에 157편 발표하였다. 최근에도, 전월세시장 분석, 토지 및 주택과 오피스의 시장, 부동산가격지수 등 과 관련된 연구를 중심으로 산·학연구 활동을 활발하게 진행하고 있다. 정부 위원회로는 대통령 직속 지역발전위원회 위원, 국토교통부 주택정책심의회 위원, 중앙도시계획 위원회 위원을 역임하였고, 서울시 명예시장 등을 거쳐 현재는 서울시 도시계획위원회 위원으로 활동하고 있다.

김효선 NH농협은행 수석전문위원

NH농협은행 WM사업부 All 100자문센터 부동산 수석위원이다. 부동산 자산 관리 및 도시계획에 관한 전문가로서 경험과 폭넓은 전문성을 보유하고 있다. 서울시립대학교 도시과학대학원에서 도시계획학 석사 학위를 취득하였으며, 현재 일반대학원 도시공학 박사 과정을 진행중이다. DL그룹(대림그룹)과 GS그룹에서 부동산 관련 업무를 수행하며 경험을 쌓았으며, 국토교통부와 서울시 자문 위원으로 활동하며 공공부문에서의 부동산정책 및 도시계획과 관련된 다양한 연구 및 자문을 맡아왔다. 책《위기를 기회로 만드는 대한민국 부동산 부자들》을 발간했으며, 지식경제부 국책사업 책임연구원, 미래창조과학부 장관 임명 도시계획·환경분야 과학기술인 등 활발한 대외활동을 펼치고 있다.

손동우 매일경제 기자

연세대학교 도시공학과를 졸업하고 건국대학교 부동산대학원에서 금융투자 전공으로 석사 학위를 취득했다. 2007년 매일경제신문에 입사하여 문화부, 유통경제부, 증권부, 부동산부 등을 거쳤다. 또 매일경제 유튜브 채널 '매부리TV'의 창립 멤버로 참여하여 부동산 관련 콘텐츠를 제작하고 있으며, 저서로는 《대한민국 부동산 전쟁》, 《신용산시대》 등이 있다. 부동산 분야에서 10년 가까운 취재 경력을 바탕으로 심도 있는 분석 기사와 재테크 관련 기사를 주로 다루고 있다.

서원형 단국대학교 부동산대학원 겸임교수

엠플러스자산운용 이사. 증권업계에서 28년 동안 IB(투자은행)업무를 담당해 왔으며, IB 업계에서는 유일하게 리츠로 학위를 받은 부동산학 박사이다. 경북대학교 무역학과를 졸업하고 연세대학교 MBA를 거쳐 단국대학교 박사학위를 받았다. 1994년 쌍용투자증권으로 입사하여, 굿모닝증권, 굿모닝신한증권, 신한금융투자로 바뀌는 동안 회사채, 유상증자, 메자닌, IPO(기업공개), 리츠, 인수금융, PF(프로젝트파이낸싱), PE(사모펀드), AI(대체투자), NPL(부실채권), RM(기업금융전담역) 등의 IB업무를 두루 담당하였다. 신한금융투자 재직 당시 신한금융그룹 CIB체제 구축을 위해 신한금융지주 TFT에 파견되어 현 GIB그룹 체제의 기반을 마련하는 데 기여였으며, 증권 IB업계 최초로 CJ프레시웨이의 '영구전환사채' 상품을 개발·인수하여 기업 자금 조달 방식의 다변화를 이끌었다. 2018년 10월 미래에셋증권으로 합류해 본격적인 리츠 업무를 담당했다. 현재 엠플러스자산운용에서 기업금융, 부동산, 리츠 등 다양한 업무를 수행하며 단국대학교 부동산대학원에서 겸임교수로 부동산금융 관련 강의를 하고 있다.

이은형 대한건설정책연구원 연구위원

건설·부동산 전문가. 경영학, 건축공학, 국제학, 문화예술학 등을 전공하였다. 현재 대한건설정책연구원에서 건설·부동산·도시재생 전문가로 활동하고 있다. 건설·부동산 시장 정책 연구를 수행하는 데 그치지 않고, 폭넓은 전문성을 바탕으로 실무적 역할도 병행하고 있으며, 경기, 성남, 군포 등 수도권 주요 도시공사는 물론, 강원과 전남 지역의 지방자치단체 산하 개발공사에서도 자문 역할을 맡아왔다. 또한 한국자산관리공사(캠코), 한국철도공사(코레일), 국가철도공단(구 한국철도시설공단) 등 국가·지방 공기업의 투자심의 및 자문위원으로도 활발히 활동하며, 건설·부동산 정책과 실무를 아우르는 전문가다.

경제토크쇼 픽

수도권 청약 전쟁 vs. 지방 미분양 사태, 양극화 막을 부동산 정책은?

이창무 | 한양대학교 도시공학과 교수, **김효선** | NH농협은행 수석전문위원
손동우 | 매일경제 기자, **서원형** | 단국대학교 부동산대학원 겸임교수,
이은형 | 대한건설정책연구원 연구위원

"'걔가 경기도를 뭐라 한 줄 아냐? 경기도는 계란 흰자 같대. 서울을 감싸고 있는 계란 흰자.' – 드라마 〈나의 해방일지〉 中

(남자 주인공은 여자 친구와의 이별 뒤 '노른자' 땅 서울에 살지 못하는 자신을 한탄합니다. 또 극 중에서 서울이 직장이라 왕복 4시간을 출퇴근하는 경기도민의 애로사항을 보여주기도 하죠.)

전통적으로 의, 식, 주 중 주(住)는 집을 뜻하는 한자어 주(宙)와 달리 사람이 살아가는, 비교적 총체적인 공간을 의미합니다. 현재 대한민국 사회에서 －시, －구가 주는 삶의 질에 대한 영향을 고려하면 주(住)의 격차는 과거보다 커졌다고 할 수 있는데요. 단편적으로 서울에 양질의 일자리, 교육시설이 몰리자 이른바 '강남 아파트'의 가격은 여전히 고공행진 중인 반면 수도권에서도 조금만 눈을 돌리

면 '악성 미분양'을 심심치 않게 볼 수 있습니다. 지방과 수도권 사이의 커다란 양극화, 그리고 앞으로 마주할 지방 소멸까지, 이에 대비해 정부 역시 대책을 쏟아냈는데요. 수많은 대책 중 많은 이들의 관심을 모았던 그린벨트 해제와 리츠를 중심으로 과연 이러한 대책들의 근거는 무엇인지, 실효성은 있는 것인지 검증해봤습니다."

한눈에 보는 부동산 근황

이재용　　　한국인에게 부동산은 단순히 주거의 역할보다는 자산으로 여기는 경향이 있는 것 같습니다. 그래서 부동산은 세대를 막론하고 초미의 관심사인 것 같은데 최근 부동산 시장엔 어떤 변화가 있었습니까?

김효선　　　코로나 이후 전 세계는 단기간에 초저금리와 고금리 시대를 겪었습니다. 이로 인해 국내 부동산 시장도 큰 변화를 맞이했는데요. 코로나 초기인 2020년 초반에 정부는 경기 침체를 방지하기 위해 기준금리를 대폭 인하했습니다. 그리고 이는 전국적인 주택 가격 상승으로 이어지게 됐습니다. 반대로 2021년 하반기부터 인플레이션 우려가 나타나자, 기준금리를 인상하였고 수요가 급감하면서 다시 주택 시장이 침체하기 시작했습니다. 문제는 이러한 유동성으로 인해 실물경제와 자산 시장의 괴리가 크게 벌어졌다는 것입니다. 고금리, 고물가로 경제는 좋지 않은데 우량 자산의 가치는 더 극대화된 것이죠. 또한 지역에 따른 부동산 시장의 양극화 역시 가속화되었는데요. 가격이 상승할 때에는 높아진 유동성으로 모든 유형의 부동산 가격이 상승된 반면 침체 상황에서는 가치가 재평가되면서 가격 격차가 벌어진 것이죠. 이러한 격차는 일시적 현상이 아닌 장기적 트렌드로 굳어질 것으로 보입니다.

이재용 이를 극복하려는 정부의 노력은 어땠습니까?

김효선 정부 관점에서는 코로나 이후 금리 재정 확장 정책에 대한 부작용인 부동산 가격 급등과 가계부채 급증을 해결하기 위해 부동산 관련 규제와 세금을 강화하고 대출을 규제하는 등 수요 억제 정책을 펼쳤습니다. 또한 재건축이 활성화되면 주택 가격 상승을 부추길 것을 우려해 이를 규제하는 동시에 신규 택지 개발을 통한 주택 공급을 계획했었는데요. 이후 코로나가 종료되고 인플레이션 우려가 생기자 지금껏 강화했던 규제를 다시 정상화하고 서울 및 수도권의 공급 부족 우려를 해소하기 위해 다량의 공급 계획을 발표하고 있는 상황입니다.

이재용 부동산 시장의 흐름을 잘 정리해주셨는데, 말씀해주셨듯이 지난해 8월 8일 국토교통부에서 주택 공급 확대 방안을 논의해 이른바 '8·8 대책'을 내놓았습니다. 이건 어떤 내용입니까?

손동우 8·8 대책의 핵심은 수도권의 주거지 공급 확대입니

8.8 부동산 공급 대책 주요 내용

주요 대책	효과	
재건축·재개발 특례법 제정	사업 기간 축소	15년 ➡ **9년**
	용적률 추가 허용	3종 주거지역 300% ➡ **330%**
서울·수도권 그린벨트 해제	신규 택지 지정 확대	2만 채 ➡ **8만 채** ※ 2024년 5만 채, 2025년 3만 채 지정
비아파트 시장 정상화	공공 신축 매입 공급 확대	2025년까지 **11만 채+α** ※ 이 중 5만 채는 분양전환형

다. 먼저 그린벨트를 활용해 8만 호 규모의 신규 택지를 공급할 계획인데요. 3기 신도시 등 수도권 공공택지의 경우 효율적인 토지 이용을 통해 2만 호 이상 추가 공급하기로 했습니다. 또 도시 내 아파트의 신속한 공급을 위해 특례법을 제정해 사업 기간을 단축하고, 2025년까지 민간 건설사가 수도권 공공택지에 착공하면 준공 후 미분양이 나도 LH가 22조 규모를 매입해주기로 했습니다. 매입 확약을 통해 조기 공급을 유도한다는 전략인 거죠. 이외에도 2023년 빌라 전세 사기로 엉망인 비아파트 시장이 정상화될 때까지 빌라, 오피스텔을 무제한으로 매입해 임대주택으로 공급할 계획입니다. 정부는 지방 미분양 주택에 대한 대책을 내놓기도 했는데요. 리츠 종류 중 하나인 CR리츠(기업 구조조정 리츠)를 통해 지방 미분양 해결을 도모한다는 방침입니다.

수도권 공급 대책, 그린벨트 해제 효과는?

이재용　　　이번 대책 중에서 가장 화제를 모은 대책이라면 아무 래도 서울 그린벨트 해제인데 이 그린벨트 해제가 12년 만이라고 들었습니다. 그 배경은 뭡니까?

이창무　　　서울 아파트 가격이 대출 발표 이전까지 약 20주 연속 상승 중이었고 대책 발표 직전 주에 주간 아파트 가격이 약 0.3% 올랐습니다. 국토부가 시장 상황이 심상치 않다고 판단하는 기준이 바로 0.3% 정도거든요. 또 서초나 마·용·성[1] 등에서 2023년의 전 고점을 뚫기 시작하니까 정부도 대책을 마련한 것으로 보입니다.

이재용　　　그런데 그린벨트를 해제하면 당장 오르는 집값에 도 움이 될 수 있습니까?

이창무　　　이 부분도 논란이 많은데요 그린벨트를 풀어 주택으 로 공급하기까지 약 10년이 걸립니다. 당장 실수요자들의 주택 문 제를 해소하기까지는 한계가 있는 것이 사실입니다. 애초에 대책 발 표 이전 이미 정부가 서울과 인근 택지 공급을 2만 가구 규모로 발 표할 예정이었습니다. 그런데 전세 가격이 오르고 주택이 부족할 거

1　마·용·성. 마포구·용산구·성동구의 앞 글자를 따서 만든 단어. 한강이 보이는 강북 지역에서 가장 집값이 높은 지역들이다.

아파트 매매 가격 지수 변동률

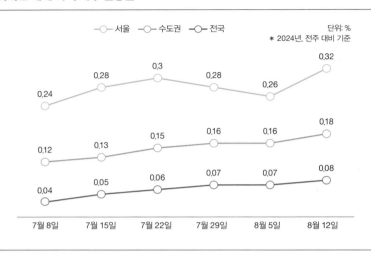

○ 서울   ○ 수도권   ○ 전국

단위: %
＊ 2024년, 전주 대비 기준

서울: 0.24, 0.28, 0.3, 0.28, 0.26, 0.32

수도권: 0.12, 0.13, 0.15, 0.16, 0.16, 0.18

전국: 0.04, 0.05, 0.06, 0.07, 0.07, 0.08

7월 8일   7월 15일   7월 22일   7월 29일   8월 5일   8월 12일

란 우려가 계속되니까 그린벨트까지 손을 대서 기존 안보다 4배 많은 8만 가구를 공급하기로 했습니다. 이번 대책의 의미는 정부가 자신들의 주택 공급 의지를 시장에 밝힌 것이다. 이 정도로 해석할 수 있을 것 같습니다.

이재용   그렇다면 그린벨트 해제 대상 지역은 어딥니까?

손동우   서울 서초구 서리풀지구 등 4곳의 그린벨트가 해제되고 해당 부지에 5만 호의 주택 건설이 추진됩니다. 자세히 살펴보면 서리풀지구에서는 2만 호, 경기도 고양 대곡역세권과 의왕 오전·왕곡, 의정부 용현 등 3개 지구에 3만 호가 공급될 예정입니다. 정부는 이번에 선정된 지구들은 "이미 훼손되어 환경적 보전 가치가 낮

서울 주요 자치구별 그린벨트 현황

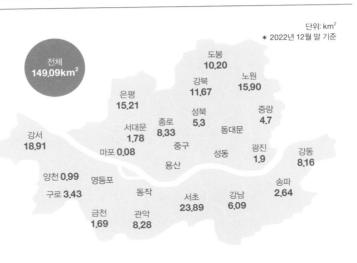

단위: km²
* 2022년 12월 말 기준

전체
149.09km²

도봉
10.20

강북
11.67

노원
15.90

은평
15.21

성북
5.3

중랑
4.7

서대문
1.78

종로
8.33

동대문

강서
18.91

마포 0.08

중구

성동

광진
1.9

강동
8.16

용산

양천 0.99

영등포

송파
2.64

구로 3.43

동작

서초
23.89

강남
6.09

금천
1.69

관악
8.28

자료: 서울시

은 개발제한 구역과 공장이나 창고 등이 난립하여 난개발이 발생 중이거나 우려되는 지역으로 계획적·체계적인 개발이 필요한 곳"이라고 설명했습니다. 올해 3만호의 추가 물량을 발표할 것이라고 덧붙였고요. 계획대로라면 오는 2026년 상반기에 지구를 지정하고, 첫 분양은 2029년, 첫 입주는 2031년 이루어질 것으로 보입니다.

이재용　　　그린벨트 해제에도 원칙이 있다면서요?

손동우　　　네, 먼저 그린벨트에는 지역별로 등급이 있습니다. 1~5등급으로 나뉘어 있는데요. 숫자가 작을수록 환경적 보존 가치가 높은 곳입니다. 정부는 수도권의 경우 그린벨트는 3~5등급까지만 해제한다는 원칙을 갖고 있는데요. 문제는 3~5등급의 그린벨트가 현재 서울 그린벨트의 20%밖에 안 된다는 것입니다. 3기 신도시 때도 똑같은 방침을 밝혔었는데 결국에는 1, 2등급이 많이 풀렸거든요.

이창무 도시적인 관점에서 보면 정형화된 땅을 이용하는 게 훨씬 효율적인데요. 1, 2등급 그린벨트의 형태가 능선을 따라 생선 가시처럼 생긴 곳도 있습니다. 그래서 그걸 제외하고 나면 10만 평을 해제했는데 실제로 우리가 이용할 수 있는 부분은 8만 평밖에 안 될 수 있거든요. 그래서 합리적인 방향에서 1, 2등급의 그린벨트도 적절히 해제한다면 주택을 훨씬 더 많이 공급할 수 있죠.

이재용 그런데 그린벨트라는 것이 무분별한 개발을 막고 환경을 보호하자는 차원에서 지정한 건데, 해제에 따른 부작용에 대해서는 어떻게 생각하십니까?

이창무 그린벨트 해제의 관점에서 문제를 이야기하면 당연히 녹지가 훼손되는 것이지만 기회비용의 관점에서 생각해보면 판단이 달라질 수 있습니다. 서울의 그린벨트를 유지하기 때문에 김포나 남양주 등의 양호한 녹지가 훼손될 수도 있거든요. 또 현재 서울 대도시권의 통근 시간이 1시간에 가깝습니다. 서울과 비교할 수 있는 세계 도시들의 통근 시간은 30분 남짓이에요. 이게 도시 연담화[2]를 방지하기 위한 그린벨트라는 공간이 있기 때문에 우리가 지불해야 하는 사회적 비용이거든요.

이재용   또 다른 문제는 없습니까?

김효선   현재 그린벨트 외에도 재건축 재개발이라든가 공급계획 물량 자체는 이미 많은 상황입니다. 그런 상황에서 그린벨트까지 풀어서 공급을 해야 하나 타이밍에 대한 의문이 있는 것은 사실입니다. 또 3기 신도시 청약을 앞둔 상황에서 수도권에 더 좋은 입지의 그린벨트를 해제해서 주택이 공급된다고 하면 그걸 기다리는 분이 생길 수 있는데 여러 가지 공급계획들이 상충하고 있는 상황이라 먼저 계획을 정리하고 나서 결정해야 하지 않을까 생각합니다.

이재용   이전까진 그린벨트를 미래 세대를 위해 보존해야 하는 것으로 알고 있었는데 이번에 오세훈 시장은 미래 세대를 위해서 쓰겠다, 이렇게 얘기했어요. 이에 대해 어떻게 생각하십니까?

이창무   그린벨트를 보존하자는 논리 중 하나가 미래 세대를 위해 남겨둬야 한다는 것이었습니다. 근데 실제로 미래 세대가 어느 세대냐고 물으면 대답을 잘 못합니다. 출생률이 급격하게 떨어지는 상황에서 저는 지금의 청년층이 바로 그 미래 세대라고 생각합니다.

---

2   도시 연담화. 중심도시의 팽창과 시가화의 확산으로 인해 주변 중소도시의 시가지와 서로 달라붙어 거대도시가 형성되는 현상을 의미한다.

또한 검단신도시는 개발한 지 10년이 넘었는데 여전히 미분양 매물이 있습니다. 입지의 문제가 있다는 건데 이러한 문제가 도시 축소기와 만나면 더욱 확대될 수 있습니다. 인구가 줄어들면 출근 인구가 줄어들게 됩니다. 그러면 대도시권이 갖고 있는 대중교통망이나 GTX와 같은 사회 기반 시설의 서비스 수준을 지금처럼 유지할 수 없는 상황을 맞이할 수 있습니다. 그런 면에서 수도권 외곽을 개발하는 것보다 수도권의 중심도시인 서울시와 그 인접 지역의 개발 밀도를 높이는 것이 효율적이고 사회적 비용을 아낄 수 있다는 것이죠. 그런 지역에 해당되는 그린벨트를 활용함으로써 도시 축소기, 인구 축소기의 효율적인 공간 구조를 만들어낼 수 있다면 이것도 굉장히 중요한 방향성이라고 생각합니다.

김효선　　　유럽 같은 국가에서는 그린벨트를 소극적으로 관리하고 개발 제한만 하지 않고, 이를 적극적으로 활용하는 방안을 연구하고 있습니다. 그린 스트럭처[3]라고 해서 녹지 공간을 다양하게 활용하고 있거든요. 지금의 서울 도시 경쟁력이 굉장히 떨어지는 이유 중 하나가 주거의 질이 낮아지는 것이기 때문에 그린벨트 해제의 목적을 어디에 둘 건지, 많은 고민이 필요하다고 생각합니다.

이재용　　　오세훈 시장은 그린벨트 해제 지역에 공공주택을 짓

3　　그린스트럭처(Green Structure). 도시 내 녹색 공간들의 네트워크를 의미하는 개념. 단순히 개별적인 녹지 공간을 넘어서, 도시 전체의 녹색 인프라를 통합적으로 구축하고 강화하는 것을 목표로 한다.

겠다는 건데 '미래 세대'의 구체적인 대상이 어떻게 됩니까?

손동우   오세훈 시장은 그린벨트 해제 지역에 신혼부부 20년 장기전세 주택을 공급하겠다고 밝혔는데요. 이게 조금 특이한 형태의 주택인데 신혼부부가 처음엔 소득 기준과 상관없이 입주해 10년 동안 전세로 살다가 아이를 낳으면 면적을 넓혀 최장 20년까지 거주할 수 있게 해준다고 합니다. 이후 만약 그 부부가 두 자녀 이상을 출산하면 시세보다 10~20% 정도 저렴하게 매입할 수 있는 혜택도 제공하겠다고 발표했습니다.

그린벨트 해제로 집값 잡으려면?

이재용   이에 대한 시장 반응이 궁금한데 대책 이후의 집값 움직임은 어떻습니까?

김효선   발표 후 시장에서의 반응은 별로 없는 상황입니다. 아무래도 정부의 공급 대책에 대한 신뢰도가 조금 떨어져 있는 게 아닌가 싶습니다. 발표된 직후 하남시의 주택 가격 상승률이 굉장히 높았는데 분석해보면 40대 비중이 굉장히 높거든요. 무리한 대출보다는 대기업에 다니는 맞벌이 부부들이 규제안에서 더 나은 집으로 이동하는 주택 매입이 많은 상황입니다. 특히 30~40대 주택 매입이 많은 이유가 청약 제도 자체가 30~40대에는 당첨되기가 굉장히 어렵기 때문에 아무리 좋은 분양 물량들이 계획되어 있더라도 나한테까지는 당첨 기회가 오지 않을 것으로 생각해 입지 좋은 곳들 위주로만 매입이 되는 상황으로 보입니다.

이재용 우리가 미래를 예측하려면 과거를 돌아보잖아요. 과거 정권에서도 그린벨트를 풀어 공급을 늘린 예가 있는데 그때 결과는 어땠습니까?

이창무 이명박 정부 당시 강남과 서초구에 있는 세곡동, 내곡동의 그린벨트를 풀어 '보금자리주택'을 공급한 바 있습니다. 당시 정책이 굉장히 빨리 진행됐는데 2008년 말에 정책이 발표되고 2009년도에 사전청약이 시작됐습니다. 그리고 2012년에 입주가 시작됐습니다. 실제 가격 추세를 보면 가격 안정세를 만들어냈던 변곡점에 보금자리 주택의 분양이 맞아떨어진 부분이 있습니다.

이재용 효과를 보긴 본 거군요?

이창무 다른 여러 요인이 있겠지만 저는 효과가 있었다고 봅니다. 정책 발표하고 입주까지 4년 정도밖에 안 걸리고 1~2년 안에 분양했으니까요. 그런 속도로 공급이 진행된다면 청년층의 불안 심리가 대기 수요로 전환될 가능성이 있겠죠.

김효선 교수님 말씀하신 것처럼 공급이기 때문에 사실 가격 안정화에 긍정적 효과가 있긴 했을 텐데요. 이명박 정권 때는 사실 금융위기가 맞물려서 그런 부분이 있긴 합니다. 그 전 정권인 노무현 정부 때는 그린벨트를 푸니까 풀기 전과 후에 주택 가격이 오히려 상승하기도 했습니다.

손동우   언론에서도 보금자리주택이 주택 시장에 어떤 영향을 미쳤는지 되게 의견이 많았거든요. 2008년 글로벌 금융위기뿐만 아니라 2010년도쯤에 PIGS 사태[4]라고 해서 유럽 쪽에서 다시 한번 경제위기가 왔었습니다. 그런데 그 시기에 보금자리 주택 공급, 그리고 판교, 2기 신도시들이 입주가 맞물리면서 가격 안정기가 왔었어요. 그래서 저도 교수님 의견처럼 정책이 빨리 실행되면 다른 요소와 맞물리면서 어떻게 작용할지는 단언하기 어렵다고 생각합니다.

이재용   그럼 이번 대책이 성공하기 위해서는 무엇이 선행되어야 한다고 생각하십니까?

김효선   저는 말씀드린 것처럼 정부에서 270만 호 공급하겠다고 대선 때부터 발표를 했는데 이게 일부라도 공급이 됐으면 이 숫자가 줄어야 하잖아요. 그런데 오히려 숫자는 늘어나고 있습니다. 얘기했던 계획들이 시장에서 눈으로 찾아볼 수 없는 상황에서 계

---

4   PIGS 사태. 2010년대 초반 유럽에서 발생한 심각한 재정위기를 일컫는 용어. 포르투갈 (Portugal), 이탈리아(Italy), 그리스(Greece), 스페인(Spain)의 앞글자를 따서 만든 약어로, 이들 국가의 재정 문제가 유럽 전체의 경제 안정성을 위협했던 상황을 지칭한다.

획 물량만 계속 발표하는데 정책 전반에 대해 재고해볼 필요가 있다고 생각합니다.

이창무 공급을 단기간에 만들어내지 못한다는 건 우리가 경험한 것이거든요. 결국 기다려야 하는데 마음이 급해지면 수요-억제에 관한 정책으로 넘어가고 이런 식의 흐름이 반복될 수가 있어서 그런 흐름을 좀 경계해야 한다고 생각합니다.

이재용 그럼 그린벨트를 해제해서 공급을 늘린다는 거 외에 집값을 안정시킬 다른 대안은 없습니까?

손동우 무엇보다 재건축 재개발 활성화 방안이 절실하게 필요하다고 생각합니다. 취재 현장에서 보면 재개발 재건축을 하지 않고는 서울에 주택공급을 할 수가 없는 상황입니다. 그렇기 때문에 여야가 잘 합의해서 활성화 방안을 잘 마련해야 한다고 봅니다.

이창무 성장기에는 개발이익이 많이 남으니까 택지 개발할 때도 광역교통시설부담금[5], 재건축부담금[6] 등 이익을 공공으로 일부분 회수할 수 있는 정책이 가능하지만, 저성장기로 접어들면 개발이

---

5   광역교통시설부담금. 대도시권에서 특정한 사업을 시행하는 자에게 광역교통시설 등의 건설 및 개량을 위해 부과하는 부담금을 말한다.

6   재건축부담금. 재건축초과이익 중 '재건축초과이익 환수에 관한 법률'에 따라 국토교통부장관이 부과·징수하는 금액을 말하며, 국토교통부장관은 재건축 사업에서 발생되는 재건축초과이익을 재건축부담금으로 징수해야 한다. ('재건축초과이익 환수에 관한법률' 제2조제3호 및 제3조)

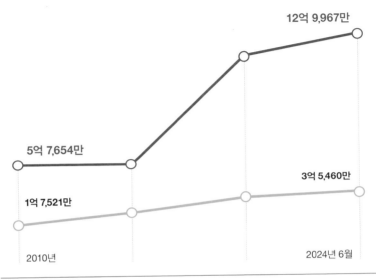

─■─ 서울 ─■─ 지방   단위: 원

12억 9,967만

5억 7,654만

3억 5,460만

1억 7,521만

2010년   2024년 6월

자료: 부동산R114

익도 줄어들기 마련입니다. 건설비용도 올라갔기 때문에 특히나 기대수익에 예민한 정비사업 등에서 '사업 진행을 위해 요구되는 기대수익률을 보장하면서 공공이 환수할 수 있는 개발이익이 어느 정도인가'에 대한 근본적인 질문이 던져져야 해요.

김효선　　　　저는 사실 지금 정부가 해야 할 일은 강남이나 마·용·성 집값을 잡기 위해 정책을 쏟아붓는 게 아니라 소외된 지역, 비아파트를 어떻게 살릴지에 대한 집중이 필요한 것 같습니다. 제시한 정책들에 이미 많은 대책이 포함되어 있기 때문에 지금 하고 있는 것들을 일단 성실하게 수행해야 하지 않을까요?

이재용　　　현재 우리나라가 마주한 부동산 문제 중 다른 핵심적인 부분이 바로 지방과 서울의 양극화 문제 아니겠습니까? 그린벨트 해제가 양극화를 부추길 수 있다. 이런 의견도 있는데요?

김효선　　　양극화는 정말 심각한 문제죠. 압구정 현대아파트의 경우에는 200제곱미터가 113억 원에 거래됐지만 동일한 시기에 포항의 비슷한 면적은 2억 8,000만 원에 거래가 될 정도로 서울과 지방의 격차가 많이 벌어져 있는 상황입니다. 그린벨트 해제가 양극화를 가속한다고 말하기엔 어렵지만 지방은 지금 미분양이 정체되고 있는데 서울은 정부에서 계속 정책 발표를 함으로써 이것이 기회라고 여겨질 수 있죠. 서울의 부동산이 자산 가치를 증대시킬 기회가 발생하고 있다는 것 자체가 거시적으로는 양극화에 영향을 미칠 수 있어 우려가 됩니다.

커피 한 잔으로 건물주 된다! 리츠

이재용　　　8·8 대책에는 그린벨트와 더불어 다양한 정책이 발표됐습니다. 수도권 정책으로 그린벨트가 있다면 지방 미분양에 관한 대책으론 '리츠'가 활용될 계획이라고 하는데요. 도대체 '리츠'가 뭡니까?

이정호   '리츠(Estate Investment Trusts, REITs)'는 부동산투자를 전문으로 하는 주식회사라고 할 수 있는데요. 다수의 소액 투자자로부터 자금을 모아 부동산에 투자한 뒤 수익을 투자자에게 배분하는 구조입니다. 예를 들어 10억 원인 건물이 있다면, 투자자 10명에게 1억 원씩 모집해 건물을 매입한 후 운영, 임대를 통해 수익을 얻으면 '배당수익' 명목으로 투자자들이 나눠 갖는 겁니다. 이렇게 되면 투자자는 건물 전체를 사지 않아도 적은 돈으로도 건물에 투자할 수 있고 또 리츠는 언제든지 주식처럼 사고팔 수 있어 직접 건물에 투자하는 것보다 환금성도 높다고 볼 수 있습니다.

이재용   하나의 투자 상품이군요? 특히 금리가 인하될 것으로 기대되는 상황에서 리츠에 투자하기가 좋다면서요?

서원형   리츠는 대표적인 레버리지[7] 상품입니다. 리츠의 자기자본 비율이 평균적으로 약 38% 정도 되기 때문에 금리가 인하된다면 수익률이 높아지는 것이죠

이재용   소액으로도 건물에 투자할 수 있다는 거잖아요. 개인투자자들이 접근하기엔 어떻습니까?

---

7   레버리지. 자본금을 지렛대로 삼아 더 많은 외부 자금을 차입하는 것을 말한다. 레버리지 비율이 높을수록 자기자본 대비 부채 비율이 높다는 뜻이다.

리츠의 구조

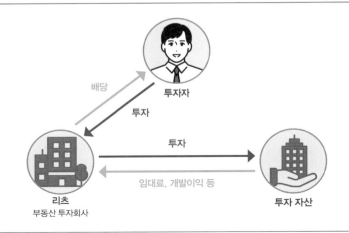

서원형　　　맞습니다. 적은 금액으로 부동산에 투자하기에 아주 적합한 상품이죠. 개인 투자자들에게도 상당히 이점이 있는데요. 소액으로 투자할 수 있기 때문에 다양한 부동산 자산에 간접적으로 투자해 리스크를 낮출 수 있고요. 수익의 90% 이상을 배당으로 지급하기 때문에 안정적인 배당이 나온다는 장점이 있습니다. 또한 매매를 통해 개인이 부동산 자산을 갖게 되면 직접 부동산을 관리해야 한다는 부담이 있는데요. 리츠의 경우에는 전문가가 관리해주기 때문에 부담이 상대적으로 적습니다. 마지막으로 상장된 리츠는 주식처럼 증권사 앱을 통해서 쉽게 거래가 가능합니다. 그러나 상장되지 않은 리츠들은 리츠 정보 시스템에 들어가 공모 일정을 보고 개인이 공모에 참여해야 하므로 이 부분은 참고하셔야 할 것 같습니다.

리츠 자산 규모 추이

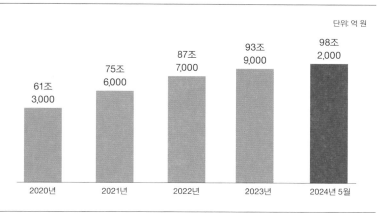

단위: 억 원

61조
3,000 | 2020년
75조
6,000 | 2021년
87조
7,000 | 2022년
93조
9,000 | 2023년
98조
2,000 | 2024년 5월

자료: 국토교통부

이은형　　사실 개인 입장에서는 장단점이 명확합니다. 장점은 어느 정도 안정적인 투자 수익률이 나올 수 있다는 거죠. 반대로 단점은 이제 소액을 가지고 투자하시는 개인들이 희망하는 건 아무래도 큰 수익을 내는 건데 리츠같이 안정된 수익을 꾸준하게 낼 수 있는 상품에서는 큰 수익, 소위 대박은 기대하기 어렵습니다.

이재용　　수익적인 측면에서 보면 주식보다는 채권에 가까운 거네요. 근데 우리가 지금까지는 플러스 수익만 얘기했는데 이것도 마이너스가 될 수 있잖아요?

이은형　　사실 투자처에 따라서는 그럴 수 있습니다. 하지만 일반적인 리츠는 아무래도 우량 사업지 중심으로 투자가 이루어지는 것이 많습니다. 해외에서는 크게 손실을 보는 경우도 있지만 국내

주요국 상장 리츠 비교

구분	🇺🇸 미국	⚫ 일본	🇰🇷 한국	🇸🇬 싱가포르
도입	1960년	2000년	2001년	2002년
상장 리츠	204개	58개	23개	40개
시가총액	1,640조 원	141조 원	7조 4,000억 원	98조 원
배당수익률	4.3%	3.4%	7.4%	7.1%
GDP 대비 시가총액 비율	5.1%	2.6%	0.3%	16.5%

* 2023년 12월 말 기준
자료: 한국리츠협회

현실과는 사정이 다르다고 할 수 있습니다

이재용 해외 리츠 시장에 대한 얘기는 종종 들었는데 그러면 한국의 리츠 시장은 글로벌 기준 얼마나 됩니까?

이정호 아직까지 국내에선 리츠가 해외만큼 대중적이진 않습니다. 리츠협회에 따르면 지난 5월 말 기준으로 국내 운영 리츠 수는 375개 운용 자산은 약 98조 원 규모입니다. 지난 5년간 약 2배가량 성장했고 리츠 투자자도 2020년 9만 명에서 지난해 41만 명으로 늘어났는데요. 이러한 가파른 성장세에도 불구하고 아직 리츠의 탄생지, 미국과는 격차가 큰 상황입니다. 미국은 1960년 리츠의 시작을 알렸는데요. 그에 비해 우리나라는 2001년에 첫걸음마를 뗐습니다. 그래서일까요? 한국과 미국의 시가총액은 각각 8조 원과 1,604조 원으로 무려 200배 정도 차이가 나고 있습니다. 심지어 우

경제토크쇼 픽

리나라 리츠 시장은 비슷한 시기에 리츠를 도입한 일본과 싱가포르에 비해서도 규모가 작은데요.

이재용   한국의 부동산 열기를 고려하면, 다소 의아한데요. 왜 그런 겁니까?

이정호   먼저 리츠 도입 초기 시장 방향성이 달랐기 때문이라는 지적이 있습니다. 우리나라는 주요 선진국에 발맞추어 빠르게 리츠를 도입했음에도 불구하고 도입 취지와 달리 사모 리츠 중심으로 흘러가면서 시장 성장이 구조적 한계에 부딪혔어요. 반면 유사한 시기에 리츠 제도를 도입한 일본과 싱가포르는 공모리츠 중심으로 발전하며 시장이 크게 성장했죠. 즉 한국 시장은 일반 투자자들이 참여할 만한 기회와 유인이 제한적인 '반쪽짜리' 시장이었던 셈입니다. 지금까지 한국 정부가 적극적인 지원을 하기보다 규제에 무게를 둔 것은, 어쩌면 부동산 투기를 조장하는 것처럼 보일까 우려한 것일지도 모릅니다. 하지만 최근 정부 차원에서도 리츠 활성화에 대한 적극적인 움직임이 나온 만큼, 앞으로 한국 리츠 시장의 가파른 성장도 기대해볼 수 있겠습니다.

'높은 수익성' 미분양계의 코디네이터 리츠

이재용   8·8 대책에서 살펴봤듯이 정부는 특히 지방의 심각한

미분양 주택 수

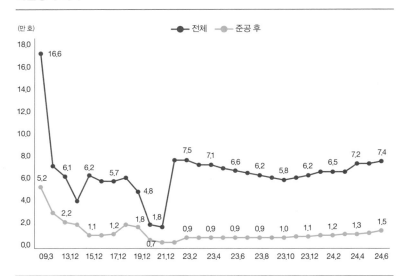

자료: 국토교통부

문제로 떠오르고 있는 미분양 문제를 해결하기 위해 리츠를 활용하 겠다는 입장인데, 현재 지방 미분양 얼마나 심각한 겁니까?

이정호   지난해 7월 말 기준 전국 미분양 주택은 총 7만 1,822호로 8개월 만에 소폭 줄었지만, 악성 미분양이라 불리는 준 공 후 미분양은 12개월 연속 증가하고 있습니다. (자료: 국토교통부) 또 7월 기준으로 최근 3년 내 최대치인데요. 증가분의 99%는 모두 지방에 쏠려 있어 지방엔 악성 미분양이 계속 쌓이고 있는 상황입 니다.

이재용   지방을 중심으로 악성 미분양이 쌓이게 된 이유는 뭡

니까?

이은형　　　갑자기 미국 기준금리가 단기에 급등했습니다. 이 때문에 개인과 사업자 모두 계산서가 바뀌었습니다. 먼저 개인 입장에서는 지금 대출을 해서 집을 사면 한 달에 200만 원을 내야 하는데 1년 뒤에는 금리가 바뀌어 300만 원이 될 수도 있는 거죠. 이러면 웬만한 사람들은 무서워서 집을 못 삽니다. 사업자 입장에서는 건설하기 위한 모든 비용이 올랐습니다. 사업을 시작했을 때는 이윤이 남던 사업들이 비용이 올라가면서 손해로 바뀌어버린 거죠. 그렇다고 분양가를 올리면 수요는 더욱 떨어질 수밖에 없고요. 그래서 입지가 미진한 지역에 대해서는 미분양이 남아 있게 되는 거죠. 그렇다고 해서 가격을 분양가의 절반에 판다든가 하는 건 아니니까요

이재용　　　말씀을 들으면서 개인적으로 이런 생각이 들더라고요. 예를 들어 옷 같은 경우에는 안 팔리면 반값 이상으로 덤핑해서 파는데 주택은 왜 그렇게 하지 않는 겁니까? 반값에라도 팔아야 하는 거 아닙니까?

이은형　　　단순하게 시장 논리로는 그렇게 볼 수도 있겠습니다만 사업자 입장에서는 어느 정도 유지하는 것도 하나의 방법입니다. 왜냐하면 일반적으로 건설 사업도 손익분기점이 있기 때문입니다. 예를 들어 100채를 만들어서 다 팔아야 수익이 발생하는 것이 아니라 60채, 70채 정도만 팔아도 손익분기점에 도달하고 그 이후

부터는 순익 구간에 접어들게 되는 거죠. 미분양이 있다고 하더라도 100퍼센트 미분양이 되는 곳은 별로 없거든요. 일부는 분양이 됐는데 안 팔리는 거죠. 그리고 어느 시점에서 반값에 판다는 얘기가 나오면 기존에 분양을 받은 분들한테 문제가 발생하게 됩니다.

서원형   만약 어느 시점에 싸게 팔아서 비싸게 사신 분들에게 차액을 돌려드린다고 해도 그렇게 하기가 어렵습니다. 분양 대금이 들어오게 되면 대부분 시공사와 대주주들에게 분배가 됩니다. 그렇기 때문에 돌려줄 재원이 없을 가능성이 높고요.

이재용   어려운 문제네요. 어쨌든 지방의 악성 미분양을 위해 10년 만에 CR리츠가 도입된다면서요? CR리츠, 이건 뭡니까?

이정호   CR리츠는 우리나라에만 있는 리츠의 한 종류라고 할 수 있는데요. 1997년 외환위기 이후 기업들이 재무구조 개선을 위해 최초로 도입되었었습니다. 2014년 경기침체 때도 등장한 적이 있어 약 10년 만이라고 하고요. 이러한 CR리츠가 이번엔 미분양 주택 해결을 위해 다시 등장한 겁니다. 특별히 기업 구조조정용 부동산을 대상으로 여러 투자자로부터 자금을 모아 미분양 주택을 사들인 뒤, 임대로 운영하다 시장 상황이 좋아지면 분양 전환해 수익을 내는 구조인데요. 정부는 임대 운영하는 동안 사업성을 확보할 수 있도록 취득세 종부세 등 세제 지원을 하겠다고 밝혔습니다. 혜택이 있는 만큼 CR리츠에 부동산을 매각한 기업은 전체 매각 대금의

50%를 부채 상환에 사용해야 합니다.

이재용　　　정부의 CR리츠 도입이 지방 미분양 해소에 얼마나 효과적일 거라고 보십니까?

이은형　　　리츠 운영의 기본적인 목적은 수익 창출입니다. 따라서 CR리츠 역시 지방 우량 사업지에 한해서만 수요 공급이 따를 것으로 보입니다. 미분양 문제나 침체된 건설 경기를 CR리츠를 통해 해결하겠다는 생각보다는 시장 참여자들에게 선택의 기회를 넓혀주는 것으로 보는 것이 적절할 것 같습니다.

이재용　　　그럼 악성 미분양을 해결하기 위해선 CR리츠가 어떤 방향으로 나아가야 합니까?

이은형　　　세 가지 정도로 요약할 수 있겠습니다. 먼저 2009년 금융위기 당시에 9개의 CR리츠를 만들었는데요. 이 중 6개가 LH에 매입 확약이 들어갔습니다. 투자자들의 손실을 어느 정도 이하로 보장해줌으로써 투자 확대를 기대하는 건데요. 이를 통해 당시 주택시장 정상화에 기대했던 사례가 있습니다. 따라서 LH의 매입 확약 등의 신용 보강책이 필요한 것 같고요. 두 번째로 지금은 CR리츠의 적용 대상이 주택에 한정되어 있는데 주거용 오피스텔이나 생활용 숙박시설 이런 비주택 부문까지 확대해야 좀 더 효과가 있을 것이라고 보입니다. 세 번째는 CR리츠의 투자를 확대하는 방안

현행 리츠와 프로젝트 리츠 비교

구분		현행 리츠	프로젝트 리츠
개발	설립	인가	등록(운영 전환 시 인가)
	주식 분산	1인 최대 50%	X
	보고	40건(소재지, 상호, 자본금 등)	1건(투자보고서)
	공시	17건(재무제표, 최대주주 등)	X
운영	주식 공모	준공 후 2년 내 30% 이상 공모	준공 후 5년 내 30% 이상 공모

* 프로젝트 리츠 등록 시 사업계획 검증 생략 → 사업계획 변경 부담 완화

자료: 국토교통부

이 도움이 될 텐데요. 예를 들어 임대주택으로 CR리츠를 활용할 경우 투자자의 투자금 회수가 임대 기간인 10년이 지나서 이루어져요. 회수 기간이 너무 길어 투자자들을 끌어들이는 데 걸림돌이 되고 있습니다. 회수 기간을 줄이거나 유동화할 수 있는 대책이 필요하고요. 또 임차인의 원활한 모집을 위해 CR리츠 소유의 임대주택에 3~5년 정도 거주한 임차인에게는 사전에 약정한 금액으로 주택을 매입할 권리를 부여하는 등의 혜택이 필요합니다.

'부동산 PF' 위기, 구원투수 될까?

이재용　　악성 미분양 말고도 지난해 부동산 PF 위기로 부동산 시장이 떠들썩했는데, 리츠가 부실 PF[8] 사태에서도 해법으로 거론되고 있다면서요? 이를 위해 리츠 활성화 대책도 마련했고요.

이정호　　8·8 대책 이전이죠. 지난해 6월 정부가 리츠 활성화를 위해 개발 단계에서부터 좋은 자산을 먼저 개발·편입하도록 이른바 '프로젝트 리츠'를 도입하기로 했습니다. 이전에는 규제로 인해 부동산 개발 시에는 리츠의 활용이 제한됐는데요. 이번 조치를 통해 개발 단계에서 일반 투자자 보호 목적의 규제를 완화하고, 운영 단계에서는 투자자 보호 장치가 적용되는 이원적 방식으로 규제를 변경함으로써 직접 개발 사업까지 뛰어들 수 있게 된 것입니다.

이재용　　프로젝트 리츠가 어떻게 PF 문제를 해결할 수 있는 겁니까?

이정호　　국내에서 부동산 개발 사업은 대부분 이 부동산 PF를 통해 이루어집니다. 민간 시행사가 개발 프로젝트를 담보로 금융권에서 돈을 빌려 건물을 올리는 것인데요. 문제는 사업 주체의 자기자본 비율이 2~5% 수준에 불과하다는 겁니다. 부채 비율이 높다 보니 경기가 안 좋을 땐 프로젝트 자체가 무산될 가능성이 높고 극단적인 경우 금융시스템 자체에도 위기를 초래할 수 있습니다. 반면 리츠는 자기자본 비율이 평균 38%로 높아 PF 사업에 더 적합하다는 게 정부의 판단입니다.

8　PF. Project Financing의 약자이며 대출의 한 방법으로 보증 없이 사업의 미래와 리스크를 분석, 평가하여 대출하는 방법

프로젝트 리츠 수익률 시뮬레이션

단위: 억 원, %
* ( )안은 이익률

기존 개발 사업		프로젝트 리츠
1,645	매출	1,645
1,630	비용	1,354
432	금융비용	184
15(0.9)	이익	291(17.7)
56	자기자본	271

자료: 부동산 금융업계

이재용　　기존의 PF와 리츠를 수치로 비교해주시면 이해가 빠를 것 같은데요.

이정호　　한 부동산 금융사의 시뮬레이션에 따르면 총사업비(매출) 1,645억 원 규모의 주상복합 개발 사업을 자기자본 비율 3.45%로 추진한다고 가정했을 때, 사업이익은 14억 5,000만 원에 불과하지만, 프로젝트 리츠 구조를 활용하면 사업이익은 291억 원으로 불어날 것으로 추산됐는데요. 대출금도 줄고 금리도 내릴 수 있기 때문입니다.

이재용　　프로젝트 리츠가 건설업을 살릴 수 있을까요? 부동산 개발 시장에서의 리츠 활용도와 효과 어떻게 보십니까?

서원형　　지금까지 우리나라의 PF는 프로젝트만 좋다면 시행사가 자기자본이 없더라도 시행해왔습니다. 하지만 앞으로는 반복되는 PF 사태를 막기 위해 자기자본을 20~30%까지 요구하는 상황으로 전개될 가능성이 높습니다. 향후 PF 시장이 이렇게 바뀐다면 프로젝트 리츠의 활용도가 급증할 것으로 예상됩니다. 무엇보다 개선되는 것은 거래비용이 절감될 것으로 기대됩니다. 부동산 개발 시리츠에 매각하는 과정에서 취득세 양도세 등 거래비용이 발생하는데 리츠가 개발부터 시행할 수 있다면 이러한 항목들이 절감되는 것이 가장 큰 이점이라고 볼 수 있습니다.

이은형　　그러나 프로젝트 리츠가 활성화 된다고 하더라도 사업 모델 자체가 크게 바뀔 것으로 기대하긴 어렵습니다. 왜냐하면 지금도 국내에 있는 리츠들은 위탁 관리 리츠가 대부분을 차지하고 있습니다. 이유는 자금을 투자하는 것과 개발 사업을 하는 것, 그리고 분양하고 임대하는 것은 각각 다른 영역이기 때문입니다. 그래서 한 개의 회사가 개발부터 분양 임대까지 다 할 수 있는 업체는 찾아보기 어려운 상황입니다. 실질적으로 리츠가 자금줄 역할을 하고 개발, 분양, 임대 같은 것들은 각각의 에이전트 회사로 맡길 가능성이 높습니다. 이 때문에 향후에 개발 사업에 있어서 각각의 영역에서 프로젝트 리츠가 얼마나 편의성을 높일 것인지 지켜볼 필요가 있습니다.

이재용　　2024년 부동산 시장을 혼란에 빠뜨린 사건이 또 있죠. 바로 전세사기 사건, 보증금을 떼인 피해자 대부분이 청년들이어서 더욱 마음을 아프게 했는데 정부는 이 전세사기에 대한 대책으로도 리츠를 꺼내 들었다고요?

이정호　　네, 리츠나 보험사가 장기 민간임대주택을 공급하도록 한다는 내용인데요. 현재 우리나라 임대차 시장의 80%를 민간이 공급하고 있습니다. 대부분이 소규모 사업자라 전세사기 등의 위험이 여전하다는 지적이 잇따랐는데요. 따라서 정부가 리츠 등의 법인이 단지별 100세대 이상 대규모로 20년 이상 장기간 임대주택을 공급할 경우 관련 규제 완화와 공적 지원을 해준다는 방안을 내놓았습니다. 이러한 '신유형 장기민간임대주택'이 도입되면 임차인은 기존보다 계약을 안정적으로 유지하고 체계적인 하자보수를 받으며 거주할 수 있을 것으로 기대하고 있습니다.

이재용　　리츠를 활용한 신유형 장기민간임대주택 추진 효과에 대해선 어떻게 보십니까?

서원형　　과거에 박근혜 정부나 문재인 정부 때도 비슷한 대책들이 나왔었습니다. 그런데 일관성 없는 정책들로 기업들의 참여가 부진했는데요. 효과는 이런 내용들이 제대로 법제화되고 안정적으로 운영될 것이라는 확신이 시장에 얼마큼 전달될 것인지가 중요하다고 생각합니다.

이은형   큰 방향성 자체에는 이견이 없습니다. 그런데 이제 세부적으로는 아쉬운 부분이 있는 것도 사실입니다. 아까 기자님이 말씀해주신 것처럼 공식 자료에는 리츠 등 법인이라고 되어 있지만, 사실 내용을 보게 되면 리츠의 비중이 작지 않습니다. 이렇게 리츠를 넣는 것 자체가 아무래도 자금력이 충분한 사업 주체를 끼워 넣겠다는 목적인데, 그렇다면 애초부터 자금력이 높은 대기업이 사업 주체로 들어가는 것도 방법이 될 수 있습니다. 하지만 국내에선 사회적 인식이나 제약 요인들이 있기 때문에 이런 것들이 아무래도 추진되지 못하는 한계가 있는 것 같습니다.

이재용   리츠가 부동산 시장에 실질적으로 도움이 되려면 어떤 제도적 보안이 필요하다고 보십니까?

서원형   리츠가 좋은 부동산 간접투자 상품이긴 하지만 모든 것들의 해결책이 될 수는 없습니다. 리츠가 제대로 작동하기 위해서는 리츠와 결합하는 상품들의 지원들도 동시에 이루어져야 합니다. 예를 들어 임대주택 리츠라고 한다면 리츠뿐만 아니라 임대주택과 관련된 제도, 환경들도 같이 분석하고 보완해야 제대로 된 리츠가 나올 수 있을 겁니다. 그리고 리츠에 대해서 더 지원책을 강화해야 한다고 생각합니다. 양도세 감면, 취득세 감면, 현물 출자 시 법인세 이연 등 국민들의 건전한 투자를 위해 금융당국이 더 고민해보아야 할 것 같습니다

이재용　　　리츠가 아무래도 투자상품이잖아요. 시청자분들 투자하실 때 팁이 있다면요?

서원형　　　리츠 투자 시에 가장 먼저 보아야 할 것은 리츠가 어떤 자산을 보유하고 있냐는 겁니다. 물류, 오피스, 호텔 등 다양한 리츠 중에 더 많은 수익을 창출하는 리츠가 무엇인지를 알아야 하고요. 두 번째로는 리츠는 전형적인 레버리지 상품입니다. 금리에 굉장히 민감해 대출 만기 시 주로 리파이낸싱[9]을 하게 되는데 이때 조달하는 금리 수준의 변화가 배당에 직접적인 영향을 미치므로 자금 조달 능력과 조달 금리 수준을 꾸준히 체크할 필요가 있습니다. 마지막 팁은 상장 리츠 공모 시 기관 투자자들이 발표하는 수요 예측을 잘 살펴보는 것입니다. 공모하는 리츠의 흥행도를 미리 가늠해볼 수 있기 때문에 투자 전에 한번 살펴보시는 것을 추천합니다.

한국의 부동산 시장 정상화하려면?

이재용　　　지금까지 그린벨트 해제 대책부터 리츠 활성화 방안까지 최근 떠오르는 부동산 정책의 실효성에 대해 검증해봤는데 앞으로의 시장 전망 어떻게 보십니까?

9　　리파이낸싱(Refinancing). 보유한 부채를 상환하기 위해 다시 자금을 조달하는 금융거래의 한 형태. 재대출, 재융자 등으로 불린다.

이은형　　　결론부터 말씀드리면 수도권 아파트 시장은 서울을 중심으로 한 선호 지역 위주로 가격이 오를 것입니다. 먼저는 자연스러운 시장의 흐름을 살펴보아야 합니다. 2년 전 미 금리가 급등했습니다. 당시 미국 기준금리를 얼마든지 더 올릴 수 있다는 분위기였기 때문에 사람들은 두려움을 가질 수밖에 없었습니다. 시장 참여자들은 불확실성이 커질수록 관망하는 경향이 있습니다. 그러나 현재는 상황이 변했습니다. 불확실성이 어느 정도 해소가 됐기 때문에 주요 지역 위주로 거래가 증가한 것이 자연스러운 일이라고 할 수 있습니다.

이재용　　　서울 주요 지역 집값은 더 오르고 주변 지역과 격차는 더 커진다면 일반 서민들, 수도권에 일자리가 있는 청년들의 삶은 더욱 팍팍해지는 것 아니겠습니까? 앞서 언급한 정부의 대책이 이런 흐름을 바꾸기는 어려운 겁니까?

이은형　　　지금까지 살펴보았듯이 현재 정부는 집값 안정을 위해 대규모 주택 공급을 추진하고, 정비 사업 규제도 완화하고 있습니다. 그러나 시장에 큰 영향을 주진 못할 것입니다. 왜냐하면 먼저 다수의 정비 사업을 단기에 추진하고 입주까지 마무리하기는 어려울뿐더러 그간 구체화가 부족한 공급계획은 좌초될 가능성이 크다는 것을 우리 사회가 학습했기 때문입니다. 또한 인구가 감소할수록 일자리와 생활 인프라가 갖춰진 주요 도시나 지역으로 인구 편중이 심화하는 경향이 있습니다. 현재 서울 내에서도 주요 지역 아파트 위주로 가격이 상승하고 있습니다. 이러한 상승세가 계속되면 상승세가 주변 지역으로도 확산하긴 하겠습니다만, 상승세가 전국적으로 번지는 상황은 오지 않을 것입니다. 그것이 시장이 과열됐던 2021년과 가장 큰 차이점입니다. 결국 지방은 물론 수도권 내에서도 수요가 몰리는 지역과 그렇지 않은 지역 사이의 격차가 벌어지는 양극화는 더욱 심화할 것이라고 봅니다.

이재용　　　우리 정부가 앞으로 어떻게 나아가야 한다고 생각하십니까? 제언을 해주신다면요?

이은형　　　현재 정부의 부동산 정책이 '시장 수요 억제가 아닌' '수요에 맞는 꾸준한 공급'으로 문제점을 해소해나가겠다는 접근은 바람직하다고 봅니다. 그러나 위에서 말씀드렸듯이 무리한 공급계획 규모를 발표하는 것은 시장 참여자들의 신뢰를 얻기 어렵습니다. 따라서 실현 가능한 방식을 정립하고 성공 사례를 누적시키는 데 중점을 두어야 합니다.

긍정적인 측면을 살펴보자면 오히려 정책을 다루는 입장에서는 지금처럼 정책 변화가 곧바로 시장가격에 반영되지 않는 상황이 오히려 '규제 완화를 통한 시장 정상화'를 실행하기에 최적의 타이밍이라는 점에 주목할 필요가 있습니다. 시장에는 영원한 호황도, 영원한 불황도 없습니다. 지금은 언젠가 시장 상황이 바뀔 때를 준비하는 시기입니다. 따라서 지금처럼 여러 규제 요인을 미리미리 조정해두는 것이 바람직한 대응입니다. 시장 연착륙이든 시장 정상화(규제 완화)든 현시점에서의 실행 방안은 동일합니다. 그렇기에 시장 정상화를 먼저 적극적으로 시행하는 것으로 연착륙 방안은 자연스럽게 따라옵니다. 따라서 시야를 '시장 연착륙'으로 좁게 맞추지 말고 '과도한 규제의 정상화'라는 범위로 넓혀서 정책을 다루는 것이 바람직합니다.

이재용　　　네, 그린벨트 해제 대책부터 리츠 활성화 방안까지 최근 떠오른 부동산 정책의 실효성에 대해 검증해봤는데요. 부동산 시장이 정상화되어서 다시 국민들이 미래를 꿈꿀 수 있는 시장으로 성장하길 기대해보겠습니다.

열세 번째 경제 이야기 '핵심 노트'

수도권 주택 공급 대책, 그린벨트

- 정부는 수도권의 아파트 가격 상승에 따른 주거지 공급 확대를 위해 약 13년 만의 그린벨트 해제를 결심했다.
- 그린벨트는 도시의 녹지를 보존하여 환경 보존, 도시 연담화, 난개발 방지 등의 역할을 하지만 기회비용의 관점에서 보면 대안인 도시외곽 개발로 인한 녹지 및 농지 훼손, 수도권 통근 시간 증가, 집값 상승 등 사회적 비용을 동반한다.
- 그린벨트 해제 대책 발표에 대한 시장에서의 반응은 미온적이다. 그린벨트 해제에서 실제 분양까지의 기간이 매우 길뿐더

러 정부의 공급 대책에 대한 신뢰도가 떨어져 있는 상황이기 때문이다.

▶방송 다시보기

지방 악성 미분양 대책, 리츠

* 리츠는 다수의 소액 투자자로부터 자금을 모아 부동산에 투자한 뒤 수익을 투자자에게 배분하는 구조이며 대표적인 레버리지 상품인 부동산 투자 전문 주식회사이다.

* 리츠의 장점은 적은 금액으로도 부동산에 간접적으로 투자할 수 있으며 직접 부동산을 투자했을 때와 달리 관리의 부담이 없다. 또한 어느 정도 안정적인 수익을 기대할 수 있다. 단점으로는 큰 수익을 기대하긴 어려우며 비상장 리츠의 경우 거래가 까다롭다.

* 지방 미분양을 위해 CR리츠가 도입되었다. 특별히 기업 구조조정용 부동산을 대상으로 미분양 주택을 사들인 뒤, 임대로 운영하다 시장 상황이 좋아지면 분양 전환해 수익을 내는 구조로 정부는 CR리츠의 사업성 확보를 위해 다양한 세제 혜택을 지원하고 있다.

* CR리츠를 통해 일시적 침체에 빠진 지방 우량 사업지들은 탄력을 얻을 수 있을 것으로 보이지만 CR리츠에 대한 적극적인 지원 없이 미분양 문제를 해결하기는 요원해 보인다.

▶방송 다시보기

경제토크쇼 픽

신진영 전 자본시장연구원 원장

연세대학교 경영대학 교수. 금융 및 자본시장 분야의 전문가로 서울대학교 경제학과를 졸업한 후, 미국 카네기멜론대학교에서 경영학 박사 학위를 취득했다. 이후 홍콩과학기술대학교와 아주대학교를 거쳐 2002년부터 연세대학교 경영대학에서 교수로 재직해 왔다. 금융 분야에서 다양한 공공 및 학술 활동을 수행해왔으며, 국민연금기금 성과평가보상위원회, 금융발전심의위원회, 민간 연기금투자풀 운영위원회 등의 위원을 역임했다. 또한, 한국증권학회 회장과 한국기업지배구조원 원장을 맡아 금융 및 기업 지배구조 개선에도 기여해 왔다.

이준서 동국대 경영학과 교수

고려대학교 경영학과 학사, Syracuse 대학교 경영학(재무) 석사/박사. 현재 동국대학교 경영학과 교수이다. ICU(현 KAIST) IT 경영학부 조교수, 증권선물위원회 비상임위원을 역임했으며, 금융감독원 금융감독자문위원, 우정사업본부 예금자금 운용위원, 금융위원회 규제심사위원 등으로 활동하고 있다. 저서로 《가격오류와 고유변동성을 반영한 ESG 투자성과 분석》외 연구논문 다수가 있다.

허준영 서강대 경제학부 부교수

서강대학교 경제학부 부교수. 거시경제학, 통화 및 재정정책, 응용 계량경제학을 연구한다. 서울대학교 경제학부를 졸업한 후, 미국 인디애나대학교에서 경제학 석·박사 학위를 취득했다. 박사 과정에서는 경제학자 에릭 리퍼(Eric Leeper) 교수의 지도를 받았으며, 미국 연방준비제도(Fed)에서 인턴으로 근무한 경험도 있다. 캘리포니아주립대학교 노스리지캠퍼스 경제학과 조교수를 시작으로, 한국은행 경제연구원 부연구위원, 한국외국어대학교 경제학부 조교수·부교수를 거쳐 현재 서강대학교에서 교수로 활동하고 있다. 또한, 한국은행 자문교수와 서울연구원 자문위원으로도 활동 중이다.

심혜섭 변호사

서울대학교 법학부를 졸업했고, 같은 대학원에 재학 중이다. 47회 사법시험에 합격했고, 37기 사법연수원을 수료했다. 법무법인 세종 등에서 근무했고, 현재 남양유업에서 감사로 재직 중이다. 스스로 소수주주권을 행사하거나 변호사로서 소수주주권 행사를 도왔다. 대한민국의 가치투자자는 더 영리해져야 한다고 생각한다. 독특한 거버넌스가 작용하고 있다고 생각하기 때문인데 이 책을 번역한 이유이기도 하다. 《버핏클럽 issue1》, 《버핏클럽 issue3》에 참여했고, 《주식시장을 더 이기는 마법의 멀티플》을 공동 해설, 번역했다.

고질적 저평가 국내 주식, 진정한 'K-밸류업'은?

신진영 | 전 자본시장연구원 원장, **이준서** | 동국대 경영학과 교수
허준영 | 서강대 경제학부 부교수, **심혜섭** | 변호사

"'국장 접고 미장 간다.' 미국 증시로 떠나는 주식 이민이 더욱 두드러지고 있습니다. 국내 주식시장의 상승 동력이 오랜 시간 보이지 않은데다 트럼프 미국 대통령 당선 소식으로 국내 금융시장의 주식, 채권, 통화 가치가 일제히 하락했습니다. 비상계엄이 촉발한 정치적 불확실성마저 높아졌는데요. 국내 증시 부양을 기대하며 지난해 9월 한국거래소는 100개 기업을 담은 코리아 밸류업 지수를 발표했습니다. 기업 가치 성장이 기대되는 상장사들을 선별해서 지수에 한데 모은 겁니다. 정부는 밸류업 지수가 증시 활성화에 선봉장이 되길 기대하지만 시장에선 비관론도 큽니다. 발표된 종목이 시장의 기대감을 충족하지 못했고 우리나라 토양에선 한계가 명확하다는 지적도 나옵니다. 한국 증시 저평가를 해소하기 위해서 필요한

것은 무엇일까요? 그리고 국내 증시에 외국인 투자자 비중이 얼마나 되길래 그들이 사고파는 것에 시장이 '휘청'할 정도로 영향을 받는지 세계 제1의 경제 대국 미국과 우리와 비슷한 일본 시장, 한미일 세 나라의 외국인 투자 비중을 함께 살펴봤습니다. 어려운 한국의 주식시장 진정한 'K-밸류업' 방안은 무엇일까요?"

베일 벗은 '코리아 밸류업 지수'

이재용　　　지난해 증권 시장의 화두, 정부의 코리아 밸류업 프로그램입니다. 코리아 밸류업 지수는 9월 중에 공개됐고요. 먼저 밸류업 지수라는 게 뭔지 구체적으로 알아보겠습니다.

이정호　　　코리아 밸류업 지수는 정부가 기업 가치 성장이 기대되는 상장사들을 선별해서 구성한 지수를 말합니다. 한국거래소는 주가순자산비율, 주가수익비율, 자기자본이익률, 그리고 배당성향 등 주요 투자 지표를 종합적으로 고려해서 해당 지수를 개발했는데요. 코스피 67곳, 코스닥 33곳 등 100종목을 편입했습니다. 코스피

코리아 밸류업 지수 개요

기준시점	2024년 1월 2일	기준지수	1000p
구성종목	100종목(코스피 67종목, 코스닥 33종목)	가중방식	유동시가총액 가중방식
정기변경	연 1회(매년 6월 선물만기일 다음 거래일)	비중상한	15%

자료: 한국거래소

시가총액 상위 10위 중 삼성전자와 SK하이닉스 등 6곳이 포함됐고요. 4대 금융지주 중에서는 신한지주와 우리금융지주가 들어갔습니다. 지난해 11월에는 밸류업 종목의 자금 유입을 돕기 위한 상장지수펀드[1]도 출시했습니다. 9개 종목은 지수를 그대로 추종하는 패시브, 3개 종목은 펀드매니저가 편입 종목을 선택하는 액티브형입니다. 밸류업 프로그램이 증시 부양에 효과가 없자 지난 12월 16일자로 밸류업 지수에 5개의 신규 종목을 편입하는 등 구성 종목 특별 변경(리밸런싱)을 추진했는데요. 밸류업 지수 구성 종목은 올해 6월까지 한시적으로 100개를 초과할 전망입니다.

이재용　　　밸류업 프로그램, 증시에 반응이 어떤지 자세히 살펴

밸류업 지수 발표 전후 매매 주체별 매매 동향

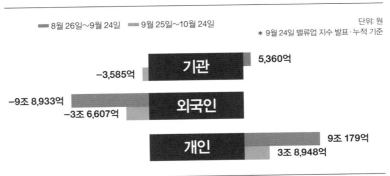

단위: 원
＊ 9월 24일 밸류업 지수 발표·누적 기준

■ 8월 26일~9월 24일　■ 9월 25일~10월 24일

기관 5,360억 / −3,585억
외국인 −9조 8,933억 / −3조 6,607억
개인 9조 179억 / 3조 8,948억

자료: 코스콤 체크

1　상장지수펀드(ETF). 인덱스펀드를 거래소에 상장시켜 주식처럼 편리하게 거래할 수 있는 금융상품이다. 인덱스펀드란 개별 종목이 아니라 코스피 100지수와 같은 특정 지수를 추종하는 펀드이다. 개별적으로 번거롭게 포트폴리오를 구성하지 않아도 되는 펀드의 장점을 가지는 동시에 주식처럼 실시간으로 원하는 가격에 매매할 수 있어 거래가 편하다.

볼까요?

이정호   밸류업 지수가 발표된 게 9월 24일이고요. 그때부터 지수에 편입됐던 그 상위 10개 종목의 매매 주체별로 매수 동향을 한번 살펴봤는데요. 기관 투자자 같은 경우는 지수 발표 전까지 5,360억 원을 순매수했지만 지수 발표 이후에 오히려 3,585억 원을 순매도한 것으로 집계가 됐고요. 같은 기간 개인 투자자도 9조 179억 원 순매수해서 순매수량이 줄어들면서 3조 8,948억 원 순매수로 5조 원 이상 순매수 규모가 줄어들기도 했습니다. 반면에 외국인 투자자는 9조 8,933억 원 순매도에서 3조 6,607억 원 순매도로 매도세가 약간은 주춤하는 모습을 보였습니다.

이재용   코리아 밸류업 지수가 발표되면 참여자들이 늘어야 되는데 분위기가 왜 이렇습니까?

허준영   저는 2023년 11월로 돌아가서 얘기를 해보고 싶은데요. 그때 공매도 전면 금지[2]를 발표했잖아요. 기관과 개인 간의 '기울어진 운동장'을 시정하고 불법 공매도 방지 대책을 강구하고 나서 이듬해 6월 이후에 공매도를 재개하겠다고 얘기했거든요. 그 이

---

2   공매도 전면 금지. 코스피200, 코스닥150에 속한 350개 종목에 대해 제한적으로 공매도를 허용했으나 외국계 투자은행(IB)의 대규모 불법 무차입 공매도 행위가 잇따라 적발되면서 금융 당국은 공매도 거래에 대해 근본적인 제도 개선이 필요하다는 이유로 2023년 11월 전면 금지했다.

후로 기울어진 운동장에 대한 시정 조치 얘기 들은 거 있나요? 별로 없습니다. 지난해 2월 말에 기업 밸류업 지원 방안이라는 발표가 나오고 나서 '4월 총선 이후에도 정책 의지가 지속될 지 의문이다'라는 게 시장의 반응이었는데요. 실제로 총선 이후에 밸류업에 대한 이야기는 별로 없다가 9월에 밸류업 지수가 나오면서 다시 얘기가 조금씩 나온 것 같습니다. 제가 말씀드리고 싶은 부분은 정책에 대해서 포문을 여는 건 열지만 그 이후로 정책이 얼마나 지속적으로 추진되고 있는지에 대해서 저희가 체감하는 부분이 생각보다 그렇게 많지 않다라는 겁니다. 우리가 체감하는 부분이 많지 않으면 당연히 외국인 투자자들도 이것에 대해서 체감하는 부분이 많지 않을 거라고 저는 생각을 하고요. 그런 측면에서 결국은 밸류업에 대한 진정성에 끊임없이 의문을 남아 있는 상황이 아닌가, 어떻게 보면 밸류업 이후에 오히려 PBR(주가순자산비율)이 떨어진 것도 이런 것들을 반영하는 것이 아닌가 생각이 들어요.

심혜섭　　　사실 종목도 어떻게 구성된 건지 의문이고 밸류업 지수에 대한 신뢰성도 많이 떨어져 있죠. 밸류업 한다고 하면서 보여준 것도 많지 않잖아요. 예를 들어서 '이사의 주주에 대한 충실 의무[3]' 지금 시장에서 원하고 있고 투자자들도 많이 이야기하고 있지 않습니까? 주주에 대한 충실 의무는 기초 중의 기초가 되는 원칙이

3　이사의 주주에 대한 충실 의무. 현행 상법 382조의 3에 따르면 이사는 "법령과 정관의 규정에 따라 회사를 위하여 그 직무를 충실하게 수행하여야 한다"고 규정. 이사의 충실 의무 대상이 '회사'로 한정되어 있음.

라고 할 수 있습니다. 하지만 정부안에 따르면 '주주를 위해서 노력해야 한다'라는 식으로 입법하려는 듯합니다. 젊은이들은 노력하는 것에 대해서 사실 조롱하는 편입니다. 차라리 이 경우는 안 하느니만 못한 입법일 수도 있습니다.

허준영　　일본은 밸류업을 한 문장으로 요약합니다. 'Comply or explain(원칙준수, 예외설명).' 따르거나 아니면 설명해라, 따르지 않는 이유를 소명을 해라는 식으로 접근을 했고요. 우리나라 같은 경우는 이것보다 훨씬 기업 자율에 맡기는 방향으로 밸류업 방향이 나왔는데요. 일본과 우리나라가 대주주의 구조 자체가 다르기 때문으로 보입니다. 우리는 소유와 경영이 분리가 안 되어 있는 경우가 많기 때문에 기업을 소유하신 분들 입장에서는 이 밸류업을 따라갈 인센티브가 적은 것이 사실이거든요. 어떻게 보면 당근을 많이 줘야 되는 밸류업이어야 하는데 당근 측면에서도 세제에 대한 이야기는 계속 하지만 실질적인 것은 지금 없습니다. 밸류업이라는 것은 단순히 증시를 부양하고자 하는 정책이 아니고 우리나라 자본 시장의 체질을 개선함으로써 기초 체력을 좀 낫게 하려는 정책입니다. 그래서 중장기 시각에서 보아야 한다는 이야기를 하는 거고요. 실제로 일본도 십몇 년을 해왔습니다. 혹자는 이렇게 얘기를 할 수 있죠. "밸류업이 그렇게 빨리 성과가 나오는 게 아니야 좀 기다려야 돼." 그렇지만 이 밸류업이 초반부터 삐걱이면서 오히려 주가에 부정적인 영향인 것처럼 보이는 것은 기초 체력조차도 건드리지 못하는 부분이 있지 않은가라는 생각을 할 수밖에 없을 것 같습니다.

우리나라와 다른 나라의 밸류업은 다르다?

이재용　　일본과 중국도 밸류업 프로그램을 가지고 증시 부양에 활용하고 있다고 들었는데 우리하고 차이는 어떤 게 있습니까?

이준서　　일본은 지수가 많이 상승했습니다. 지수가 상승한 이유에 대해 여러 가지 분석을 하고 있는데 크게 두 가지로 요약이 됩니다. 첫 번째는 NISA[4]라고 일본판 ISA. 소득에 대한 비과세의 범위를 많이 늘려서 투자 자금이 많이 들어왔다는 요인 하나. 그리고 일본 총리가 글로벌 자산운용사를 직접 찾아다니면서 일본에 대한 투자를 독려했다. 이 두 가지 측면에서 상당히 많은 자금이 유입됐고 실제로 주가 상승으로 이어졌다고 보고 있습니다. 반면 중국은 '국9조'라고 자본시장 업그레이드를 위한 관리 감독 강화 방안 가이드라인을 2004년, 2014년 10년마다 한 번씩 발표하는데 이번 2024년에는 중국판 밸류업으로 불리는 신국9조[5]를 발표했어요. 9개 조항을 담았고 '배당이나 자사주 매입을 강화를 해라, 만약에 안 하는 기업에 대해서는 관리 종목으로 지정하겠다' 등의 패널티 부과 계획이 담겼습니다. 강제성이 좀 있었습니다. 일본만큼은 아니지만 중국도 바닥을 찍고 조금 상승을 하고 있는 상황이라고 말씀을 드릴 수가 있겠습니다.

4　　NISA(Nippon Individual Savings Account). 일본 내에서 개인이 주식이나 펀드 등을 투자할 때 세금 혜택을 받을 수 있는 계좌
5　　신(新)국9조. 자본시장 고품질 발전을 위한 중국판 기업 밸류업 프로그램

이재용　　우리나라도 일본 밸류업 프로그램을 벤치마킹한 걸로 알고 있는데 이 기자가 일본 밸류업의 성공 요인을 한번 정리해주시죠.

이정호　　일본 증시의 밸류업은 지금 우리의 밸류업 프로그램과는 출발점부터 달랐습니다. 우리는 처음부터 증시 저평가를 해소하겠다는 정책적인 목적으로 접근하고 있지만 일본의 경우 1999년부터 시작한 기업 지배구조 개선 작업이 그 시발점입니다. 이 작업이 이뤄진 이후에 거버넌스 공시 제도와 기업 지배구조 원칙이 순차적으로 도입되면서 약 25년에 걸쳐 증시 전체의 밸류업이 비로소 완성된 겁니다.

일본 증권거래소 내부에서는 밸류업 성공의 배경을 어디에서 찾고 있을까요? 이와나가 모리유키 도쿄증권거래소 대표는 지난해 9월 매경 세계지식포럼에 참석해서 우리에게 몇 가지 힌트를 제공

이와나가 모리유키 도쿄증권거래소 사장

과거 도쿄증권거래소의 세부 시장

1부 시장	**자스닥(JASDAQ)**
2부 시장 / **마더스(Mothers)**	**스탠더드(Standard)**
	그로스(Growth)

했습니다.

첫째로 모두가 납득할 수 있는 명확한 기준의 필요성을 강조했습니다. 과거 도쿄증권거래소는 1부, 2부 마자스 등 총 5개의 세부 시장으로 이뤄져 있었는데요. 소속 기업이 거래소의 기준에 미치지 못하더라도 열심히 하겠다라는 모호한 약속만으로도 1부에 잔류시켜주는 관행이 있었다고 합니다. 그러다가 지난 2022년 오사카 증권거래소와의 통합 과정에서 명확한 기준의 필요성을 느끼게 됐고요. 그때 제시된 기준이 PBR[6] 1배였습니다. PBR이 1.0보다 낮다는 말은 곧 회사가 가진 모든 자산보다도 주식시장 내에 평가 가치가 낮다는 의미이기 때문에 저평가주에 대한 보수적인 기준점이 될 수 있었죠.

두 번째는 사회적 분위기 형성입니다. 이와나가 대표는 언론들이 PBR 1.0을 밑도는 기업은 '목을 비틀어야 한다'는 식으로 사회 분위

---

6   PBR(Price on Book-value Ratio). 주가순자산비율로 기업 가치 대비 주가 수준 판단 지표로 활용

기를 만들어줬던 것이 유효했다고 평가했는데요. 이 말인즉슨 PBR 이 1.0보다 낮은 기업은 기준 미달이라는 사회적 공감대가 형성이 되어야 기업의 자발적인 참여를 끌어낼 수 있고 정책도 동력을 얻게 된다는 말입니다. 개인 투자자 1,400만 시대, 밸류업에 대한 여론 설득 과정이 더욱 중요한 이유가 되겠습니다.

코리아 디스카운트, 얼마나 저평가됐나?

이재용　　　　정부가 밸류업 프로그램을 추진하게 된 배경이 코리 아 디스카운트. 한국 증시 저평가 문제를 해소하기 위해서다 이건데 한국 증시의 저평가 현상 이게 어느 정도입니까?

최근 10년간 국가별 총수익 지수

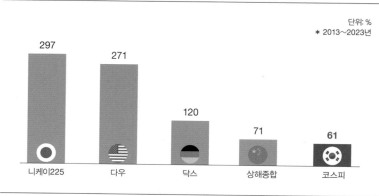

단위: %
* 2013~2023년

자료: 자본시장연구원

이정호　　　최근 10년 동안 배당 재투자를 고려한 주요국 증시의 총수익 지수를 살펴봤더니 한국 증시는 61%로 주요국 가운데 최하위 수준을 기록했습니다. 이건 중국의 상하이 종합지수의 71%에도 미치지 못하는 수준입니다. 반면 니케이 지수는 같은 기간에 297%를 기록해서 우리나라의 코스피보다 5배 가까이 높았을 뿐만 아니라 미국 다우지수의 271%보다도 높은 것으로 나타났습니다.

이준서　　　주식시장이 저평가됐느냐를 판단하는 여러 가지 지표가 있는데요. 그게 가장 대표적인 게 PBR이고요. 그런데 우리나라 시장 PBR이 1.04입니다. 선진국 평균은 한 2.5 정도 되고요. 심지어 이머징 마켓[7]이 한 1.5 정도 되니까 PBR만 보면 실제로 저평가는 맞다고 봅니다. 그런데 이게 코리아 디스카운트냐 하는 것에 대해서는 약간의 의문의 여지가 좀 있습니다. 코리아 디스카운트라는 말은 한국에만 독특한 이유가 있어서 저평가된다는 건데요. 예를 들면 북한의 위협처럼 지정학적 위험 같은 것이 한국의 독특한 위험인 것이지, 어떻게 보면 한국적인 특수한 상황에 의해서 증시가 저평가되어 있다고 보긴 어려운 것이죠. 조사 기관마다 좀 다르지만 글로벌 혁신 기업 랭킹을 매기다 보면 우리나라 기업은 한 2개 정도밖에 들어가 있지가 않고요. 4차 산업혁명 핵심 기술이라고 하는

7　　이머징 마켓(emerging market). 자본시장에서 급성장하는 국가의 신흥시장. 일반적으로 개발도상국 중에서 경제성장률과 산업화가 빠르게 진행되고 있는 국가의 시장을 이른다. 10%대를 넘는 경제성장이 진행 중인 중국이나 말레이시아 등의 국가와 싱가포르, 홍콩, 대만 등의 자본시장 모두 이머징 마켓으로서 주목받고 있다.

IoT, 빅데이터, AI, 로봇 관련 회사도 딱히 뭐 기억나는 회사가 없지 않습니까? 기본적으로 구조적인 문제가 아닌가라는 이야기를 할 수 있을 것 같습니다.

신진영　　　AI, 로보틱스, 바이오 등 새로운 첨단 산업이라는 건 흔히 유형자산이 많이 필요하지 않은 데에 비해서 우리는 이제 중후장대 산업(중화학 공업)이 많다 보니까 자본의 효율성이 떨어지고요. 주주 환원이 현저히 낮고요. 전 세계적으로 봤을 때 가장 낮은 나라 중의 하나입니다. 예금보다 배당수익률이 더 낮죠. 그러니까 투자자 입장에서는 '은행에 넣는 것보다 나은 게 뭐가 있나'라는 얘기가 나오는 거고요. 늘 지적되는 지배구조의 후진성 이런 것들이 복합적으로 작용하는 것이기 때문에 저는 낮은 주식 가치를 어떻게든 올려보자는 의미로 밸류업이라는 단어를 적절하게 사용했다고 봅니다.

이재용　　　그래서 기업들이 이럴 바에는 국내 시장에 상장할 게 아니고 해외 시장에 상장하자 이런 움직임이 많다고 그러는데 실제로 그렇지요?

이준서　　　쿠팡이 제일 대표적인 거고요. 쿠팡이 미국 뉴욕 증시에 상장을 했고 한때 시총 100조까지 갔었습니다. 지금은 11월 22일 기준으로 한 61조 원. 그러면 지금 우리나라에서 시가총액으로 한 5~7위 정도에 해당되는 큰 시가총액을 기록하고 있고요.

최근에는 네이버 웹툰의 미국 현지 법인인 웹툰 엔터테인먼트가 2024년 6월 27일 나스닥에 상장을 했습니다. 야놀자, 셀트리온홀딩스 등 회사들이 미국 증시 상장을 준비 중인 걸로 알려져 있고요. 지금 미국 시장에 상장돼 있는 건 13개 회사인데 쿠팡하고 웹툰 엔터테인먼트를 제외하고는 다 ADR(주식예탁증서)[8] 형태이고, 직상장돼있는 기업은 2개입니다.

이재용   선행 상장회사들을 보니까 '괜찮네' 해서 미국으로 상장하고 이런 것도 작용을 합니까?

신진영   물론 작용하는데요. 해외에 상장하는 게 늘 유리한 건 아니에요. 상장 요건과 상장 유지 요건이 굉장히 엄격합니다. 그런 면까지 고려해서 기업들이 결정하기 때문에 해외가 가치 평가가 높지만 상장을 많이 하지 않는 이유는 비용 측면이 상당히 크다는 것도 작용하고 있죠.

이재용   해외 증시에서는 기업 가치를 어느 정도로 인정받습니까?

이준서   우리가 보는 지표가 상장된 후에 12개월 선행 PER(주

---

8   ADR(American Depositary Receipt). 미국 현지 은행이 외국 기업으로부터 예탁받은 증권을 담보로 발행한 주식. 예를 들어 한국 기업이 발행한 증권을 미국 은행이 담보로 삼아 주식을 발행하는 식이다.

가수익비율)을 보는데 미국 같은 경우에는 평균 20.6배로 나와 있습니다. 본인들의 이익에 비해 기업 가치를 많이 인정을 받고 있습니다. 한국 기업 만의 현상은 아니고요. 지난해 뉴욕증권거래소에 상장된 회사의 공모가격의 약 40%가 외국 기업이 상장한 그런 사례가 있습니다. 아무래도 미국 시장에 상장을 하다 보면 투자 유치나 사업 확대에 긍정적인 영향을 미칠 수가 있을 거고요. 무엇보다도 글로벌 자산운용사들이 자산 배분할 때 선진국에 편입되는 비율이 압도적으로 많기 때문에 그렇게 되면 수급이나 유동성 측면에서 자원이 충분해서 해외 상장에 노크를 하고 있는 것이 아닌가라고 분석이 됩니다.

외국인 투자자가 보는 우리나라는?

이재용   무주식이 상팔자 말이 나오는 요즘 주식시장입니다. 외국인 동향은 어떤가요?

이정호   지난해 9월 외국인의 국내 증권 투자액이 25억 3,000만 달러(약 3조 5,000억 원) 순유출을 기록했습니다. 2023년 10월 이후 11개월 만에 순유출이 되겠는데요. 채권 자금의 순유입은 지속됐지만 주식 투자에서 자금 이탈이 크게 늘었기 때문이라는 분석입니다. 지난해 9월 주식 투자금 순유출은 55억 7,000만 달러로 3년 4개월 만에 최대 규모를 기록했습니다.

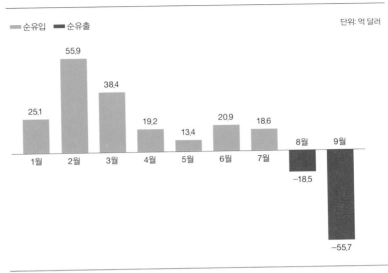

외국인 국내 주식 투자자금 추이

■ 순유입 ■ 순유출   단위: 억 달러

- 1월: 25.1
- 2월: 55.9
- 3월: 38.4
- 4월: 19.2
- 5월: 13.4
- 6월: 20.9
- 7월: 18.6
- 8월: −18.5
- 9월: −55.7

자료: 한국은행

이재용   외국인 투자자, 왜 이렇게 빠져나가는 겁니까?

허준영   우리나라 시총에서 차지하는 비중을 생각해보면 결국 반도체 기업이 큰 비중을 차지하는데요. 최근 들어 AI 반도체에 우리나라 일부 기업들이 잘 올라타지 못하고 있다, 이런 이슈가 있는 것 같고요. 이것과 더불어 삼성전자의 주가 부진인데요. 최근 들어 '삼성전자의 경영 전략이 잘못된 방향으로 가고 있는 것이 아니냐', 구조적인 문제에 대한 우려가 외인들이 국내 주식시장을 떠나는 가장 큰 원인 중에 하나로 보고 있습니다.

심혜섭   외국인 투자자가 떠나는 이유로 일단 거버넌스 문제가 크죠. 2023년 12월 영국계 헤지펀드 헤르메스 인베스트먼트에서 리포트를 쓴 게 있습니다. 제목이 'South Korea - enough is enough(한국 이제 좀 그만)'입니다. 리포트에서 한국 주식시장의 문제점을 정확히 짚어요. "높은 상속세 때문에 대주주가 회사 주가를 낮게 유지하려는 경향이 있다." 재벌 중심의 사회 구조를 지적하고 있고요. 심지어는 기업을 익명으로 처리한 이유를 말하면서 "한국 법에 따르면 사실을 말해도 명예훼손이 될 수 있기 때문이다"라고 해요.

이재용　　코스피 시장의 대장주는 역시 삼성전자죠. 그런데 이 삼성전자를 외국인들이 지난해 33거래일 연속 순매도하며 역대 최장기간 순매도를 기록하기도 했는데요. 그 배경은 어떻게 보십니까?

허준영　　사실 지난해 초를 생각해보면 삼성전자가 엔비디아의 퀄테스트(품질 검증)[9]를 통과해서 3분기에는 엔비디아 공급망에 본격적으로 진입할 것이라고 이야기를 했었는데 납품에 대한 이야기

외국인 삼성전자 역대 최장 순매도

기간	연속 일수	순매도 규모(원)
2022년 3월 25일~4월 28일	25거래일	4조 4,217억
2024년 9월 3일~10월 25일	33거래일	12조 9,394억

자료: 한국거래소

9　퀄테스트(Qualification test). 성능 검증이 끝난 반도체를 상용화하기 위해 다양한 환경에서 신뢰성 테스트를 수행하는 것을 말한다.

가 지연됐고요. 이것과 더불어 삼성이 기존에 큰 부분을 차지하던 메모리 반도체 분야에서 중국이 빠른 속도로 따라오고 있고 향후 먹거리인 AI 부분에도 잘 올라타지 못한 점. 이것이 삼성전자를 떠나는 이유가 아닌가 보고 있습니다.

심혜섭　　근본적으로 삼성전자 역시 거버넌스 문제로부터 자유롭지 못합니다. 외국 기업은 실적이 부진하면 능력 부족을 이유로 경영자를 교체하는 게 일반적입니다. 스티브 잡스도 애플이 자신이 세운 회사이지만 실적 부진으로 1985년 퇴출된 적 있습니다. 삼성전자 이재용 회장은 "4세 경영 승계는 없다"고 선언했죠. 하지만 이것은 바꿔 말하면 이 회장이 돌아가실 때까지는 계속해서 경영하게 된다는 것이죠. TSMC는 현재 3대 회장까지 왔습니다. 1~3대 회장 모두 공학 박사 출신의 반도체 전문가입니다. 전문 기술에 대한 이해가 높고 소통이 빠르다는 겁니다. 가전, 휴대폰, 메모리, 파운드리를 비롯한 비메모리까지 모두 삼성전자에 집중돼 있습니다. 이렇게 다양한 분야가 섞여 있으니까 성과와 보상에 대한 책정이 어렵습니다. 관료화 가능성도 크고요. 치열한 반도체 경쟁에서 이기고 지는 건 한 끗 차이인데 한 팔을 묶고 싸우는 격입니다. 파운드리[10] 분사 이야기가 쭉 나왔었는데 왜 안 되느냐, 사실 이재용 회장이 모든 걸 지배해야 되기 때문에 안 된다고 봅니다. 파운드리 분사에 많

10　파운드리(Foundry). 반도체 산업에서 외부 업체가 설계한 반도체 제품을 위탁받아 생산하는 업체를 의미한다.

은 자금 조달이 필요하죠. 사실 세계 각국은 반도체 기업을 육성하기 위해 엄청난 자금 지원을 하고 있습니다. 삼성도 자금 지원을 받고 파운드리 분사해서 경쟁력을 키워야 하는데 그렇게 못 하죠. 자금 조달할 때 결국 이 회장의 지분은 희석되고 지배력 유지가 어려워지기 때문입니다.

이재용　　이만큼 국내 주식의 상당을 차지하고 있는 외국인 투자자인데 이들이 얼마나 많은 비중을 차지하고 있는지, 그리고 이들이 빠져나가면 어떻게 되는 건지도 궁금합니다.

허준영　　유가증권시장, 그러니까 코스피와 코스닥 합친 시장에서 외국인의 주식 보유 비중을 보면 시가총액 기준으로 30% 정도 되고요. 주식 수로는 12% 정도 됩니다. 굉장히 큰 비중이고요. 이래서 왠지 우리나라 주가지수가 외인의 사고파는 움직임에 따라서 자꾸 결정이 되는 느낌을 받으시는 분들이 많으실 텐데요. 실제로 2023년 11월 이후에 외국인들의 누적 순매수량 우리나라 주가지수 간의 상관계수를 측정했는데요. 상관계수가 1에 가까울수록 서로 비슷하게 움직인다는 뜻입니다. 상관계수가 0.8이었습니다. 0.8이면 1에 굉장히 가까운 숫자라고 볼 수 있거든요. 이렇다 보니까 외국인이 사면 오르고 팔면 떨어지는 패턴이 반복되는데 그런 측면에서 우리나라 주가지수가 고전을 면치 못하고 있는 것이 당연히 이해가 되는 부분입니다.

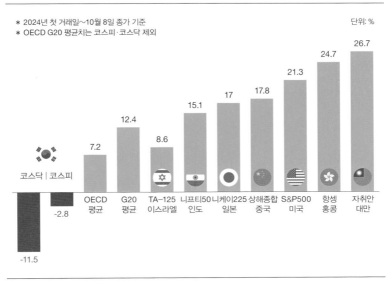

2024년 글로벌 주요국 증시 수익률

* 2024년 첫 거래일~10월 8일 종가 기준
* OECD G20 평균치는 코스피·코스닥 제외

단위: %

코스닥 | 코스피
-11.5
-2.8

OECD 평균 7.2
G20 평균 12.4
TA-125 이스라엘 8.6
니프티50 인도 15.1
니케이225 일본 17
상해종합 중국 17.8
S&P500 미국 21.3
항셍 홍콩 24.7
자취안 대만 26.7

자료: 트레이딩이코노믹스, 한국거래소

이재용　　　글로벌 주요국 증시 가운데 한국 증시가 사실상 꼴찌라던데 사실입니까?

이정호　　　지난해 10월 초까지 코스닥 지수 수익률을 봤더니 -11.5%로 나타났습니다. G20 증시 대표 지수 가운데 가장 낮은 수익률이었고요. OECD 회원국 사이에서는 꼴찌인 라트비아에 이어 뒤에서 두 번째 수익률을 기록했습니다. 코스피 역시 -2.8%로 최하위권을 기록했고요. 반면 미국, 중국, 일본 등 주요국과 대만, 인도의 증시는 기준금리 인하 흐름에 힘입어 두 자릿수 성장을 기록했습니다.

허준영　　　GDP 기준 상위 20개국과 홍콩, 대만까지 합친 22개국 중 올해 1~3분기 증시에서 마이너스 수익률을 기록한 나라가 딱 세 나라인데요. 이 세 나라를 알면 굉장히 뼈아프더라고요. 하나가 러시아, 또 하나가 멕시코이고요. 우리나라 코스피, 코스닥입니다. 러시아는 최근에 전쟁을 치르고 있는 나라인데 이 나라와 거의 비슷한 수익률, 이 나라보다도 못한 수익률을 기록하고 있다는 게 조금 아픈 부분이고요. 우리나라에서 주식시장에 대한 정책이 없었던 것이 아니고 밸류업을 하겠다고 코리아 밸류업 지수까지 공개한 마당에 주가지수가 속절없이 빠지고 있다는 것 이런 부분이 더 안타깝습니다.

심혜섭　　　한두 해의 수익률이 낮을 수는 있죠. 하지만 5년, 10년 뒤를 보더라도 거의 최하위에 가까울 것입니다. 이건 구조적인 문제죠. 우리나라 기업들은 부동산 자산이 많은 편입니다. 인플레이션 발생으로 세계적으로 부동산 가격이 상승했는데요. 실질적으로 PBR을 놓고 보면 더욱 크게 하락한 것이라고 해석할 수 있습니다.

일본과 미국, 외국인 투자 비중은?

이재용　　　일본 주식시장에서 외국인 보유 비중은 어떻습니까?

허준영　　　우리나라 주식시장에 외국인 투자자 비중이 30% 정

일본 증시 주주 비중 분포 추이

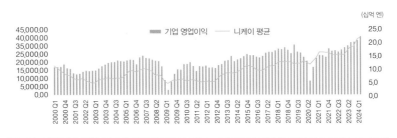

자료: Japan Exchange Group

도 된다고 말씀드렸잖아요. 일본이 비슷한데요. 2023년 말에 31.8%로 나타났습니다. 사상 최고입니다. 이전에 높았을 때가 2014년 31.7%였으니까 그때보다 0.1% 정도 높은 겁니다. 일본은 이것에 대해서도 경계를 하는 것 같아요. 2014년과 2017년에 외국인 보유 비중이 확 늘었다가 차익을 실현하고 외국 자금이 빠진 적이 있거든요. 외국인 보유 비중이 30% 밑으로 떨어진 적이 두 번 있어서 그런 일이 반복되지 않도록 조금 더 펀더멘털(기초체력)을 관리하는 것 같고요. 개인 투자자의 주식 보유 비율은 줄었습니다. 반면 개인 주주 수는 늘고 있는데요. 전통적으로 일본 시장은 투자자들이 외환에 투자를 많이했습니다. 엔캐리트레이드[11] 이야기 많이 하잖아요. 그래서 자본시장은 저변이 약한 게 아닌가 생각했었는데 일본 금융당국이 개인들의 자금이 들어오도록 정책들을 펼치고 있다. 이

---

11 엔캐리트레이드(Yen Carry Trade). 금리가 낮은 엔화를 새로운 시장의 통화로 바꾸고, 그 자금을 해당 국가의 주식이나 채권, 부동산 등에 투자해서 수익을 올리는 것을 말한다.

것도 눈여겨볼 부분인 것 같습니다.

이재용　　일본에 외국인 투자가 늘어난 이유에 대해서 이 기자가 좀 더 자세히 정리해 오셨다고요?

이정호　　유엔무역개발기구가 공개한 2023년 외국인 직접투자 지표를 한번 살펴보시겠습니다. 한미일 3개국을 그래프로 한눈에 보면 다음과 같은데요. 미국은 역시나 까마득히 높은 그래프를 그리고 있죠. 제1의 경제대국인 미국과 동일선상에 놓고 비교할 수는 없으니까 가까운 일본과 한국 둘만 놓고 한번 비교해볼까요?

이정호　　한때 우리가 일본을 앞질렀던 때도 있지만 2019년 이후로는 일본의 외국인 직접투자가 계속 많았다는 것을 확인할 수가 있습니다. 이처럼 일본에 외국인이 많이 투자하는 이유는 뭘까요? 가장 먼저 환경적 요인입니다. 최근 수년 동안 엔저 현상이 지속됨에 따라 시장에서는 일본 수출 기업들의 실적이 개선될 것이라는 기대가 컸습니다. 통상 자국 화폐 가치가 낮아지면 인건비를 비롯해서 재화의 생산 단가가 낮아지면서 가격 경쟁력을 확보할 수 있게 되고 수익성이 개선되기 때문입니다. 다음으로는 제도적 요인입니다. 일본 정부는 정책적 차원에서 금융투자를 우대하는 정책을 계속해서 펼쳐왔었는데요. 특히 동북아의 금융허브였던 홍콩이 정치적 리스크로 흔들리면서 많은 글로벌 금융사들이 짐을 쌀 때 10년간 세금 면제 등 파격적인 우대 정책을 제안하면서 그들을 일본으

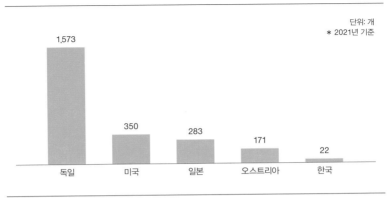

전 세계 국가별 히든 챔피언 기업 현황

단위: 개
* 2021년 기준

- 독일: 1,573
- 미국: 350
- 일본: 283
- 오스트리아: 171
- 한국: 22

자료: 지몬 쿠처&파트너

로 유치하기도 했습니다. 또한 일본 정부와 도쿄증권거래소는 수년 동안 기업 가치 제고 정책을 펼치면서 증시 부양을 도모했는데요. 기업의 지배구조 개선에 대한 기대감이 증시에 반영되면서 지수를 끌어올리기도 했습니다.

이정호　　마지막으로는 개별 종목별 요인입니다. 일본 증시에는 히든 챔피언이 많습니다. 히든 챔피언이란 대중에 잘 알려지지는 않았지만 자기 영역을 확실하게 구축하면서 세계적인 경쟁력을 갖춘 강소 기업들을 말하는데요. 일본에서는 GNT(Global Niche Top)라고도 부릅니다. 첨단 산업의 소재, 부품, 장비 기업들이 대표적입니다. 2021년 기준 히든 챔피언은 전 세계에 3,000여 개 정도 있는 걸로 파악이 되는데요. 그중의 절반인 1,573개가 독일에 있다고 하고요. 일본은 283개로 3위를 차지했습니다. 한국은 22개로 16위를 기

아베노믹스, 거버넌스 개혁

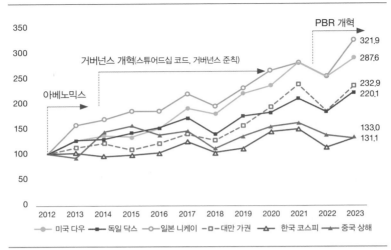

자료: 블룸버그
주: 2012년 12월 말일을 100으로 환산

록하면서 독일은 물론이고 일본과도 큰 격차를 보였습니다.

이재용　　　일본도 외인이 차지하는 비중이 한 30% 된다고 하니까 그들이 좌지우지하는 부분이 많겠어요. 일본 주식시장에서 외국인 투자자 영향력은 얼마나 될까요?

심혜섭　　　2013년이죠. 아베 정권이 들어선 다음에 아베노믹스[12]를 도입했습니다. 아베노믹스 중에는 거버넌스 개혁이 포함되어 있

12　아베노믹스. 아베 전 총리의 재정 확대 경제 전략으로 금융완화, 유연한 재정정책, 구조개혁 포함

　　　　　　　　　　　　　　　　　　　　　　　경제토크쇼 픽

습니다. 2014년에 스튜어드십 코드, 2015년에 코퍼레이션 코드, 거버넌스 코드, 그리고 기업 지배구조 개선을 위한 각종 가이드라인을 도입했습니다. 제가 도쿄증권거래소를 방문했을 때 '제도를 지키지 않으면 상장폐지도 고려한다'고 답변을 했습니다. 디리스팅[13]이라고 말씀하시더라고요. 일본 최대 편의점 세븐일레븐을 소유한 세븐&아이 홀딩스 시총이 상당히 큽니다. 우리 돈으로 63조 원 정도 됩니다. 캐나다 회사인 쿠쉬타르가 인수 제안을 하고 있는데요. 이 것과 관련해서도 기업 인수에 대한 가이드라인에 따라서 상당히 투명하게 공개하고 있습니다. 사외이사들로만 구성된 독립위원회를 구성해서 왜 안 되는지, 가능하다면 어떻게 가능한지, 무엇 때문에 문제인지 등입니다. 일본은 여전히 외환에 투자하는 투자자가 많지만 그 공백을 외국인 투자자가 메우고 있습니다. 버핏도 일본 5대 상사에 상당히 집중적인 투자를 하고 있습니다. 5대 상사는 상당한 시총을 가지고 있고 일본 경제에 미치는 영향도 큽니다.

허준영   우리 주식시장은 단기 투자용이다라는 얘기를 합니다. 결국은 장기 보유를 함으로써 투자의 과실을 얻을 수 있게 하는 것이 굉장히 부족하다고 하는데 일본은 중장기 관점에서 시장 개선을 위해 노력해왔다, 한편으로 저는 일본 정부에서도 절체절명의 과제였을 것 같아요. 사실 주식시장의 성장은 회사의 성장과 궤를 같이하지만 일본에서는 개인 투자자의 부의 성장과도 관련이 있다고

---

13   디리스팅(Delisting). 기업 공개취소

전 세계 돈 모이는 미국, 큰 손들의 투자처는?

자료: 매일경제TV 〈경제토크쇼 '픽'〉 중

생각합니다. 잃어버린 30년 끝나고 나서 일본의 주택 시장은 거의 얼어붙었고요. 금리가 계속 낮으니까 예금을 통해서도 부를 증식시키는 게 굉장히 힘들었습니다. 국민들이 어떤 방식으로 부를 일궈낼 수 있을까 생각해봤을 때는 주식시장을 타깃 삼아서 오랫동안 정책을 펴왔던 것. 그것이 결국 성공 요인이 아닐까 보고 있습니다.

이재용　　일본을 한번 들여다봤고요. 최대의 자본시장 미국을 안 들여다볼 수 없습니다. 미국 주식시장의 장점은 뭡니까?

허준영　　제가 최근에 들은 이야기 중에 가장 인상 깊었던 게 "허 교수, 주식을 산다는 게 어떤 의미일까"라고 해서 제가 "기업 일부의 권한을 사는 거겠죠"라고 했더니 "그게 아니고 성장을 사거나 혁신을 사거나 둘 중에 하나를 사는 거야"라고 이야기하시는 거였어요. 미국은 혁신의 대표적인 예인 거죠. 아직도 많은 기업들이 혁신을 일궈내고 있는 경제가 미국 경제다. 그렇게 봤을 때 미국 경제가 가진 펀더멘탈 자체의 매력도 있는 데다가 유동성이 워낙 풍부하죠. 좋은 기업들이 많이 있고, 기업들의 층위가 되게 다양해서 선별적으로 투자를 하시기 좋은 시장이고요. 미국은 그런 얘기 들어보셨잖아요. 자본시장에서 괜히 이상한 일을 하면 징벌적 손해배상도 당하고 엄격하게 처벌을 하잖아요. 공정성에 대한 기준도 높습니다. 한 주당 배당 규모도 크고요. 지난 10년간 배당금 규모가 계속해서 커져 왔습니다. 정리하면 좋은 기업들도 많은 데다가 시장의 룰도 공평하고 기업들이 주주친화적인 정책을 가지고 있다. 이 시장에 투자 안 할 이유가 있을까요?

이재용　'투명하다', 이거 굉장히 중요한 덕목이죠. 그리고 주식 가지고 장난치지 못한다. 만약에 주식 가지고 장난을 쳤다가는 징역 200년 형 이렇게 선고하잖아요. 반면에 우리나라는 상당히 관대해요. 이런 것부터가 벌써 차이가 나는 거 아니겠습니까?

심혜섭　최근 고려아연[14]과 같은 일이 있지 않았습니까? 상당한 규모로 2.5조 원을 들여서 공개매수를 했다가 공개매수 끝난 지 일주일 만에 다시 2.3조 원의 유상증자를 하겠다고 발표했어요. 검

14　고려아연의 경영권을 두고 일어난 분쟁. 고려아연과 영풍그룹의 공동 경영 구조가 약화되면서 발생했다.

토를 했었느냐, 아니면 그 이후에 한 거냐 논란은 있습니다만 그렇게 짧은 기간에 뒤집는 정책이 나왔는데 과연 이사회가 심도 있게 검토를 할 수 있었겠느냐는 문제가 여전히 남죠. 다른 예로 두산 사례도 있습니다. 두산밥캣을 들고 있는 두산 에너빌리티가 두산밥캣을 떼어내서 두산로보틱스 밑으로 옮길 수 있다는 이야기를 하고 있는데 이것과 관련해서도 투명한지, 주주의 이익을 위해 결정이 이뤄졌는지에 대해서 많은 이들이 의구심을 가지고 있고요. 미국은 이해관계가 없는 주주들, 소액주주들만 따로 모아서 주주총회를 거치기도 해요. 이런 절차를 투명하게 해야 믿고 투자를 할 수 있지 않겠습니까?

이재용　　글로벌 큰손들의 움직임도 한번 보죠. 글로벌 큰손들 투자처 어떻습니까?

이정호　　월가 전문가들은 앞으로 한 5년에서 10년 사이의 최고의 투자처는 전력 기반 시설이 될 거라고 보고 있습니다. 결국 전력 수급이 AI 산업의 성패를 좌우할 것이라는 전망입니다. 지금 AI 투자 생태계가 반도체칩 위주로 돌아가는 모습인데 앞으로는 전력설비, 공조시스템, 데이터센터 등으로 확산될 것이라고 보고 있습니다. 특히나 미국은 전력설비가 노후화돼 있어서 개선이 시급한 상황이라면서 이 문제를 해결하는 기업이 AI 생태계를 지배하는 유망한 투자처가 될 것이다, 이렇게 보는 겁니다.

어려운 주식시장, 진정한 'K-밸류업' 방안은?

이재용　　지배구조 개선을 위해서 그럼 필요한 건 뭡니까?

허준영　　큰 틀에서 봤을 때는 소액주주의 권익 제고를 할 수 있는 여러 가지 디테일한 방안들이 나와야 될 것 같습니다. 물적분할, 인적분할 할 때 주주를 보호하는 것, 그리고 의무공개매수를 한다거나 소액 주주에 대한 권익을 제고하고 그것들을 소액 주주들이 피부로 느낄 수 있을 때 중요한 시발점이 되지 않을까 싶습니다.

심혜섭　　우리나라 국민들이 개선돼야 할 것들을 이미 알고 있어요. 많은 사람이 미국 주식에 투자를 하고 있기 때문이죠. 특히 20, 30, 40대들은 알고 있습니다. 그에 반해서 학계라든지, 정부 관료, 정치인의 시각차가 큽니다. 이 차이를 빨리 좁혀나가는 게 급선

아시아 기업 지배구조 순위 변화

국가	2023	2020	국가	2023	2020
호주	1위	1위	인도	6위	7위
일본	2위	공동 5위	한국	8위	9위
싱가포르	공동 3위	2위	태국	9위	8위
대만		4위	중국	10위	10위
말레이시아	5위	공동 5위	필리핀	11위	11위
홍콩	6위	2위	인도네시아	12위	12위

자료: ACGA, 삼성증권

무라고 생각합니다.

이재용　　마지막으로 한국 밸류업 정책이 성과를 거두려면요?

허준영　　우리나라는 일본과 지배구조가 달라서요. 인센티브가 정교하게 들어가지 않으면 사실 기업들이 밸류업에 참여할 요인이 크지 않은 구조입니다. 금융당국이 인센티브 구조를 어떻게 구성하는지가 중요해 보입니다.

심혜섭　　기업이 지배주주와 경영진 사이의 이해관계가 일치하지 않을 때 혹은 비지배주주와 지배주주 사이의 이해관계가 일치하지 않을 때 그것을 일치시키는 방법으로는 두 가지가 있습니다. 인센티브를 주거나 불이익을 주는 거죠. 두 방법이 조화롭게 사용되어야 하고 또 효율적으로 사용되어야 합니다. 현재는 인센티브만 고려되고 있고 그 인센티브조차도 이해관계를 일치시키려고 하는 건지 목적이 명확하지 않습니다. 국민들이 밸류업이 제대로 되겠다 믿을 수 있는 정책이 필요합니다.

이재용　　한국 증시가 매력적인 투자처로 자리매김하기 위해서는 지배구조의 투명성을 높이고 기업부터 좀 달라지고 이런 자구의 노력이 보여야 하지 않나 싶습니다. 공정한 시장 구축으로 한국 밸류업이 성공을 거둘 수 있기를 기원해봅니다.

열네 번째 경제 이야기 '핵심 노트'

- 정부가 기업 가치 성장이 기대되는 상장사들을 선별해서 코리아 밸류업 지수를 구성했다. 코스피 67곳, 코스닥 33곳 등 100종목을 편입했다. 증시 부양에 효과가 없자 12월 20일자로 밸류업 지수에 5개의 신규 종목을 편입하면서 구성종목 특별 변경(리밸런싱)을 추진했다.

- 주식시장이 저평가됐느냐를 판단하는 지표 중 대표적인 게 PBR. 우리나라 시장 PBR이 1.04이다. 선진국 평균은 2.5 정도. 이머징 마켓이 1.5 정도.

- 우리나라 시총에서 반도체 기업이 큰 비중을 차지한다. 국내 기업들에게 AI 반도체에 대한 기대감이 높지 않고, 대장주 삼성전자의 주가 부진 등이 외인들이 국내 주식시장을 떠나는 큰 원인으로 분석된다.

▶방송 다시보기

- 코스피와 코스닥을 합친 시장에서 외국인의 주식 보유 비중이 30%, 주식 수로는 12% 정도이다. 외국인이 사면 오르고 팔면 떨어지는 상관관계에 상당 부분 영향을 줄 수 있는 비중이다. 일본도 외국인 투자 비중이 우리나라와 비슷한 편이다. 2023년 말에 31.8%로 나타났다.

- 밸류업의 성공을 위해서는 기초 체력이 중요하다는 것이 중론. 지배구조 개선을 위해서 소액 주주의 권익을 제고하는 방안, 정교한 인센티브 정책을 고려할 필요가 있다.

▶방송 다시보기

경제토크쇼 픽

친절한 경제 길잡이 이재용 앵커의 '남기는 말'

2024년 4월 19일 "복잡한 경제 이슈를 쉽고 명확하게 전달해 드리겠습니다"라는 말을 시작으로 프로그램의 문이 열렸습니다. '2024 총선 이후, 내 삶에 미치는 영향은?' 이라는 주제처럼 복잡한 경제 공약을 쉽고 명확하게 전달해야겠다는 사명감으로 임했지요.

좀 더 자세히 기획의도를 설명드리고자 예고편으로 제가 직접 읽어내려갔던 내레이션 그대로를 발췌했는데 읽어보시면 이해가 더욱 편하실겁니다.

"지금까지 우리는 비트코인, 금리인하, 반도체, 주가 동향, 지정학적 위기, 기후 변화와 같은 이슈를 데이터보다는 쏟아지는 각종 뉴스의 헤드라인을 통해 무작정 이해해 왔는지 모릅니다. 경제토크쇼 픽은 이러한 경제 이슈를 보기 쉽게 한눈에 볼 수 있도록 그래픽으로 풀어봅니다. 쏟아지는 정보와 가짜 뉴스가 판치는 요즘. 정확한 진단과 예측, 그리고 무엇보다 팩트 체크가 더욱 간절해지는 시기이고, 정확한 경제 정보를 공유할 수 있는 프로그램과 매체가 절실합니다."

이런 프로그램의 기본 방향을 책으로 풀어 담아냈습니다. 거기엔 돈의 가치와 수요 공급, 기회 비용 등 기본적인 경제 개념들이 현실적인 경제 이슈와 함께 녹아들어 있고, 한국 경제가 세계의 현재 상황에 어떻게 녹아들어가는지도 쉽게 이해할 수 있습니다. 경제 흐름에서 이해를 도우니 그것이 나에게 어떤 영향을 미치는지도 알 수 있지요.

"특히나 먹고 사는 문제"

경제는 우리가 먹고 사는 이야기입니다. 용어가 어렵고 숫자는 까다롭습니다. 하지만 우리는 경제공동체로 살아가고 있으며 그 공동체 안에서 지금보다 나은 환경 속에 살아가고 싶은 욕구가 분명히 존재합니다. 뉴스에서 나오는 경제 이야기는 몇몇 사람들의 이야기가 아닌, 바로 우리 개개인의 삶의 이야기입니다. 경제토크쇼 픽과 그 내용을 녹인 이 책에서 경제를 보다 쉽게 이해하고 나와 우리 가족이 먹고사는 이야기를 현실적으로 이해할수 있길 바랍니다.

-이재용 앵커

참고문헌

PART1 AI 혁명, 새로운 전장을 열다

1장 트럼프 시대, 실리콘밸리에 부는 방산 패권 변혁 바람

- 〈TIME: THE FIRST AI WAR〉, 2024.2

3장 빅테크 전력 전쟁, AI 시대의 숨겨진 전선

- 송홍선, 〈탄소중립을 위한 기후금융 발전 과제〉, 자본시장연구원, 2023.3.12.

PART2 떠오르는 중국, 붉은 용의 세 가지 무기

2장 초저가 디지털 실크로드 : 2차 공습 예고한 테무와 알리

- 대한상공회의소, 〈2024 유통물류 통계집〉
- 박승찬, 《알테쉬톡의 공습》, 더숲, 2024.10

PART3 변화하는 부의 지형도 : 국가에서 개인까지

2장 부자의 기준을 바꾸다 : 슈퍼리치의 자산관리법 '패밀리 오피스'

- KB 경영연구소 〈2023 한국 부자 보고서〉 2023.12.17
- UBS 〈Global Wealth Report 2024〉

PART4 대한민국의 현주소, 우리가 직면한 과제는?

1장 서민경제의 바로미터, 자영업이 위험하다

- 통계청, 경제활동인구조사, 종사상지위별 취업자, 인구총조사(등록센서스) 결과를 토 대로 소급작성된 추계인구의 변경을 반영하여 2018년 1월에 2000년 7월~2017년 12월 까지의 자료를 변경하였음.
- FRANdata, 〈2024 Mega 99 : Rising Trends in Multi-Unit Franchising〉

2장 700만 베이비부머가 온다, 새로운 생존전략 욜드 경제

- 이승희, 〈소득과 자산으로 진단한 노인 빈곤과 정책방향〉, KDI FOCUS, 126권, 2023년
- 이재호, 강영관, 조윤해, 〈2차 베이비부머의 은퇴연령 진입에 따른 경제적 영향〉, 한국 은행. 2024년
- 보건복지부, 〈2023년 노인실태조사 결과 발표〉, 2024년
- 계봉오, 최슬기, 권다은, 고영선, 《2024 인구보고서:인구소멸 위기 그 해법을 찾아서》, 한반도미래인구연구원, 2024년

3장 청년 1인가구가 바꾸는 경제 지형, 고립인가 독립인가

- 통계청, 〈인구주택총조사〉

- 여성가족부, 〈2023 가족실태조사〉, 2024년

- 통계청, 〈2024년 1/4분기 가계동향 조사〉, 2024년

- 보건복지부, 〈2023 고립·은둔 청년 실태조사〉, 2023년

- 한국보건사회연구원, 〈2022년 고독사 예방 실태조사 연구〉, 2023년

5장 고질적 저평가 국내 주식, 진정한 K밸류업'은?

- 조나단 파인스, 헤르메스 인베스트먼트 리포트 〈South Korea - enough is enough〉,
  2023년 12월

<경제토크쇼 픽>을 만드는 사람들

기획 박찬정

기술 권혁성 이원규

음향 이해성

카메라 이상협 박준영

편성 호예지

촬영지원 다인미디어

음악/믹싱 홀릭 사운드 백승재

문자 그래픽 진동욱 강성민

종편감독 MBC C&I 김세환

글/구성 김현정 조희주

조연출 구소현 조영서

연출 이선미 장아람 박은수

매일경제TV

경제 토크쇼 픽

초판 1쇄 2025년 4월 18일

지은이 이선미 장아람 박은수
펴낸이 허연
편집장 유승현 **편집1팀장** 김민보

편집 김민보 장아름 장현송
마케팅 한동우 박소라 구민지
경영지원 김민화 오나리
표지디자인 김보현 **본문디자인** 푸른나무디자인

펴낸곳 매경출판㈜
등 록 2003년 4월 24일(No. 2-3759)
주 소 (04557) 서울시 중구 충무로 2 (필동1가) 매일경제 별관 2층 매경출판㈜
홈페이지 www.mkbook.co.kr
전 화 02)2000-2632(기획편집) 02)2000-2636(마케팅) 02)2000-2606(구입 문의)
팩 스 02)2000-2609 **이메일** publish@mk.co.kr
인쇄·제본 ㈜ M-print 031)8071-0961
ISBN 979-11-6484-765-5 (03320)